JN419418

카이로스 극장

카이로스 극장

시대를 읽는 정치 철학 드라마

고명섭 지음

사계절

프롤로그

역사의 뜻이 밝히는 카이로스의 빛

1.

무속정치는 고대 그리스의 폴리스 민주주의에도 있었다. 그 무속정치의 한 양상을 역사가 헤로도토스(Herodotos, 기원전 484?~기원전 425?)의 《역사》에서 볼 수 있다. 기원전 480년 페르시아제국 크세르크세스 대왕(Xerxes I, 기원전 519?~기원전 465)이 이끄는 수십만 대군이 육지와 바다로 나뉘어 밀고 내려왔다. 그리스 도시국가들은 힘을 합쳐 페르시아의 대군에 맞섰다. 연대의 선두에 아테네와 스파르타가 있었다. 크세르크세스는 먼저 아테네를 쓸어버릴 작정이었다. 페르시아 병력이 전례 없이 큰 규모인 데다 크세르크세스가 직접 원정을 지휘하는 터라 아테네 시민들은 두려움에 떨었다. 페르시아 대군과 바로 맞붙어 싸워야 하는가, 아니면 도성을 버리고 물러나 다른 기회를 보아야 하는가.

아테네 내부에서 격렬한 논쟁이 벌어졌다. 결론이 나지 않자 아테네는 신의 뜻을 물어보기로 하고 델포이의 아폴론 신전에 사절단을 보냈다. 아폴론은 예언의 신이었고 아폴론을 모시는 델포이 신전은 신탁의 명소였다. 델포이 신전에는 신탁을 주관하는 남성 사제와 함께 피티아(pythia)라고 부르는 여성 사제가 있었다. 여성 사제는 아폴론의 대리인으로서 일종의 샤먼 곧 무당이었다. 사절단이 신전 내부의 신성한 처소에 들어와 신의 뜻을 물으면, 피티아가 황홀경(ekstasis) 상태에 들어 아폴론에게서 오는 신탁을 입으로 뱉었다. 피티아가 뱉는 말은 불분명하고 파편적이어서 알아듣기 힘들었다. 남성 사제가 피티아 옆에서 그 말을 받아 적은 뒤 다시 시적 형식으로 다듬어 탄원인에게 전해 주어야 했다. 피티아의 원초적 발언을 남성 사제가 정제된 문장으로 번역하는 것이다. 그러나 이렇게 옮겨진 신탁도 여전히 뜻이 모호하고 중의적이어서 또 한 번의 해석이 필요했다.

아테네 사절단이 아폴론 신전에 들어가 자리를 잡았을 때 처음 피티아의 입에서 나온 말은 모호하지도 중의적이지도 않았다. 신탁은 단순하고 명료했다.

"가련한 자들이여, 왜 너희들은 거기 앉아 있는가? 집과 도시를 버리고 어서 땅끝까지 달아나라! 전쟁의 신 아레스가 너희들의 성채뿐 아니라 다른 성체들도 수없이 무너뜨리리라."

아테네가 페르시아 군대에 파괴될 운명이라는 예언이었다. 사절단은 피티아의 냉정하고도 단호한 말에 낙담했다. 불안이 사절단을 휩쓸었다. 그렇지만 아테네가 망할 것이라는 신탁을 그대로 들고 폴리스로 돌아갈 수는 없었다.

사절단은 관례를 깨고 다시 한번 신의 뜻을 청했다.

"아폴론이시여, 우리 조국에 더 나은 예언을 주소서. 그러지 않으면 우리는 성소에서 나가지 않고 죽을 때까지 이곳에 머물겠습니다."

신전이 사절단의 탄원을 받아들이자 피티아는 망아 상태에서 새로운 신탁을 읊었다.

"나는 너희에게 다시는 바뀌지 않을 두 번째 말을 전하노라."

두 번째 신탁은 처음의 신탁보다는 조금 더 희망이 있어 보였다. 피티아가 전한 말의 핵심 구절은 이것이었다.

"제우스 신이 너희에게 나무 성벽을 주실 것이니, 이 나무 성벽만이 파괴되지 않고 너희와 너희 자식들을 도와주리라. 너희는 육지에서 공격해오는 대군을 가만히 기다리지 말고 도망쳐라. 너희는 다시 적군과 맞서게 되리라."

사절단은 아테네로 돌아와 신탁의 내용을 보고했다. 신탁을 어떻게 해석할 것인가 하는 문제가 아테네 시민들에게 떨어졌다. 특히 해석하기 어려운 것이 '나무 성벽이 도와주리라'라는 구절이었다. '나무 성벽'이 무엇을 뜻하는지를 두고 아테네 지도부 내부에서 격론이 벌어졌다. 신탁의 정치화라고 할 만한 상황이었다. 아테네 중심부의 아크로폴리스 언덕은 한때 가시나무 울타리에 둘러싸여 있었다. 나이 든 사람들은 그 기억을 떠올리고 '나무 성벽'을 가시나무 울타리로 해석했다. 아크로폴리스로 피신해 문을 걸어 잠그고 농성전을 벌여야 한다는 주장이었다. 그러나 장군 테미스토클레스(Themistocles, 기원전 524~기원전 459)는 '나무 성벽'이 전나무로 만든 함선을 가리킨다고 보았다. 아테네는 전쟁에 대비해 미리 삼단노선 200척을 건조해놓고 노잡이 병사 수만 명을 훈련해둔 터였다.

결론이 나지 않자 아테네 지도부는 민회를 소집해 시민 전체의 의견을 물었다. 논쟁은 하루 종일 계속됐다. 마침내 민회는 시민을 도성에서 내보내고 해전을 준비하라는 포고령을 통과시켰다. 포고령에 따라 시민들은 아테네 바깥으로 대피했지만, 일부는 포고령을 무시하고 아크로폴리스로 올라가 목책을 세우고 신전으로 피신했다. 역사는 민회의 신탁 해석이 옳았음을 알려준다. 아테네를 점령한 페르시아 대군은 불화살로 목책에 불을 지른 뒤 아크로폴리스에 올라 시민을 몰살하고 신전을 약탈했다. 아크로폴리스는 폐허가 됐다. 그러나 바다에서 전황은 정반대로 펼쳐졌다. 아테네 해군은 살라미스섬의 좁은 앞바다에서 페르시아 함대와 맞붙어 압승을 거두었다. 페르시아는 함선 200여 척을 잃고 퇴각했다. 패전 소식을 들은 페르시아인들은 옷을 쥐어뜯으며 울부짖었다. 살라미스 해전은 아테네의 역사를 바꾼 대회전이었다.

절체절명의 위기 상황에서 해전을 각오하게 해준 것이 아폴론 신탁이었다. 그 신탁을 두고 벌어진 사태에서 눈여겨볼 것이 두 가지다. 첫째는 신이 내려준 말씀이라고 해서 다 맞는 건 아니며 피티아의 말을 곧이곧대로 받아들이기만 할 이유가 없다는 것이다. 사절단이 첫 번째 신탁을 물리지 못하고 아테네로 돌아갔다면 어떻게 됐을까? 아테네는 공포와 혼란에 빠져 페르시아 대군에 폴리스 전체가 짓밟히고 말았을 것이다. 더 나아가 아테네라는 가장 강력한 방어선이 무너짐으로써 그리스 전역이 페르시아 지배 아래 떨어지고 말았을 것이다. 헤로도토스는《역사》에서 그렇게 말한다. 사절단이 첫 번째 신탁을 거부하고 다시 신탁을 물은 것은 지혜로운 결행이었다.

또 하나 눈여겨볼 것이 두 번째 신탁을 받아들고 아테네로 돌아간 뒤에 일어난 일이다. 아테네 지도부는 신탁을 해석할 최종 권리를 민회 곧 아테네 시민 전체의 뜻에 맡겼다. 아테네 시민은 신탁 해석을 놓고 격렬한 논쟁을 벌였고 논쟁 끝에 해전으로 승부를 본다는 결론을 끌어냈다. 아테네 시민의 집합적 지성이 가장 좋은 방책을 찾아낸 것이다. 만약 이때 시민들이 두려움에 휩쓸려 아크로폴리스로 몰려가 문을 걸어 잠그기로 했다면 그리스 역사 전체가 달라졌을 것이다. 아테네는 위급한 상황에 부닥쳐 신의 뜻을 물었지만, 그 뜻을 해석할 최종 권한을 소수 지도자가 아니라 시민 전체의 집합적 지혜에 맡겼다. 시민의 올바른 판단이 아테네와 그리스를 살렸다. 시민의 뜻이 신탁의 뜻이었다.

아테네는 페르시아 전쟁에 승리한 뒤 50년 동안 전례 없는 번영을 누렸고 민주주의의 최전성기를 달렸다. 살라미스 해전에서 삼단노선 200척의 노를 저은 사람들은 몸 말고는 가진 것이 없는 수만 명의 가난한 시민이었다. 전쟁이 끝난 뒤 아테네가 해군력으로 그리스 일대의 패자 지위에 오르는 데는 이 가난한 시민들의 육체적 힘이 큰 역할을 했다. 당연히 아테네 정치에서 하층 시민의 목소리가 커졌다. 그 커진 목소리가 가져온 것 가운데 하나가 사법의 민주화였다. 기원전 461년 아테네는 주요 재판 관할권을 일반 시민으로 구성된 배심원단에 넘기는 중대한 결정을 내렸다. 그때까지 집정관 탄핵을 포함한 주요 재판권은 전직 집정관들의 모임인 '아레오파고스 평의회'에 있었다. 상층부가 독점하던 사법권이 중하층까지 참여하는 시민 전체의 권리로 바뀌었다. 이 조처로 아테네는 입법과 행정에 이어 사법에서까지 시민 지배가 확고해졌다. 이로써 기원전 5세기 중반 아테네의 민주주의는 민주주의의 본질이라 할 '시민의 자기 통치'의 모범이 됐다.

그러나 아테네 민주주의의 고양은 빛만큼 어둠도 거느렸다. 그리스어 낱말 파르마콘(pharmakon)은 약을 뜻함과 동시에 독을 뜻한다. 약은 상황이 바뀌면 독이 된다. 아테네 민주주의의 급진화는 그 체제 안에 민주주의 자체를 위태롭게 하는 독을 주입했다. 제국주의와 선동정치가 아테네 민주주의를 서서히 마비시켜 주저앉게 만든 독이었다.

아테네의 제국주의화 양상을 보여주는 것이 델로스동맹의 변질이다. 기원전 450년대에 아테네는 가난한 시민들이 입법·행정·사법에 참여할 때 수당을 지급하는 법을 제정했다. 수당을 받지 않으면 생업에 매여 정치적 권리를 행사할 수 없다는 이유였다. 수당 지급은 아테네 민주주의를 강화하는 또 하나의 조처였다. 이 수당의 재원이 아테네가 주도한 델로스동맹의 분담금에서 나왔다. 델로스동맹은 페르시아 전쟁이 끝난 뒤 폴리스들이 페르시아의 위협에 공동으로 대응하는 차원에서 결성한 해상 동맹이었다. 하지만 아테네는 페르시아의 위협이 사라진 뒤에도 델로스동맹을 해체하지 않고 아테네 중심으로 강화했다. 델로스동맹은 아테네제국의 지배 기구가 됐고 동맹국이 내는 분담금은 사실상 아테네에 바치는 조공이 됐다. 아테네는 그렇게 받아낸 조공을 가난한 시민의 공무 수당과 삼단노선 노잡이 병사의 봉급으로 썼다. 아테네 내부의 민주주의가 강해질수록 동맹국에 대한 아테네의 제국주의 횡포도 거칠어졌다.

강압은 반발을 낳고 반발은 더 센 강압을 부른다. 아테네 제국주의에 반기를 든 폴리스들이 스파르타 중심의 펠로폰네소스동맹으로 돌아섰다. 아테네는 동맹국의 배신을 무력으로 응징했다. 그런 강압과 반발 속에서 펠로폰네소스전쟁이 일어났다. 기원전 431년 스파르타의 침공으로 시작된 전쟁은 27년이나 계속돼 아테네 국력에 일대 타격을 안겼다. 더 심각한 문제는 아테네 민주주의의 균열과 부식이었다. 위기 상황을 숙주로 삼아 선동정치가 창궐했다. 권력에 눈이 먼 정치가들이 아테네 시민의 지지를 얻으려 과격한 대외정책을 내걸었고,

아테네 시민들은 선동에 휘둘려 파괴적 정책에 손을 들어주었다. 결과는 아테네의 몰락이었다. 제국주의와 선동정치가 키운 아테네 정치의 부패는 참혹한 패전의 수모를 불러들였다. 펠로폰네소스전쟁 패배와 함께 아테네는 긴 쇠퇴기로 접어들었고 기원전 338년 신흥 강대국 마케도니아의 필리포스 2세(Philippos II, 기원전 382~기원전 336)에게 정복돼 폴리스의 독립을 영원히 잃어버렸다.

2.

아리스토텔레스(Aristoteles, 기원전 384~기원전 322)가 《정치학》을 쓴 것은 아테네를 비롯한 지중해 전역 수많은 나라의 흥망성쇠를 지켜보고 난 뒤의 일이다. 《정치학》에서 아리스토텔레스가 특별히 주목한 것은 도시국가 곧 폴리스의 정치였다. 아리스토텔레스는 폴리스를 기준으로 삼아 정치체제를 분석하고 가장 좋은 정치체제를 구상했다. 왜 어떤 나라는 흥성하고 어떤 나라는 쇠퇴하는가. 폴리스가 자신을 지키고 번영을 지속하려면 어떤 체제를 세워야 하는가. 이 물음의 답을 찾는 것이 아리스토텔레스의 목표였다. 이때 아리스토텔레스가 가장 중요한 판단 준거로 삼은 것이 '공익이냐 사익이냐'의 척도였다. 폴리스의 지배자들이 사익을 앞세우는가 아니면 공익을 우선하는가 하는 물음이 결정적이었다. 지배집단이 나라 전체의 이익을 최우선으로 추구하면 폴리스는 부강해지지만, 지배집단이 자신들의 사욕을 탐하는 데 골몰하면 그 폴리스는 오래가지 못한다는 것이 아리스토텔레스의 확고한 믿음이었다.

아리스토텔레스는 공익을 앞세우는 폴리스 지배체제를 셋으로 나눈 뒤, 왕도정(바실레이아, basileia)을 최선의 체제로, 귀족정(아리스토크라티아, aristokratia)을 차선의 체제로 꼽았다. 덕망과 지혜를 갖춘 공명정대한 군주가 사욕을 물리치고 오직 공공의 이익만을 생각하면서 다스리는 체제가 가장 좋은 체제다. 그다음으로 좋은 체제는 도덕적·실천적 역량이 출중한 소수가 힘을 모아 사심 없이 나라 전체의 이익을 추구하는 체제다. 그러나 일인 혹은 소수가 지배하는 정치체제는 통치자 수가 적은 만큼 타락하기 쉽고 한번 타락하면 최악의 체제가 되고 만다. 왕도정은 폭군정(티라니아, tyrannia)으로 떨어지고 귀족정은 과두정(올리가르키아, oligarchia)으로 떨어진다. 가장 좋은 것이 뒤집히면 가장 나쁜 것이 된다. 아리스토텔레스는 민주정(데모크라티아, demokratia)이 데모스 곧 평민의 사익을 앞세우는 나쁜 체제에 속하기는 하지만, 평민이 전체 시민의 다수를 차지하기에 폭군정이나 과두정보다는 타락의 정도가 덜하다고 보았다.

그렇다면 현실에서 구현할 수 있는 가장 좋은 정치체제는 무엇일까? 여기서 아리스토텔레스가 제안한 것이 폴리테이아(politeia)다. 폴리테이아는 민주정의 장점과 귀족정의 장점을 혼합한 체제여서 혼합정으로 불린다. 시민 모두가 권리 주체로서 정치에 참여하되, 중요한 관직을 선거로 뽑음으로써 도덕적·실천적 역량에서 탁월성을 갖춘 사람이 국정을 이끌어가도록 하는 정치체제다. 이런 정치체제를 만들어낸다면 시민주권과 시민참여가 보장됨과 동시에 지혜와 덕망이 뛰어난 이들이 통치를 대행함으로써 나라가 바른 방향으로 나아갈 수 있다는 것이다.

폴리스는 자유인들의 공동체다. 이것이 폴리스 체제를 구상하는 아리스토텔레스의 대전제다. 이 자유인들이 나라의 주인으로서 국정의 최종 책임을 진다. 동시에 주기마다 선거를 통해 프로네시스(phronesis, 실천적 지혜)를 갖춘 역량 있는 사람들을 대리인으로 뽑아 통치하게 한다. 이것이 아리스토텔레스가 내놓은 현실성 있는 최선의 정치체제 구상이다. 이 아리스토텔레스의 구상이 근대 민주주의의 토대가 됐고, 아리스토텔레스의 폴리테이아는 오늘날의 민주공화국으로 이어졌다. 물론 현대의 민주공화국은 노예제를 폐지하고 여성 참정권을 도입했다는 점에서 아리스토텔레스 시대의 한계를 넘어섰다. 그러나 그 체제의 근본 원리를 보면 미국혁명뿐 아니라 프랑스혁명도 아리스토텔레스의 정치사상에서 자라 나온 자식들이다.

폴리테이아 곧 민주공화국을 통해 아리스토텔레스는 타락할 위험은 가장 적으면서도 공공의 이로움은 가장 잘 구현할 수 있는 체제를 그려냈다. 하지만 이렇게 정교하게 구상한 정치체제에도 피해 가기 어려운 크레바스가 있다. 주권자인 시민이 통치를 대행할 사람을 선출할 때 누가 실천적 지혜를 갖췄는지, 누가 공공적 의식에 투철한지, 누가 탁월한 역량을 지녔는지를 알아보지 못하면 이 체제는 본질을 잃고 표류하게 된다. 폴리테이아 곧 민주공화국에서도 시민의 역량은 나라의 성공과 실패를 좌우하는 결정적 요인이다.

민주주의 실천은 벼랑 위로 난 좁은 길을 걷는 것과 같다. 정치를 보는 시민의 눈이 흐려지면 민주주의는 길을 벗어나 미끄러진다. 그러므로 민주주의가 성공의 길을 가려면 시민의 정치적 판단력을 키우는 일은 가장 중요한 나라의 과제가 된다. 시민이 올바른 식견을 갖추지 못하면 민주주의 체제는 언제든 저급한 선동정치의 먹이로 떨어질 수 있다. 민주주의 체제는 자기 내부에 자기 파괴적 요소를 품고 있다. 자기를 파괴하는 이 힘을 다스리지 못하면 민주주의는 흔들리고 탈선한다. 고대 아테네 민주주의뿐 아니라 프랑스혁명 이래 근대 민주주의 역사도 수많은 일탈과 추락으로 이어져 있다.

그러므로 민주주의 성패의 관건은 시민 정신이다. 시민 정신이 성숙할수록 민주주의는 더 높이 나아가지만, 시민 정신이 낮은 수준을 떨쳐내지 못하면 민주주의는 전진할 수 없다. 정치의 수준이 높아지려면, 다시 말해 정치가 질 낮은 선동가들에게 휘둘리지 않으려면, 시민 각자가 나라의 주인다운 품성을 형성해야 한다. 좋은 시민이 좋은 정치를 만든다. 마찬가지로 좋은 정치가 좋은 시민을 키운다. 용기 있고 지혜로운 이들이 이끄는 정치는 시민 각자의 정의감과 자긍심을 끌어올린다. 좋은 정치가 시민을 긍지 높은 주권자로 세운다.

가장 좋은 것은 시민 전체가 아레테(arete) 곧 탁월성을 갖춘 귀족—시민이 되는 것이다. 이때의 귀족은 혈통이나 지위 같은 외적인 신분을 가리키는 말이 아니라 내면의 윤리적·정신적 품성과 역량을 가리키는 말이다. 아리스토텔레스가 쓴 '귀족'(아리스토스, aristos)이라는 말도 이런 뜻에 가깝다. 지와 덕의 아레테를 겸비한 사람이 아리스토스 곧 귀족이다. 우리 시대의 보편교육과 자기교육은 윤리적·정신적 아레테를 품은 시민—귀족의 탄생이 불가능하지 않음을 보여준다. 그러나 불가능하지 않은 것도 나라 전체가 방향을 잡고 목표를 향해 올곧게 나아갈 때만 이룰 수 있다.

3.

《뜻으로 본 한국역사》는 20세기 사상가 함석헌(咸錫憲, 1901~1989)의 저작이다. 이 책의 본디 제목은 《성서적 입장에서 본 조선역사》였다.

일제강점기에《성서 조선》이라는 잡지에 연재할 때 쓴 것이 그 제목이었고 1950년 그 글들을 묶어 책으로 처음 펴낼 때도 그 제목이었다. 그러다가 1960년대에 내용을 크게 수정하고 보충해 개정판을 낼 때 제목이《뜻으로 본 한국역사》로 바뀌었다. 함석헌은 개정판 머리말에 제목을 바꾼 이유를 이렇게 밝혔다.

"처음에 역사를 쓸 때 나는 기독교 신자, 그중에서도 무교회 신자였다. 기독교만이 참종교요, 그 기독교는 성서에 있다고 생각했다. …… 그러나 나는 언제까지나 남의 종교를 믿고 있을 수는 없었다. 처음 오산에 있을 때 나는 아직 우치무라 간조의 '무교회 신앙'을 믿고 있었지 내 종교를 가지지 못했다. 그러나 나는 남이 해준 사상, 그 말을 그대로 외우는 것이 부끄러웠다. 그것이 싫었다. …… 나는 선생에게서 해방되고 싶었다."

그러다가 일제 강점 말기에《성서 조선》사건으로 붙잡혀 서대문형무소에서 갇혀 있는 동안 생각이 달라지고 해방과 전쟁을 거치는 사이에 생각이 아주 달라졌다고 함석헌은 말한다.

"내게 이제는 기독교가 유일의 참종교도 아니요, 성경만 완전한 진리도 아니다. 모든 종교는 따지고 들어가면 결국 하나요, 역사철학은 성경에만 있는 것이 아니다. 나타나는 형식은 그 민족을 따라 그 시대를 따라 가지가지요, 그 밝히는 정도의 차이는 있으나, 그 알짬이 되는 참에서는 다름이 없다는 것이다."

그런 생각의 변화를 거쳐 책의 제목이 '성서적 입장'에서 '뜻'으로 바뀌었다. 성서를 넘어 뜻으로 나아간 것이다. 이때의 '뜻'에 무슨 뜻이 담겼는지를 함석헌은 다음과 같이 밝힌다.

"유신론자 무신론자 다 같이 믿으며 살고 있는 종교는 무엇일까?

그래서 한 소리가 '뜻'이다. 하나님은 못 믿겠다면 아니 믿어도 좋지만 '뜻'도 아니 믿을 수는 없지 않느냐. 긍정해도 뜻은 살아 있고 부정해도 뜻은 살아 있다. 져서도 뜻만 있으면 되고 이겨서도 뜻이 없으면 아니 된다. …… 이야말로 만인의 종교다. 뜻이라면 뜻이고, 하나님이라고 하면 하나님이고 생명이라 해도 좋고 역사라 해도 좋고 그저 하나라 해도 좋다. 그 자리에서 우리 역사를 보자는 말이다."

함석헌이 말하는 뜻은 요약하건대 '역사의 뜻'이다. 역사의 뜻은 우주 만물을 아우르는 전체 역사의 뜻이고, 좁혀서 보면 간난신고의 삶을 헤쳐온 인류 공동체 역사의 뜻, 더 좁히면 민족 공동체 역사의 뜻이다. 역사의 뜻은 공동체 전체의 열망으로 나타난다. 공동체의 열망이란 장차 이루고자 하는, 이루지 않으면 안 되는 공동의 꿈이다. 지금 여기에 없기에 간절히 바라는 것이 전체가 더불어 꾸는 꿈이다. 그 꿈과 그 뜻을 가슴에 품을 때 우리가 속한 이 현실을 올바로 보고 올바로 가늠할 수 있다. 전체의 꿈이 역사의 뜻이다.

우리를 둘러싼 삶의 현실은 지나온 세월이 만들어놓은 것이다. 기나긴 역사의 집적물이 우리가 살아가는 오늘의 현실이다. 시간이 만들어놓은 것은 사라지지 않고 우리 안에 남는다. 시간이 쌓여 현재를 이룬다. 우리의 고통도 우리의 긍지도 다 시간이 만들어 우리에게 넘겨준 것이다. 그러므로 우리의 현실을 제대로 보려면 지나온 시간이 만든 역사를 바르게 읽어야 한다. 그 역사를 바르게 읽을 수 있게 해주는 것이 '뜻'이다. 뜻이 빛이다. 역사의 뜻이 현실을 바로 볼 수 있는 시야를 열어준다. 먹구름 사이로 번개가 치듯이 역사의 뜻이 빛날 때 그 빛 속에서 우리는 현재를 새롭게 본다. 현재는 과거가 쌓여 이룬 것이기에, 현재를 새롭게 본다는 것은 과거를 새롭게 본다는 것과 다르지 않다. 새롭게 보려면 눈이 열려야 한다. 역사의 빛이 눈을 열어준다. 그 눈으로 우리는 우리의 현재를 이루고 있는 것들 가운데 무엇을 기억하고 무엇을 폐기해야 할지 가릴 수 있다. 그 눈이 열리는 순간이 카이로스의 순간이다.

그리스말 카이로스(kairos)는 크로노스(chronos)와 짝을 이룬다. 두 말 다 시간을 뜻하지만 품은 의미는 사뭇 다르다. 크로노스는 과거에서 현재를 지나 미래로 흐르는 시간, 시계와 달력의 시간이다. 카이로스는 크로노스와 반대로 흐른다. 카이로스는 미래에서 시작해 과거를 밝힘으로써 현재를 열어젖히는 시간이다. 우리가 꿈꾸는 미래를 빛으로 삼아 과거를 해석함으로써 지금 할 일을 알려주는 것이 카이로스다. 카이로스는 오늘 여기를 밝혀주는 계명의 시간이며, 이것이냐 저것이냐를 가르는 결단의 시간이고, 지금 이때가 아니면 안 됨을 알려주는 통찰의 시간이다. 크로노스가 타임(time)이라면, 카이로스는 타이밍(timing)이다. 역사의 뜻에 비추어볼 때 반드시 잡아야 하고 반드시 뚫고 나가야 하는 순간이 카이로스의 순간이다. 그 순간의 칼날이 장막을 가르면 그 사이로 빛이 쏟아져 들어온다. 그 빛 속에서 현재의 모든 것이 분명해지고 뚜렷해진다. 다시 말해 현재를 이룬 과거의 유산 가운데 무엇을 간직해야 하고 무엇을 거부해야 할지가 확연히 드러난다. 그 둘을 나누어 볼 수 있게 해주는 인식의 빛이 카이로스의 빛이다. 빛이 눈이다. 역사의 뜻은 카이로스의 빛으로, 카이로스의 눈으로 나타난다.

함석헌은 뜻을 품은 그 역사를 가리켜 '심판인 동시에 예언'이라고 했다.

"미래에 대한 예언이기 때문에 과거를 심판할 수 있다. …… 이따가

올 것을 머금지 않고 역사는 없다. 예언 아니고 역사는 없다."

역사의 뜻을 알아볼 수 있기에 우리는 과거를 심판할 수 있고 미래를 예언할 수 있다. 예언이란 다른 말로 하면 공동체의 집합적 꿈꾸기다. 공동체의 마음이 가장 맑아진 순간에 꾸는 꿈이 역사의 예언이다. 예언이 뜻이다. 그 뜻의 환한 빛 속에서 우리는 이제까지 살아온 삶을 재해석할 수 있고, 그 삶이 만들어낸 현실을 뚫어볼 수 있고, 현실을 뚫어봄으로써 내일로 나아갈 수 있다.

뜻을 품은 역사는 자유의 역사다. 함석헌은 자유를 '스스로 함'이라고 풀이한다. 스스로 하기에 자유는 생명이다. 역사 안에서 우리 각자는 자유이고 생명이다. 우리 각자는 힘써 움직임으로써 길을 만들어나가는 생동하는 자유다. 동시에 각자의 자유는 언제나 타자의 존재를 앞에 둔 자유다. 우리는 공동 존재로 태어나 공동 존재로 산다. 그러기에 타자 없이 각자가 있을 수 없다. 너 없이는 나도 있을 수 없다. 너를 너로 알아보고 나서야 나를 나로 알아볼 수 있다. 그러므로 우리의 자유는 너의 자유를 전제로 하여 피어난다. 너의 자유가 없다면 나의 자유도 없다. 모든 자유는 너와 나 사이에 제약된 자유다. 타자 없는 자유는 추상적 자유, 자유에 반하는 자유다. 나의 자유가 참된 자유라면 그 자유는 언제나 너의 자유를 품는다.

개체와 개체의 만남은 자유와 자유의 만남이다. 너의 자유가 내 자유의 조건이고 내 자유의 바탕이다. 자유는 동등한 지평 위의 공동 자유로서만 참된 자유다. 그러므로 우리 각자가 자유이기를 바란다면 공동의 지평을 확보하는 것은 필수적인 일이 된다. 너 없는 자유, 너를 부정하는 자유는 자유의 조건을 없애는 자유다, 자유는 공동으로 일구는 자유로서만 자유다. 그 자유의 본질이 생명이다. 생명은 움트고 솟아오르고 열려 펼쳐진다. 그렇게 피어올라 꽃망울을 터뜨리는 것이 창조다. 우리의 자유는 타자와 함께하는 공동 자유이지만, 그 자유는 창조하는 자유이기에 저마다 독특한 개성을 창출할 수 있다.

그 자유의 나라를 부르는 다른 이름이 민주공화국이다, 민주공화국은 민주주의를 혼으로 삼은 공화국이다. 민주주의는 공화국의 정신이고 혈액이다. 그 민주주의 안에서 우리의 꿈이 피어난다. 민주공화국은 자유인과 자유인이 만나 이루는 나라다. 그 자유의 공간에 창조의 힘이 분출할 때 우리 각자는 자기다운 자기를 꽃피울 수 있다. 그렇게 자기를 창조하고 자기를 실현하는 자유인의 나라를 만들자는 것이 함석헌이 힘써 부른 역사의 뜻일 것이다. 그 역사의 뜻에 비추어 지금 여기서 우리가 해야 할 일이 분명해지는 순간이 카이로스의 순간이다. 순간은 빛이고 눈이다. 빛이 빛나면 눈이 열린다.

4.

이 책에 모인 글은 2022년 3월부터 2025년 9월까지 신문과 잡지에 쓴 것들이다. 내란 세력이 검찰의 저강도 쿠데타를 통해 합법적으로 권력을 장악하던 때에서 시작해, 그 내란 세력이 반역을 감행했다 실패한 뒤 우두머리가 권좌에서 쫓겨나고 새 정부가 들어서 단죄 작업이 속도를 내기까지 3년 6개월을 아우른다. 내란 세력의 집권·반란·몰락으로 이어지는 그 기간은 셰익스피어(William Shakespeare, 1564~1616)의 《맥베스》에서나 목격할 수 있는, 고전적 드라마의 기승전결을 보여주었다. 마녀의 속삭임에서 맥베스의 감당 못 할 권력 야망이 꿈틀거리기 시작했다는 것마저 내란 수괴의 어리석은 행태와 닮았다. 투시력 있는 사람은 달랐겠지만, 처음 글을 쓰기 시작할 때 사태가 이렇게 이어지리라고는 예감하지 못했다. 허세와 협잡으로 세운 권력은 역사의 뜻에 어긋나기에 심판을 받을 수밖에 없다는 믿음만 있었다.

내란 우두머리가 계엄 포고령을 내던 밤 용감한 시민들이 국회의사당 앞에 모여 쿠데타를 막아섰고 시민의 뜻을 받든 정치인들이 계엄 난동을 신속하게 법에 따라 진압했다. 그 뒤 6개월에 걸쳐 내란 세력의 죄를 묻고 우두머리를 끌어내려 격리하기까지 수백만 시민이 광장에서 보여준 용기와 활기와 끈기는 세계를 놀라게 했다. 우리는 역사의 시험을 또 한 번 경탄스러운 지혜로 통과했고, 민주 시민의 전범과도 같은 우리의 모습을 온 세계에 알렸다. 자랑스러워할 일이다. 그러나 시련의 시간은 끝나지 않았다. 세계질서의 거대한 변화를 딛고 한반도 평화를 구현하는 문제를 포함해 우리 앞에는 풀기 어려운 과제가 겹겹이 놓여 있다. 그 놓인 것들을 헤쳐 나가는 길에 우리 안에 깃든 역사의 뜻이 나침반과도 같은 지침이 될 것이다. 또 그 뜻을 밝혀 나가는 길에 미래로부터 오는 카이로스의 빛이 우리 눈을 밝혀줄 것이다.

좋은 정치의
조건

2022년

1

크세노폰이 말하는
좋은 지도자의 조건

크세노폰(Xenophon, 기원전 428~기원전 354)은 옛 그리스 아테네 출신 작가다. 그 이름이 역사에 남은 것은 젊은 날 페르시아에서 겪은 군사적 모험을 기록한 《페르시아 원정기》 덕분이지만, 크세노폰은 이 회고록 말고도 많은 저작을 남겼다. 흥미로운 것은 크세노폰이 동시대 철학자 플라톤(Platon, 기원전 427~기원전 347)의 저작과 제목이 똑같은 작품을 여럿 썼다는 사실이다. 《향연》이나 《소크라테스의 변론》 같은 글이 그런 경우다. 역사적 기록을 살펴보면, 두 사람은 같은 연배로서 20대에 소크라테스(Sokrates, 기원전 469~기원전 399)를 스승으로 모셨던 것이 분명하다. 그런데도 두 사람이 서로에 대해 전혀 언급하지 않은 것을 보면, 크세노폰이나 플라톤이나 서로를 라이벌로 보았을 가능성이 있다. 최소한 크세노폰은 플라톤을 경쟁자로 생각했던 것 같다.

더 흥미로운 것은 두 사람이 공통 소재를 다룰 때 드러나는 태도의 차이다. 플라톤의 《향연》 속 소크라테스가 다소 엄숙하고 경건한 것과 달리, 크세노폰의 소크라테스는 한결 소탈하고 쾌활하다. 그래서 크세노폰이 그린 소크라테스가 실제의 소크라테스 모습에 더 가깝다는 평가를 받는다. 크세노폰의 《향연》에서 소크라테스는 춤추고 노래하는가 하면 익살꾼 같은 태도로 자기 자신을 농담거리로 삼기를 주저하지 않는다. 만찬 참석자들이 어떤 점을 스스로 자랑스러워하는지 이야기하는 대목에서 익살꾼 소크라테스의 면모를 찾아볼 수 있다. 참석자 가운데 잘생기기로 유명한 젊은 크리토불로스가 자신의 아름다운 외모에 자부심을 느낀다고 말하자 소크라테스는 이렇게 말한다.

"자네가 나보다 잘생겼다(아름답다)고 뻐기는 건가?"

크리토불로스가 답한다.

"물론이죠. 그렇지 않다면 저는 사티로스극에 나오는 실레노스 중에서도 가장 못생긴 실레노스겠죠."

그리스 신화 속 실레노스는 숲의 정령인데, 배불뚝이 추한 노인으로 그려진다. 소크라테스는 실레노스와 외모가 비슷했고 눈이 튀어나온 데다 들창코였다. 그런데도 소크라테스는 자신의 눈과 코가 크리토불로스의 것보다 더 아름답다고 주장한다. 소크라테스가 아무 근거도 없이 그렇게 말하는 것은 아니다. 그리스어에서 '아름답다'(kalos)는 '훌륭하다'는 뜻이기도 하고 '제 기능을 잘한다'는 뜻이기도 하다. 소크라테스는 자기 눈이 툭 튀어나와 있어 크리토불로스보다 더 넓게 더 잘 볼 수 있고, 들창코도 활짝 열려 있어 사방의 냄새를 더 잘 맡을 수 있다고 말한다. 마지막으로 소크라테스는 실레노스를 끌어들인다.

"물의 여신이 자네보다 나를 더 닮은 실레노스를 낳았다는 것이야말로 자네보다 내가 더 아름답다는 증거일세."

신이 못생긴 자를 낳을 이유가 없다는 것이다.

크리토불로스는 만찬장에 있는 젊은 남녀들의 비밀투표로 누가 더

옛 그리스 작가 크세노폰은 플라톤과 마찬가지로 소크라테스의 제자였다.
역사상 가장 극적인 모험기 가운데 하나인 《페르시아 원정기》를 남겼다.

아름다운지 결정하자고 제안한다. 투표용 조약돌을 항아리에서 꺼내 보니 젊은이들이 모조리 크리토불로스에게 표를 던진 것으로 나온다. 크리토불로스의 완승이다. 하지만 이야기는 여기서 그치지 않는다. 소크라테스는 농담기를 지우고 '아름다움을 향한 사랑'에 두 종류가 있음을 이야기한다.

"나는 혼을 사랑하는 마음이 몸을 사랑하는 마음보다 훨씬 더 우월하다는 것을 입증하려 하네."

범속한 사랑은 몸을 지향하지만 천상의 사랑은 혼을 지향한다. 몸의 아름다움은 시들지만 혼의 아름다움은 오래간다. 혼의 아름다움을 사랑할 때 사람은 자기 안의 미덕을 키워 더 나은 사람, 더 훌륭한 사람이 될 수 있다. 마지막에 소크라테스는 혼의 아름다움을 사랑하는 사람이 정치를 하는 것이 더 좋은 나라를 만드는 길임을 역설한다. 소크라테스의 이야기를 듣고 난 만찬장 최연장자 리콘이 말한다.

"소크라테스 선생, 당신이야말로 진실로 아름답고 훌륭한 사람인 것 같소."

작가 크세노폰의 관심은 언제나 지도자의 성격과 자질로 향해 있다. 그런 사실을 《페르시아 원정기》에서도 확인할 수 있다. 이 저작은 역사상 가장 극적인 모험기 가운데 하나로 꼽힌다. 페르시아 대왕 아르타크세르크세스 2세(Artaxerxes II, 기원전 445?~기원전 358)의 동생이자 소아시아 지역 태수인 키로스(Kyros)가 자신을 죽이려 한 대왕을 몰아내려고 대규모 군사를 모은다. 이때 친구의 권유를 받은 크세노폰이 키로스의 용병대에 합류한다. 그리스 용병 1만여 명은 키로스와 함께 바빌론 근처까지 수천 킬로미터를 들어가 대왕의 군대와 맞붙는다. 하지만 전투 중에 키로스는 전사하고 그리스 용병대는 페르시아 심장부에 버려진 꼴이 되고 만다. 그리스군을 이끌던 장군들마저 대왕 진영에 협상하러 갔다가 붙잡혀 모두 처형당한다.

두려움이 그리스 진영을 휩쓴다. 이때 크세노폰이 나선다.

"전쟁에서 승리는 수와 힘에 달린 것이 아니라 얼마나 강한 정신력으로 무장하느냐에 달렸소. 전장에서 목숨을 건지려고만 하는 자는 대개 비참한 죽음을 맞지만 명예롭게 죽으려고 하는 자들은 오히려 살게 되오."

크세노폰의 '사즉생 연설'로 1만 용병대는 힘을 내 지휘부를 새로 뽑고 전열을 재정비한다. 그리스인들은 적군이 쏟아붓는 화살과 투석을 막아내고 추위와 폭설과 굶주림을 이겨내며 험준한 산악을 넘어 여덟 달 만에 흑해 연안 그리스 땅에 도착한다.

《페르시아 원정기》는 전쟁을 이끄는 장군들의 성격과 행동에 대한 보고서이기도 하다. 이를테면 그리스군을 배신하고 페르시아 쪽으로 넘어간 테살리아 출신 장군 메논을 이렇게 기록한다.

"메논은 거짓 맹세를 일삼는 자들은 모두 잘 무장한 사람이라 여기고 두려워했으나, 경건하고 진실한 자들은 유약한 사람이라고 여기고 이용하려 했다. 다른 이들이 자신의 경건함과 진실성과 정의감을 자랑스럽게 여기듯, 메논은 속이고 거짓을 지어내고 친구들을 조롱하는 자신의 능력을 자랑스럽게 여겼다. 메논은 또 제일인자가 되려고 할 때는 이미 제일인자가 돼 있는 자를 모함함으로써 목적을 달성할 수 있다고 믿었다."

크세노폰은 메논의 최후를 이렇게 증언한다.

"동료 장군들이 키로스와 함께 대왕을 치러 행군했다는 이유로 처형을 당했을 때, 메논은 똑같은 행동을 했는데도 죽지 않았다. 그러나 다른 장군들이 처형된 뒤에 대왕은 메논에게 사형의 벌을 주었고, 메논은 고문을 받으며 1년을 더 살다가 범죄자처럼 비참한 최후를 맞았다."

이런 기술로써《페르시아 원정기》는 전쟁의 기술을 알려주는 책을 넘어 지도자에게 필요한 윤리적 덕목을 가르치는 책으로 후세에 남았다.

스승을 흠모했던 크세노폰은 소크라테스의 행적과 발언을 기록한 회상기도 썼다. 플라톤이 소크라테스의 입을 빌려 자신의 생각을 표현하듯, 크세노폰도《소크라테스 회상록》에서 스승의 입을 빌려 자신의 생각을 밝힌다. 소크라테스는 명성을 얻으려고 허세를 부리는 자들을 엉터리 피리 연주자에 비유한다.

"엉터리 피리 연주자가 훌륭한 피리 연주자로 보이고 싶다면 어떻게 할까? 훌륭한 피리 연주자의 겉모습을 흉내 낼 것이네. 훌륭한 피리 연주자가 좋은 장비와 많은 수행원을 데리고 다니니 그자도 그렇게 하네. 훌륭한 피리 연주자가 청중의 박수갈채를 받으니 그자도 박수부대를 데리고 다니네. 하지만 연주는 절대로 하면 안 되네. 연주를 하면 사기꾼임이 들통날 테니까."

소크라테스는 다음과 같은 말도 덧붙인다.

"훌륭한 장군도 훌륭한 선장도 아닌 사람이 훌륭하게 보이기를 원한다면 어떤 일이 벌어질까. 이런 사람들이 만약 설득에 성공한다면 그보다 더 큰 재앙은 없을 것이네. 아무 지식도 없으면서 선장이나 장군으로 임명된 자는 사람들을 망하게 하고 자신도 치욕과 불명예를 떠안기 때문이네. 남을 설득하여 돈이나 재물을 사취하는 것도 가볍지 않은 기만이지만, 아무 쓸모 없는 자가 국가를 이끌 적임자라고 속이는 것이야말로 가장 중대한 기만일세."

사익을 공익으로, 무능을 유능으로 포장하는 정치꾼들은 고대 아테네 민주주의 정치판에도 어슬렁거렸다. 소크라테스는 스트라테고스 (Strategos)가 되고자 하는 사람에게 이런 말도 한다.

"전쟁 위기 때는 나라 전체의 운명이 스트라테고스의 손에 맡겨지네. 스트라테고스가 실패하면 나라는 큰 타격을 입을 수밖에 없네. 그러므로 스트라테고스가 되는 법을 소홀히 하면서 스트라테고스로 선출되는 데만 열을 올리는 자가 있다면 벌받아 마땅하네."

스트라테고스는 오늘날의 국군 통수권자와 같다. 통수권을 잘못 쓸 때 나라가 어떤 위험에 빠지는지 우리는 지난 역사에서 여러 차례 보았다. 사술과 기만으로 스트라테고스 지위에 오르려는 자는 어느 시대에나 있다. 어리석음의 지배를 막으려면 시민이 곧은 눈으로 진짜와 가짜를 구별해내는 수밖에 없다.

2

"인간을 목적으로 대하라"
칸트의 도덕법칙이 말하는 것

니시다 기타로(西田幾多郎, 1870~1945)는 일본 근대 철학의 아버지로 불릴 만한 사람이다. 일본 전통 불교 사상을 바탕에 두고 서양 철학의 언어와 개념을 자재로 삼아 자기만의 고유한 철학 체계를 세웠다. 니시다 철학의 구축은 그대로 일본 근대 철학의 탄생이자 절정이라고 해도 지나치지 않다. 니시다 이전에 근대 철학이라고 할 만한 것이 없었고 니시다 철학과 함께 일본 근대 철학이 봄날 벚나무처럼 꽃망울을 터뜨렸다. 또 니시다 철학을 태반으로 삼아 '교토학파'라고 부르는 철학자들이 탄생했다. 니시다가 1910년 교토제국대학 철학과 교수가 된 뒤에 그 품 안에서 성장한 철학자들이기에 그렇게 부른다. 교토학파는 비슷한 시기에 막스 호르크하이머(Max Horkheimer, 1895~1973)가 독일 프랑크푸르트대학에 세운 사회연구소를 거점으로 하여 형성된 프랑크푸르트학파에 견줄 만하다.

　니시다 철학이 명확한 윤곽을 드러낸 것은 1911년에 나온 《선(善)의 연구》라는 철학서다. 이 책에서 니시다의 독창적인 존재론과 윤리

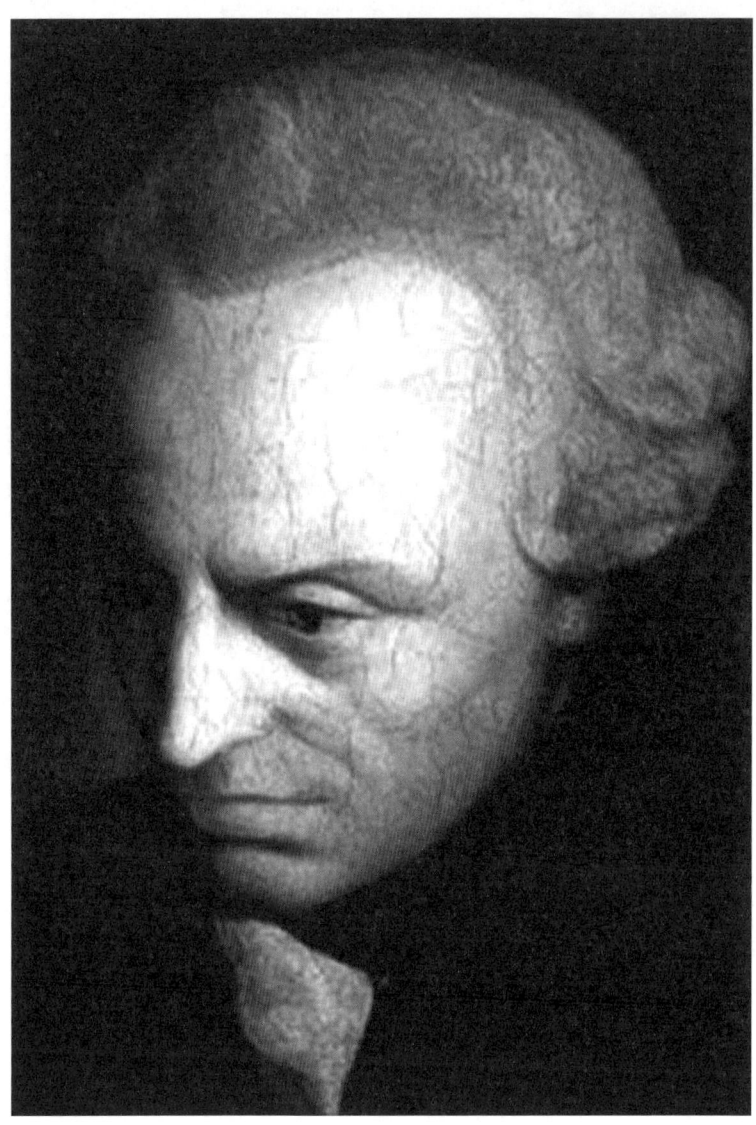

독일 철학자 이마누엘 칸트.

학이 처음 형태를 갖추었다. 메이지 유신 이후 서양 철학이 본격적으로 수입돼 유통된 지 40여 년 만의 일이다. 이《선의 연구》제3편에는 이마누엘 칸트(Immanuel Kant, 1724~1804)의 실천적·윤리적 정언명령에 대한 니시다의 해석이 등장한다. 니시다는 칸트의 정언명령을 다음과 같이 소개한다.

"누구나 알듯이 칸트의 가르침은 나 자신과 타인의 인격을 존중하고 목적 그 자체로 대하라는 것, 결코 수단으로 사용하지 말라는 것이었다."

니시다는 이 책에서 플라톤부터 괴테(Johann Wolfgang von Goethe, 1749~1832)까지 서양 철학의 주요 개념과 언어를 자유자재로 인용하고 있지만, 이 칸트 인용문만큼은 정확하다고 말하기 어렵다. 칸트가《실천이성비판》(1788)에서 비슷한 말을 한 것은 사실이다.

"전체 피조물 가운데 인간이 다룰 수 있는 모든 것은 또한 한낱 수단으로 쓰일 수 있다. 오직 인간만이 목적 그 자체다. 인간은 자유의 자율에 힘입어 신성한 도덕법칙의 주체다."

《실천이성비판》의 또 다른 구절에서 칸트는 이렇게 말한다.

"목적들의 질서에서 인간은 목적 그 자체다. 다시 말해 인간은 결코 순전히 수단으로만 사용될 수는 없다."

칸트의 이 말들은 언뜻 들으면 니시다의 발언과 다르지 않아 보인다. 그러나《실천이성비판》보다 앞서 저술한《도덕형이상학 정초》(1785)를 보면 칸트의 생각이 더 분명하게 드러난다. 여기서 칸트는 한결 명료한 정식으로 도덕법칙을 이야기한다. 칸트의 말은 다음과 같다.

"너는 너 자신의 인격에서나 다른 모든 사람의 인격에서나 인간성을 언제나 동시에 목적으로서 대하고 한낱 수단으로 대하지 않도록 그렇게 행하라."

니시다의 발언은 '나 자신과 타인의 인격을 목적 자체로 대하고 결코 수단으로 사용하지 말라'는 것이지만, 칸트의 법칙은 '나 자신과 타인의 인격을 수단으로만 쓰지 말고 언제나 동시에 목적으로 대하라'는 것이다. 니시다는 칸트의 입을 빌려 인격을 결코 수단으로 쓰면 안 된다고 강조하지만, 정작 칸트의 발언에는 '인격을 수단으로 쓰지 말라'는 구절이 없다. 칸트의 주장은 '타인의 인격을 수단으로만 쓸 것이 아니라 동시에 항상 목적 그 자체로 대해야 한다'는 것이다.

이 차이에 주목해 후대의 일본 사상가 가라타니 고진(柄谷行人, 1941~)은 《윤리21》이라는 저작에서 니시다의 칸트 해석을 비판적으로 검토한 바 있다. 가라타니는 다이쇼 시대(1912~1926)의 학생들 사이에서 칸트의 도덕법칙이 니시다 방식으로 이해돼 유행했다고 지적한다. 당시 학생들이 칸트의 도덕법칙을 '타인을 결코 수단으로 대하지 말고 오직 목적으로 대하라'는 명령으로 이해했다는 것이다. 그러면서 가라타니는 그렇게 타인을 오직 목적으로 대하는 것은 그 시절 학생들이 지내던 학교 기숙사 같은 제한된 영역에서나 겨우 가능했을지 모른다고 말한다. 하지만 기숙사 생활도 학비를 보내는 부모를 수단으로 삼은 것이었고 부모는 자식의 학비를 대려고 타인을 수단으로 삼아 돈을 벌지 않으면 안 됐다. 그런 문제를 당시 학생들은 깊이 생각하지 못했다. 그래서 다이쇼 시대가 끝나고 마르크스주의가 새 유행이 되자 칸트의 도덕법칙은 현실성 없는 것으로 경멸받는 처지에 몰렸다고 가라타니는 말한다. 이런 사정은 일제강점기에 일본어로 공부하던 조선의 학생·지식인들에게도 그대로 적용될 것이다.

가라타니가 말하려는 것은 이것이다. '칸트의 윤리적 명령은 인간, 곧 노동자를 수단으로 삼는 자본주의 생산관계를 바꿀 때에만 온전히 실현될 수 있다.' 그래서 19세기 말 서구에서는 칸트의 윤리학에 입각해 자본주의 극복을 요구하는 목소리가 등장하기도 했다. 독일 마르부르크대학의 신칸트학파를 이끈 헤르만 코엔(Hermann Cohen, 1842~1918)은 칸트의 정언명령을 사회주의적 도덕 강령으로 해석했다. 코엔은 이렇게 말했다.

"목적으로서 인류의 탁월성이라는 이념은 단지 이 이념만으로도 사회주의적 이념이 되며, 그 결과로 인간 각자는 최종적 목표이자 목적으로 규정된다."

그런데 이런 칸트식 사회주의 혹은 칸트주의적 마르크스주의는 레닌주의적 마르크스주의가 러시아 혁명을 거쳐 대세를 장악한 뒤로 마르크스주의 역사에서 패퇴하고 말았다.

거듭 주목할 것은 칸트가 '인간을 결코 수단으로 써서는 안 된다'고 말한 적이 없다는 사실이다. 칸트는 인간이 다른 인간을 수단으로 쓸 수 있다는 것을 한순간도 부정하지 않는다. 그러나 바로 그렇기 때문에 타인을 '동시에 목적으로' 대해야 한다고 강조한다. 자본주의 체제는 작동 원리대로 놔두면, 타인의 인격이 오로지 수단이 되는 경향을 피할 수 없다. 타인을 노동력으로 환원한 뒤 그 노동력을 수단으로 삼아 상품을 만들고 그 상품을 유통시켜 이윤을 증대하는 것이 자본주의 체제이기 때문이다. 이런 상품 관계 속에서 노동자들은 한낱 노동력을 담지한 생산 수단이 되고 만다.

자본주의 체제의 컨베이어벨트 앞에서 노동자들이 그렇게 한낱 생산 수단이 되는 것을 두고 죄르지 루카치(György Lukács, 1885~1971)는 《역사와 계급의식》(1923)에서 '사물화'라고 불렀다. 인간이 인격성을 잃고 사물이나 다름없는 상태로 떨어지고 만다는 얘기다. 가라타니 고진은 인간을 사물화하는 자본주의 체제를 극복하지 않는 한, 칸트의 윤리적 명령이 온전히 실현될 길은 없다고 말한다. 그렇다면 칸트가 구상한 '목적의 나라'로 가려면 자본주의 극복은 우회할 수 없는 길이라고 해야 할 것이다.

그러나 칸트의 본디 생각에 입각해서 보면, 자본주의를 극복한다고 하더라도 인간이 수단으로 쓰이는 일이 사라지지는 않을 것이다. 유한한 존재로서 인간은 분업 체제 속에서 어쩔 수 없이 다른 사람을 수단으로 삼아 살아가지 않을 수 없다. 중요한 것은 그렇게 인간을 수단으로 쓰더라도 '동시에 항상' 목적으로 대한다는 원칙이 관철되는 것이다. 목적의 나라는 인간의 수단화가 아예 없는 나라가 아니라 인간을 언제나 동시에 목적으로 대하는 나라, 다시 말해 모든 인간이 서로를 존엄한 자율적 인격체로 대하는 나라다.

그런 원칙은 자본주의 체제 안에서도 어느 정도는 구현할 수 있다. 자본주의 체제는 인간을 상품화하고 사물화하는 본질적 경향이 있다. 그런 경향은 자연법칙처럼 작동하는 것이어서 그대로 두면 인간성이 말살되는 지경에까지 이를 수 있다. 초기 자본주의 시대에 그런 비인간적인 노동 착취가 아무런 제약 없이 벌어졌다. 19세기 이래 반자본주의 혁명 운동은 바로 그런 극단적 수단화 경향에 맞서서 인간성을 지키고 높이려는 인류의 집합적 투쟁이었다. 역설적이게도 이런 투쟁 덕분에 자본주의 체제는 붕괴하지 않고 살아남아 번영할 수 있었다. 이를테면 '최저 임금 제도'나 '노동 시간 규제' 같은 것이 바로 인간을 수단화하고 사물화하는 자본의 파도에 맞서 기나긴 투쟁을 통해 쌓은 사회적 방파제 가운데 일부다.

지난 대선 기간 중에 이런 사회적 방어 장치를 뜯어내겠다는 공언이 유력 후보의 입에서 쏟아져 나왔다. 나라를 이끌어가는 자의 책무를 생각하지 않는 시대 역행적인 발언이다. 자본의 탐욕에 재갈을 물리고 자본의 파괴적 힘을 다스리는 것이 나라가 해야 할 일 아닌가. 나라는 그런 일을 할 때 비로소 나라다워진다. 구성원 다수의 취약한 인간성을 보호하는 장치를 철폐하는 데 국가 권력을 쓰겠다고 공언하는 것은 인간을 목적으로 대하지 않고 오로지 수단으로 쓰겠다고 선언하는 것과 같다. 다른 사람을 수단으로만 쓰면서 그 자신이 목적이 될 수는 없다. 타자의 인간성을 파괴할 때 그 자신의 인간성도 파괴되는 것이 인간 존재의 법칙이기 때문이다.

3
—
소포클레스 합창이 들려주는
히브리스와 네메시스의 변증법

죄르지 루카치는 《소설의 이론》 첫머리를 어두운 감탄문으로 장식했다.

"별이 빛나는 창공을 보고, 가야 할 길의 지도를 읽을 수 있던 시대는 얼마나 행복했던가? 그리고 별빛이 그 길을 훤히 밝혀주던 시대는 얼마나 행복했던가?"

루카치가 그리움으로 돌아본 시대는 서구 역사의 시원을 이루는 호메로스의 시대다. 루카치는 저 먼 서사시의 시대를 인류가 가장 행복했던 시대로 이상화했고, 서구의 역사를 그 세계가 허물어져가는 긴 과정으로 보았다. 《소설의 이론》이 출간된 1916년은 제1차 세계대전의 포성이 유럽을 뒤흔들던 때였다. 우울의 기분이 글머리를 물들인 데는 시대의 분위기 탓도 있었을 것이다. 하지만 그러는 중에도 루카치의 마음에는 아직 희망의 불씨가 살아 있었다. 《소설의 이론》은 행복했던 옛 시대를 다시 불러올 수 있으리라는 낙관 섞인 기대와 함께 끝난다.

그러나 20여 년 뒤 두 번째 세계대전이 터지고 파시즘의 레비아탄이 유럽을 삼키자 루카치의 후배들은 그 엷은 낙관의 빛마저 잃어버렸다. 절망이 희망을, 부정이 긍정을 압도했다. 그런 암흑의 시대 인식을 기록한 책 가운데 하나가 《계몽의 변증법》이다. 히틀러(Adolf Hitler, 1889~1945)의 독일을 탈출한 테오도어 아도르노(Theodor Adorno, 1903~1969)와 막스 호르크하이머는 그 책을 1940년대 초반에 망명지 미국에서 썼다. 그 책에서 두 사람은 유럽 문명의 참화를 '계몽의 자기 파괴'로 보았다. 유럽 문명이 키운 '계몽 이성'이 자연으로부터 마법의 힘을 빼앗아 세계의 지배자가 되자마자 역으로 인간과 문명과 자연을 파괴하는 길에 들어섰다는 진단이었다. 두 사람은 자신들에게 생존의 숨구멍을 제공해준 미국마저 '계몽 이성의 자기 파괴' 운명에 갇혀 있다고 보았다.

"계몽은 예로부터 인간에게서 공포를 몰아내고 인간을 주인으로 세운다는 목표를 추구해왔다. 그러나 완전히 계몽된 지구에는 재앙만이 승리를 구가하고 있다."

계몽 이성의 '전체주의'에서 벗어날 길을 찾을 수 없다는 것이 저자들의 절망스러운 시대 인식이었다.

그렇다면 계몽 이성은 언제 처음 출현한 것일까? 《계몽의 변증법》은 먼저 17세기 영국 철학자 프랜시스 베이컨(Francis Bacon, 1561~1626)을 주목했다. 베이컨은 자연에 대한 정복 의지를 담아 이렇게 썼다.

"인간의 우월성은 의심할 여지 없이 '지식'에 있다. …… 우리는 말로만 자연을 지배할 뿐이고 자연의 강압 밑에서 신음하고 있다. 그렇지만 우리가 자연의 인도를 받아 발명에 전념한다면 우리는 실제로 자연 위에 군림할 수 있을지 모른다."

베이컨이 말한 그 '지식'을 추구해 '자연의 강압'을 이겨내고 자연을 인간의 지배 아래 두고자 하는 것이 계몽이다. 그러나 계몽의 승리는 베이컨의 기대와 달리 자연의 보복을 낳았다.

"자연을 파괴함으로써 자연의 강압을 분쇄하려 하는 모든 시도는 자연의 강압 속으로 더욱 깊이 빨려 들어갈 뿐이다. 이것이 유럽 문명이 달려온 궤도다."

《계몽의 변증법》은 베이컨의 말에 주목했지만 그렇다고 해서 이 사상가를 계몽 이성의 출발점으로 본 것은 아니었다. 베이컨은 계몽 이성이 경유하는 근대의 기착지일 뿐이다. 아도르노와 호르크하이머는 계몽 이성의 출발점을 찾아, 루카치가 그리움으로 회고한 호메로스의 시대로 거슬러 올라간다. 두 사람은《오디세이아》주인공의 내면에서 계몽 이성이 막 깨어나 활동하는 모습을 보았다. 오디세우스가 외눈박이 거인 키클롭스의 동굴에 갇혔을 때 쓴 계략이 그런 사례다. 거인이 오디세우스에게 '이름이 뭐냐'고 묻자 오디세우스는 그리스어로 '우데이스'(oudeis)라고 답한다. 영어로 하면 '노바디'(nobody)에 해당하는 말이다. 키클롭스가 술에 취해 쓰러지자 오디세우스 무리는 커다란 꼬챙이로 거인의 외눈을 찌른다. 키클롭스는 고통에 몸부림친다. 이웃 거인들이 달려와 '누구 짓이냐'고 묻자 키클롭스는 '우데이스(노바디)'라고 소리친다. '아무도 그러지 않았다'는 뜻이니 거인들은 모두 돌아가고, 눈이 먼 키클롭스는 오디세우스의 탈출을 막지 못한다. '이름 감추기' 계략이 승리한다.

《계몽의 변증법》저자들이 '키클롭스 이야기'보다 더 주목하는 것은 '세이렌 이야기'다. 마녀 키르케의 땅을 떠난 오디세우스의 배는 요정 세이렌 자매가 사는 섬을 지나간다. 세이렌들은 아름다운 노래로

뱃사람들을 유혹해 목숨을 빼앗는다. 세이렌의 노랫소리를 듣고 싶은 오디세우스는 부하들에게 자신의 온몸을 돛대에 묶으라고 명령한다. 또 부하들은 노래를 듣지 못하도록 밀랍으로 귀를 막는다. 이렇게 자신의 몸을 묶고 귀는 열어놓음으로써 오디세우스는 세이렌의 노래를 들으면서도 그 노래에 홀려 자신을 아주 잃어버리지는 않는다. 바로 이 계략이 자연의 힘에 굴복하지 않고 자연의 마법을 정복하는 계몽 이성의 본질을 선명하게 보여준다고 저자들은 말한다. 아도르노와 호르크하이머에게 서사시의 세계는 신화적 자연이 계몽 이성의 공격을 받아 무너지기 시작하는 세계다. 또 오디세우스는 앎을 향한 무한한 갈망을 품고서 새로운 세계로 나아가는 근대적 모험가의 전형이다. 그러나 이런 해석은 《오디세이아》 이야기 가운데 일부를 전체로 확장해 얻어낸 것이라는 지적을 피하기 어렵다.

아도르노와 호르크하이머가 미국에서 《계몽의 변증법》을 쓰고 있던 즈음에 마르틴 하이데거(Martin Heidegger, 1889~1976)도 독일 프라이부르크대학에서 오디세우스를 강의의 소재로 삼았다. 그 강의에서 하이데거는 오디세우스를 새로운 것을 찾아 미친 듯이 달려가는 모험가로 보는 《계몽의 변증법》식 해석을 단호하게 부정했다. 오디세우스는 먼 곳을 동경하며 낯선 것을 찾아 모험하는 정신이 아니라 고향 이타카를 그리워하며 집으로 돌아가려고 몸부림치는 정신이다. 오디세우스의 마음을 사로잡은 것은 '모험'이 아니라 '향수'다. 《오디세이아》 전체를 놓고 보면, 하이데거의 해석이 아도르노·호르크하이머의 해석보다 더 사태의 진상에 가깝다고 해야 할 것이다. 오디세우스가 고향에 돌아가려고 발버둥 치면 칠수록 오디세우스의 배는 고향에서 멀어진다. 키클롭스의 아버지 포세이돈의 분노가 오디세우스의 귀향을

고대 그리스 아테네의 비극 시인 소포클레스.

막기 때문이다. 오디세우스는 자연의 원초적 힘을 극복한 인간이 아니다.

자연의 힘에 맞선 계몽 이성의 투쟁과 승리의 원형을 보려면 호메로스의 서사시가 아니라 그리스 비극 작품을 살피는 것이 낫다. 이를테면 소포클레스(Sophocles, 기원전 497~기원전 406)의 《안티고네》(기원전 441)가 그런 작품이다. 이 비극에서 눈여겨볼 것이 테베 원로들이 부르는 합창이다. 노래는 이렇게 시작한다.

"두렵고 무서운 것은 많지만 아무것도/ 인간보다 더 두렵고 무서운 것은 없나니,/ 겨울의 남쪽 바람을 타고/ 인간은 거품 이는 망망대해를 향해 돌진하여/ 광란하는 파도를 가로질러 항해하는구나."

계속해서 합창은 인간의 힘을 노래한다. '인간은 대지를 갈아엎어 땅의 기운을 고갈시키고, 하늘의 새 떼와 들판의 짐승과 바다의 어류를 모조리 잡아들이며, 말과 소를 길들여 가축으로 삼고, 도시를 세워 다스린다.' 자연을 정복하고 지배하는 인간이야말로 세상에서 가장 두렵고 무서운 존재라는 얘기다.

이 합창의 내용은 《안티고네》의 줄거리와는 직접적인 관련이 없다. 그러므로 작가 소포클레스가 합창 형식으로 아테네 시민들에게 자기 생각을 이야기하는 것으로 보아도 무방하다. 이 합창 제3연에서 소포클레스는 말한다.

"곳곳으로 경험을 쌓으러 돌아다니며 결국에는 아무런 경험도 얻지 못하고 막다른 길에 이르러 인간은 아무것도 아닌 것(무)에 이르고 만다."

불굴의 모험 정신으로 온 세상을 돌아다니며 모든 것을 복속시키지만 끝내 막다른 골목에 이르러 무와 죽음을 피할 수 없게 되는 것이 인간이라는 얘기다.

　이 합창이야말로 아도르노·호르크하이머가 《오디세이아》에서 찾아내려 한 '계몽 이성의 자기 파괴'를 한층 더 선명하게 보여준다. 인간은 자연 세계의 힘을 제압해 이성의 지배 아래 두지만, 그런 승리를 비웃듯이 인간의 삶은 무와 죽음으로 끝나고 말리라는 것이 합창의 묵시록적 경고다. 계몽 이성이 비웃은 '신화의 언어'로 말하면 무와 죽음이라는 결말은 '가이아의 복수'라고 해도 좋을 것이다. 눈앞의 탐욕에 이끌려 자연을 식민화한 인간, 그 인간의 히브리스(hybris) 곧 오만은 훨씬 더 '두렵고 무서운' 자연의 네메시스(nemesis) 곧 보복을 부른다. 인류의 삶을 위협하며 닥쳐오는 기후 위기와 생태 위기가 그 네메시스의 징조일 것이다. 계몽 이성이 신화적 허구라고 내쳐버린 것, 이를테면 '온 생명의 성스러움'이야말로 지금 우리의 생태적 상상력이 포착하고 되찾아야 할 세계의 진실일지 모른다.

4

우물에 빠진 탈레스,
생각에 잠긴 소크라테스

물리학자 스티븐 호킹(Stephen Hawking, 1942~2018)은 죽기 2년 전 마지막 공개 강연에서 이런 말을 했다.

"고개를 숙여 발을 보지 말고 고개를 들어 별을 보세요. 보이는 것을 이해하려 노력하고 무엇이 우주를 존재하게 하는가 상상해보세요. 호기심을 품으세요."

빅뱅과 블랙홀에 관해 가장 멀리까지 탐구한 이론물리학의 거인이 마지막 강연에서 권한 것은 '고개를 들어 별을 보라'는 것이었다.

역사에 기록된 사람 가운데 고개를 들어 별을 본 첫 번째 사람, 그러니까 호킹의 가장 먼 선배가 되는 이는 옛 그리스 밀레토스 사람 탈레스(Thales, 기원전 624?~기원전 545?)일 것이다. 탈레스는 어느 날 별을 쳐다보며 걷다가 우물에 빠지고 말았다. 트라키아 출신 늙은 하녀가 그 꼴을 보고 놀렸다. '하늘에 있는 것들을 열심히 보더니 정작 자기 발 앞에 있는 것은 보지 못하는군.' 탈레스는 고대 그리스 '일곱 현인' 가운데 가장 지혜로운 사람으로 꼽히는데, 플라톤이 《테아이테토스》에서 전하는 이 이야기 속 탈레스는 지혜롭기는커녕 어리숙해 보인다. 철학하는 사람 곧 '앎과 지혜에 몰두하는 사람'은 먼 곳에 정신이 팔려 눈앞의 것을 보지 못하기에 쉬 웃음거리가 된다. 플라톤은 말한다.

"그런 사람은 경험이 없는 탓에 우물에 빠지고 온갖 난관에 맞닥뜨려 어찌할 바를 몰라 쩔쩔매다가 바보처럼 보이게 될 것이다."

탈레스 이야기는 당대에 널리 알려져 있었던 것 같다. 인간의 '실천적 지혜'에 관심이 많았던 아리스토텔레스는 탈레스가 우물에 빠진 뒤의 얘기를《정치학》제1권에서 들려준다. 사람들이 탈레스를 두고 쓸데없는 일에 골몰하느라 가난하게 산다고 비아냥댔다. 탈레스는 천체와 기상을 관찰해 얻은 지식으로 다음 해에 풍년이 들 것으로 예견하고 올리브기름 짜는 기구를 싼값에 모조리 거두어들였다. 이듬해 실제로 올리브 풍년이 들자 그 기구들을 비싼 값에 대여해 큰 이득을 보았다. 아리스토텔레스는 다음과 같이 논평한다.

"큰돈을 버는 것이 철학자들의 관심사는 아니지만 철학자들도 원하기만 하면 쉽게 부유해질 수 있다는 것을 탈레스는 입증했다."

디오게네스 라에르티오스(Diogenes Laertios, 3세기경)는《유명한 철학자들의 생애와 사상》에서 탈레스가 이집트에 가서 피라미드 높이를 쟀다고 전한다. 탈레스는 사람의 키와 그림자 길이가 같아지는 순간에 피라미드의 그림자 길이를 잼으로써 피라미드 높이를 정확히 계산했다. 탈레스는 또 일식도 예측했다. 헤로도토스는《역사》에서 탈레스가 예측한 일식이 소아시아의 리디아와 메디아 사이 전쟁이 6년째 접어들던 해에 일어났고, 태양이 사라지자 양쪽이 전쟁을 멈췄다고 기록했다. 후대 학자들은 그 일식이 기원전 585년에 일어난 것으로 계산해냈다. 탈레스는 이런 말도 남겼다.

"가장 아름다운 것은 우주다. 신이 만든 것이므로. 가장 큰 것은 공간이다. 모든 것을 포용하므로. 가장 빠른 것은 지성이다. 모든 것을 꿰뚫고 달리므로. 가장 센 것은 필연이다. 모든 것을 지배하므로."

탈레스는 자신의 지성으로 우주와 공간을 꿰뚫고 달려본 사람이었음이 분명하다.

탈레스가 고개 들어 별만 본 것은 아니었다. 탈레스는 고개 숙여 땅을 본 사람, 더 정확히 말하면 지정학(geopolitics)을 탐구한 사람이기도 했다. 탈레스가 활동하던 때는 키로스 2세(재위 기원전 559~530)가 페르시아를 막 제국으로 키워가던 때였다. 오늘날로 치면 패권 교체기였다. 이때 소아시아 대국 리디아의 왕 크로이소스(Kroisos, 기원전 595?~기원전 546?)가 페르시아를 정벌할 계획을 세우고 탈레스가 살던 밀레토스에 군사동맹을 요구했다. 탈레스는 크로이소스의 요구를 들어줘서는 안 되며 두 대국 사이에서 중립을 지켜야 한다고 주장했다. 밀레토스인들은 탈레스의 의견을 받아들였다. 크로이소스는 키로스 2세와 맞붙어 대패했고 소아시아 일대는 페르시아 수중에 들어갔다. 크로이소스는 포로가 되고 리디아는 멸망했지만, 중립을 지킨 밀레토스는 살아남았다. 디오게네스 라에르티오스의 전기는 탈레스가 '지배받지 않는 자유'를 사랑하는 사람이었음을 알려준다. 탈레스는 '지금까지 본 것 중에 가장 못마땅한 것이 무엇인가'라는 질문에 '늙은 독재자'라고 답했다.

고대철학을 크게 '자연학'과 '윤리학'으로 나눌 수 있다면, 탈레스는 자연학을 창도한 사람이라 할 수 있다. 그러나 우주와 자연에 관한 탈레스의 모든 관심은 결국 인간으로, 윤리학으로 향했다. 탈레스는 '무

생각에 잠긴 소크라테스.

엇이 가장 어려운가?'라는 질문을 받고 '자기 자신을 아는 것'이라고 답했다. '너 자신을 알라'라는 윤리학적 명령의 최초 발설자가 탈레스였다. 그렇다면 탈레스 안에 이미 '미래의 소크라테스'가 들어 있었다고 할 수도 있다. 탈레스가 하늘을 보다가 우물에 빠졌던 것처럼, 소크라테스는 생각에 빠진 사람이었다. 한번 생각에 잠기면 자기 앞의 모든 것을 잊어버리는 사람이 소크라테스였다.

플라톤은 《향연》에서 '생각에 잠긴 소크라테스'를 두 차례 이야기한다. 만찬이 열리는 아가톤의 집으로 가던 길에 소크라테스는 갑자기 생각에 잠겨들더니 이웃집 현관 앞에 그대로 멈춰 선다. 불러도 들으려 하지 않으니 친구들은 소크라테스를 두고 아가톤의 집으로 간다. 만찬장에서 누군가가 소크라테스를 데리러 가야 하지 않느냐고 하자 아리스토데모스가 말한다.

"그분이 혼자 있도록 내버려두게. 그분은 가끔 아무 데고 멈춰 서 있는 버릇이 있다네. 방해하지 말고 혼자 있도록 놔두게!"

만찬이 시작되고 한참 지난 뒤에야 소크라테스는 만찬장에 들어선다. 소크라테스는 한번 생각에 빠지면 끝을 보는 사람이었다.

생각에 잠긴 소크라테스에 관한 더 극적인 증언은 《향연》 후반부에 나온다. 잔치 분위기가 한창 달아오를 때 등장한 알키비아데스(Alkibiades, 기원전 450?~기원전 404)가 전해주는 이야기다. 알키비아데스는 그 10여 년 전 소크라테스와 함께 포테이다이아 원정에 참가한 적이 있었다.

"하루는 이분(소크라테스)이 이른 아침에 한곳에 서서 무언가에 대해 생각하기 시작하셨는데, 생각에 진척이 없자 포기하지 않고 계속 그 자리에 서서 탐색하시더군. 한낮이 되자 다들 이분을 알아보고 감탄하며 소크라테스가 이른 아침부터 무언가 생각에 잠겨 그곳에 서 있다고 수군거렸다네."

소크라테스는 세상과 자기를 잊어버린 듯 저녁이 지나고 밤이 새도록 생각에 잠겨 빠져나오지 않는다.

"이분은 날이 새고 해가 뜰 때까지 그곳에 서 계시다가 해를 향해 기도를 올리고 나서 자리를 뜨셨네."

전쟁터에서 소크라테스는 만 하루 동안 꼼짝하지 않고 제자리에 서서 생각에 잠겨 있었던 것이다. 동료 병사들은 소크라테스의 그런 끈질김에 감탄하지만, 소크라테스가 무엇 때문에 그렇게 생각에 빠져 있는지에는 관심을 보이지 않는다.

한나 아렌트(Hannah Arendt, 1906~1975)는 '생각에 잠긴 소크라테스는 자기 자신과 대화하는 소크라테스'라고 말한다. 자신과 대화하면서 소크라테스는 자기 자신과 일치하는 지점에 이르려고 한다. 다시 말해 이전의 생각과 새로 떠오른 생각이 하나로 합쳐지는 지점에 다가가려고 한다. 그러나 일치에 이르는 것은 쉬운 일이 아니다. 생각하기는 길어질 수밖에 없다. 그렇게 만사를 잊고 생각에 잠겨 자기 자신과 대화하는 중에 '자기 자신에 대한 앎'에 이르고, 그 앎과 함께 '윤리학'이 탄생한다.

이때의 윤리학은 무엇이 정의로운지, 무엇이 참된 것인지, 무엇을 해야 하는지 같은 근원적인 물음을 포괄한다. 탈레스는 고개를 들어 하늘을 보았고 소크라테스는 하늘로 향하던 눈을 땅으로 돌렸다. 이 두 방향의 사유를 통괄하여 인간과 인간의 삶에 관해 묻는 물음의 집적태가 '인문학'일 것이다. 여기서 칸트의 무덤에 새겨진《실천이성비판》의 맺음말을 떠올려봄 직하다.

"더 자주 더 오래 생각하면 생각할수록 점점 더 새롭고 점점 더 커지는 경탄과 경외로 마음을 채우는 두 가지가 있다. 내 위의 별이 빛나는 하늘과 내 안의 도덕법칙이 그것이다."

별과 도덕을 하나로 이어 경외와 경탄으로 바라보는 그 마음이 바로 인문학의 마음일 것이다.

인문학은 불필요하다는 말이 틈만 나면 쏟아진다. 트라키아 하녀의 비웃음과 다를 바 없다. 대선 기간에 공공연히 인문학을 부정하던 이가 대통령으로 당선돼 취임을 앞두고 있다. 새 정부 출범과 함께 '쓸모없는 인문학'을 치워버려야 한다는 주장과 기류가 더 거세질 게 뻔하다. 그러나 인문학의 마음을 잃어버리고 돈 되는 것에만 눈을 돌리는 세계에 인간다운 삶, 인간다운 공동체가 들어설 수 없음은 분명하다.

5

"나라는 배, 정치가는 조타수" 플라톤의 말이 가리키는 것

소포클레스의 비극《안티고네》에서 새로 왕이 된 크레온은 나라를 바르게 이끌어가겠다며 테베 시민들을 향해 결연한 목소리로 통치 원칙을 밝힌다.

"여러분, 신들께서 우리 도시를 심한 풍랑으로 뒤흔드셨다가 도로 안전하게 일으켜 세웠소. …… 나는 시민들에게 파멸이 다가오는 것을 보게 되면 침묵하지 않을 것이고, 또 조국의 적을 내 친구로 여기지 않을 것이오. 우리를 지켜주는 것은 조국의 땅이며 조국이 무사히 항해해야만 우리는 진정한 친구를 사귈 수 있소. 이런 원칙에 따라 나는 이 도시를 키워나갈 것이오."

크레온은 오이디푸스 왕의 두 아들 에테오클레스와 폴리네이케스가 골육상쟁을 벌이다 둘 다 죽자 왕좌를 이어받은 사람이다. 눈길을 끄는 것은 크레온이 위기에 처한 나라를 풍랑에 흔들리는 배에 비유하고, 나라를 다스리는 일을 항해에 비유한다는 사실이다. 극 중의 크레온은 공언과 달리 배를 안전하게 항해시키기는커녕 자신의 말이 곧 법이라고 우기다 자멸의 나락에 떨어진다. 극작가로서 소포클레스가 이렇게 '배와 항해의 메타포'를 국가 운영 묘사에 적용할 생각을 한 데는 어린 시절 겪은 페르시아 전쟁이 한몫했을지 모른다. 아테네가 이끄는 그리스 연합군이 살라미스 해전에서 페르시아 대군을 물리쳤을 때 소포클레스는 10대 소년이었다. 소포클레스는 소년합창단의 선창자로 나서서 승전을 기념하는 찬신가를 불렀다.

헤로도토스는 《역사》에서 기원전 480년의 페르시아 전쟁을 아시아와 에우로페(유럽)가 맞붙어 역사의 거대한 흐름을 바꾼 대회전으로 묘사한다. 이 전쟁에 승리함으로써 아테네는 그리스 일대의 맹주로 올라섰고 이후 50년 동안 민주주의 최전성기를 맞았다. 하지만 전쟁 초기에 크세르크세스 대왕이 이끄는 페르시아 대군의 위세는 온 그리스를 공포에 몰아넣을 만큼 무시무시했다. 페르시아의 육군과 해군이 파죽지세로 그리스를 휩쓸며 내려오자 아테네 지도부는 델포이의 아폴론 신전으로 사절단을 파견해 신탁을 물었다. 신전의 여사제가 무아지경의 접신 상태에서 신들린 목소리로 아폴론의 예언을 전했다.

"제우스 신이 너희에게 나무 성벽을 주실 것이니, 이 나무 성벽만이 파괴되지 않고 너희와 너희 자식들을 도와주리라. 너희는 육지에서 공격해오는 대군을 가만히 기다리지 말고 도망쳐라. …… 성스러운 살라미스여, 그대는 여인들의 자식들을 파멸시키리라."

사절단이 그 모호한 신탁을 받아 들고 아테네로 돌아오자 아테네 지도부는 신탁을 어떻게 해석할 것인지를 놓고 뜻이 갈렸다. 특히 '나무 성벽'(teichos xylinon)이 무엇을 가리키는지를 두고 의견이 대립했다. 일부는 나무 성벽을 옛날 아크로폴리스를 둘러쌌던 가시나무 울타리라고 해석하고 아크로폴리스로 피난해야 한다고 주장했다. 지도

고대 그리스 아테네의 장군 테미스토클레스.

부 일원인 장군 테미스토클레스는 나무 성벽은 나무로 만든 함선을 뜻한다며 해전을 준비해야 한다고 주장했다. 의견 차이가 좁혀지지 않자 지도부는 결국 민회를 열어 투표에 부쳤다. 신탁, 곧 신이 내려준 말씀을 해석하는 일조차 일반 투표를 통해 결정하는 것이 아테네 민주주의였다. 민회에서 격렬한 공개 토론이 벌어졌고, 아테네 시민들은 테미스토클레스의 손을 들어주었다.

테미스토클레스는 이전에도 논란이 된 사안에 해법을 제시해 아테네 시민의 믿음을 얻은 바 있었다. 그 몇 년 전 아테네 인근에서 큰 은광이 발견됐을 때 그 은을 어디에 쓸 것이냐를 두고 국론이 갈렸다. 시민 각자에게 돈으로 나눠 주자는 일각의 주장에 맞서 테미스토클레스는 전쟁에 대비해 전함을 건조하는 데 쓰자는 의견을 내놓아 시민의 지지를 받았다. 그때 아테네는 테미스토클레스의 지휘 아래 200척의 '삼단노선'을 건조하고 성인 남자 시민들을 노잡이로 훈련시켰다. 아테네는 이 함대를 앞세워 페르시아 해군을 살라미스섬 앞바다에서 대파했다. 함선이 '나무 성벽'이 돼 나라를 구하고 전쟁의 판세를 결정한 것이다.

이 역사적 경험의 집단기억이 '배와 항해'를 정치적 상상력의 공간으로 밀어 넣는 데 동력 구실을 했을 것이다. 그 상상력이 가장 뚜렷이 드러난 곳이 플라톤의 저술이다. 플라톤은 말년의 저작 《정치가》에서 나라를 바르게 이끌 참된 정치가의 조건을 따져 물으며, 배를 폴리스에, 정치가를 조타수(키잡이, kybernetes)에 빗댔다. 또 나라를 다스리는 기술 곧 통치술을 키를 잡고 배를 모는 기술 곧 조타술에 비유했다. 어뢰처럼 질주해 적함의 허리를 들이받아 깨부수는 삼단노선의 전투력은 선상의 지휘관이 얼마나 뛰어난 판단력을 지녔느냐에 달려 있었다. 사람과 물건을 싣고 먼바다를 항해하는 배도 마찬가지다. 훌륭한 조타수가 풍랑과 폭풍을 예측하고 난바다에서 해적을 만날 위험에 대비하고 적함과 맞붙을 경우를 상정해 준비하듯이, 훌륭한 정치가는 나라를 이끄는 데 필요한 전문 지식 곧 통치술로 무장한다고 플라톤은 말한다.

그러나 이건 어디까지나 이상론이다. 정치가(politikos)라는 말에 합당한 이상적인 정치가를 현실에서 만나기는 어렵다. 플라톤이 보기에 현실의 정치를 이끄는 이들은 통치술을 갖춘 참된 정치가가 아니라 참된 정치가로 위장한 사이비 정치가들이다. 플라톤은 이 사이비 정치가를 '스타시아스티코스'(stasiastikos)라고 부른다. 파벌의 이익을 앞세워 '대결과 분란'(stasis)을 일으키는 자라는 뜻이다. 플라톤은 스타시아스티코스가 장악한 나라가 어떤 불행한 운명을 맞는지 다음과 같이 말한다.

"조타수와 선원들의 무능으로 배가 침몰해 사라지듯이, '가장 중대한 것'(통치술)을 모르는 자들의 무능으로 많은 나라가 몰락하고 있고 몰락해왔으며 몰락할 것이다."

통치를 항해에 빗대는 플라톤의 비유법은 《정치가》보다 먼저 쓴 중기 대화편 《국가》에서도 찾아볼 수 있다. 이 저작에서 사이비 정치를 비판하는 플라톤의 펜은 더 날카롭고 어조는 더 격렬하다. 플라톤은 민주정체의 주인인 데모스(demos, 민중)를 선주 곧 배의 주인으로 묘사한다. 선원들이 이 선주를 앞에 놓고 조타수 자리를 얻어내려고 아귀다툼을 벌인다.

"선원들은 조타술을 배운 적도 없으면서도 저마다 자기가 키를 잡아야 한다고 주장하며 서로 싸운다."

여기서 선원은 권력을 얻으려고 민중을 선동하는 정치인들을 가리킨다. 이 선동가들은 아무 근거도 없이 자신들이 배를 가장 잘 이끌 수 있다고 큰소리친다.

플라톤은 더 무서운 이야기도 한다.

"선원들은 언제나 이 선주를 에워싸고는 자신들에게 키를 맡겨달라고 온갖 짓을 하며 간청한다. 하지만 선주를 설득하는 데 끝내 실패하고 다른 사람들이 설득에 성공하면, 실패한 선원들은 성공한 선원들을 죽여버리거나 배 밖으로 던져버린다."

상대 당파가 민중의 신임을 얻어 정권을 잡으면 그 당파 사람들을 어떤 수를 쓰든 제거하려 한다는 것이다. 그리고 그렇게 해서 권력을 얻게 되면 어떤 일이 벌어질까.

"마음씨 좋은 선주에게 약을 먹이거나 술에 취하게 해서 옴짝달싹 못 하게 한 다음에 배를 장악하고는 배 안의 물건들을 제 마음대로 써버린다."

민중을 선동해 정적을 없애고 권력을 쥔 다음에는 민중의 판단 능력을 마비시킨 뒤 공동체 재산을 탕진한다는 얘기다.

플라톤의 묘사는 집권세력이 끼리끼리 어울리는 장면을 묘사할 때 한층 더 신랄해진다.

"이들은 흥청망청 먹고 마시며, 그런 자들이 할 법한 방식으로 항해를 한다. 게다가 이들은 자기들이 선주를 설득하거나 강제하여 지배권을 장악할 때 수를 써서 도와준 사람을 항해에 능한 사람이니 키를 잘 잡는 사람이니 배에 관한 지식이 풍부한 사람이니 하며 칭찬을 아끼지 않는다. 그러나 자신들을 도와주지 않은 사람들은 쓸모없는 사람이라고 비난한다."

여기서 플라톤은 묻는다. 이런 일들이 배 위에서 벌어지고 있다면 이 선원들을 '조타수'라고 부를 것이 아니라 '하늘을 보며 별점이나 치는 수다쟁이'라고 불러야 하지 않겠는가?

2400년 전 플라톤의 발언은 우리 정치 현실을 눈앞에 보면서 이야기하는 듯 생생하다. 국가 경영은 언제 닥칠지 모를 태풍과 암초를 뚫고 나가는 일이다. 승리에 취한 선원들이 서로 끼고돌며 선상을 어지럽힌다면 그 배의 앞날은 보지 않고도 미루어 짐작할 수 있다. 국가 공동체라는 배를 올바른 방향으로 이끌 조타수를 찾는 것이야말로 배의 주인이 해야 할 가장 중요한 일이다. 사이비 조타수가 키를 잡게 되면 배가 춤을 추다 난파할 수 있다. 플라톤의 경고다.

6

우리가 '플라톤의 동굴'에
갇혀 있다면

프리드리히 니체(Friedrich Nietzsche, 1844~1900)는 주저 《차라투스트라
는 이렇게 말했다》 제1부를 1883년 2월 번득이는 영감 속에 열흘 만
에 썼다. 차라투스트라 이미지가 떠오른 순간을 니체는 뒷날 자서전
에 이렇게 기록했다.

"그다음 겨울 나는 제노바에서 멀지 않은 라팔로의 매력적이고 조
용한 만에서 살았다. 나는 건강이 썩 좋지 않았다. 겨울은 추웠고 비가
많이 내렸다. …… 오전 오후의 이 두 산책길에서 《차라투스트라》 제
1부 전체가 떠올랐다. 특히 차라투스트라 자신이 하나의 유형으로 떠
올랐다. 정확히는 차라투스트라가 나를 엄습했다."

니체는 이렇게 썼지만 차라투스트라 이미지가 니체의 심중에 떠오
른 것은 이때가 처음이 아니었다. 그보다 1년 전에 출간한 《즐거운 학
문》 마지막에 니체는 차라투스트라 이미지를 품은 단편을 실었는데,
이야기는 이렇게 시작한다.

"차라투스트라는 서른이 되던 해에 고향과 고향의 호수를 떠나 산

속으로 들어갔다. 그곳에서 자신의 정신과 고독을 즐기면서 보내기를 10년, 그런데도 그는 조금도 지치지 않았다. 그러다 마침내 마음에 변화가 찾아왔다. 그리하여 어느 날 아침 동이 트자 그는 자리에서 일어났다."

니체는 이 단편을 그대로 가져다 《차라투스트라》의 첫머리로 삼았다. 이 구절에 이어 동굴을 나온 차라투스트라는 산 아래 세상으로 내려간다. 숲을 지나 처음 만난 도시의 시끌벅적한 시장에서 차라투스트라는 산속에서 얻은 '지혜'를 선포한다.

"나 너희들에게 초인을 가르치노라. 사람이란 극복돼야 할 존재다. …… 사람에게 원숭이는 무엇인가? 일종의 웃음거리 아니면 일종의 견디기 힘든 부끄러움 아닌가. 초인에게는 사람이 그렇다. 일종의 웃음거리 아니면 일종의 견디기 힘든 부끄러움일 뿐이다."

시장의 군중은 차라투스트라의 설교를 듣고 비웃음으로 답한다. 웃고 떠드는 소리가 너무 커 차라투스트라는 말을 마치지도 못한다. 낙심한 차라투스트라에게 누군가 다가와 속삭인다. '그 정도로 비웃고만 걸 천만다행으로 아시오. 다음엔 죽이려고 달려들 테니……'

니체가 주인공으로 삼은 차라투스트라는 조로아스터교를 세운 고대 페르시아 예언자의 독일식 이름이다. 하지만 니체의 차라투스트라와 예언자 조로아스터는 아무 관련이 없다. 조로아스터는 인류의 종교적 삶에 선과 악의 이분법을 처음으로 들여온 사람이다. 세상은 선과 악이 끝을 볼 때까지 싸우는 전쟁터라는 것이 조로아스터의 가르침이었다. 인간은 선한 신들이 악한 영들과 싸워 이길 수 있도록 도와야 한다. 조로아스터의 가르침과 함께 윤리적 종교가 탄생했다. 니체는 조로아스터와 달리 '선악의 저편'을 이야기한다. 초인은 선악을 넘어선 곳에서 출현한다.

니체의 차라투스트라와 관련된 인물을 찾자면 조로아스터가 아니라 소크라테스를 떠올리는 편이 낫다. 니체가 자각했는지는 확실하지 않지만《차라투스트라》의 서문은 플라톤의《국가》제7권에 나오는 '동굴의 비유'와 구조적 동형을 이룬다. 이 동굴의 비유에서 화자인 소크라테스는 젊은 글라우콘에게 '이상한' 상상을 해보라고 요구한다.

"여기 지하 동굴이 하나 있고 그 안에 사람들이 살고 있다고 생각해보게. 동굴의 입구는 깊고 동굴 자체만큼 넓으며 불빛을 향해 열려 있네. 이 거처에서 사람들은 어릴 적부터 사지와 목이 쇠사슬에 묶여 있기에 언제나 제자리에 머물러 있고, 포박 때문에 고개를 돌릴 수 없어 겨우 앞만 볼 수 있네. 그 사람들 뒤쪽 저 멀리 위에서부터 불빛이 죄수들을 비추고 있네."

이 동굴 벽면에 사물의 그림자가 비친다. 죄수들은 앞만 볼 수 있기에 이 그림자들을 실제의 사물이라고 생각한다. 스크린 위에 펼쳐지는 그림자극을 보며 그림자를 실제 사물이라고 여기는 것과 같다. 이 죄수들 가운데 한 사람이 사슬에서 풀려나 그림자가 실제 사물이 아니라 사물의 이미지일 뿐이라는 사실을 깨닫는다. 이어 풀려난 죄수는 동굴을 기어올라 동굴 바깥으로 나간 뒤 태양 아래 빛나는 만물을 본다. 태어나 처음 세상의 진실을 본 죄수의 마음을 소크라테스는 이렇게 표현한다.

"그 사람은 자신의 신상에 일어난 변화를 다행으로 여기되, 동료 죄수들을 불쌍히 여기지 않겠는가?"

그리하여 해방된 죄수는 다른 죄수들을 마저 해방하려고 동굴 안으로 되돌아간다. 하지만 밝은 데서 온 해방자는 동굴 안 사물들을 제대

플라톤의 '동굴의 비유'. 죄수는 동굴을 벗어나고서야
세상의 진실을 본다(얀 사엔레담의 판화, 1604년 작).

로 식별할 수 없어 죄수들의 웃음거리가 된다.

"위로 올라가더니 눈이 상해서 돌아왔군. 위로 올라가는 것 자체가 잘못이야."

죄수들은 이런 말도 한다.

"사슬을 풀어서 위로 데려가려는 자는 모조리 죽여버려야 해."

니체의 차라투스트라 이야기는 플라톤의 동굴 이야기와 대칭을 이룬다. 차라투스트라는 지혜를 얻으려고 산속 동굴로 들어가고, 죄수는 동굴 밖으로 나와 세상의 참모습을 본다. 깨달음을 얻은 차라투스트라는 사람들에게 지혜를 베풀어주려고 산 아래로 내려가고, 진실을 알게 된 동굴 밖 죄수는 사슬에 묶인 사람들을 깨우려고 동굴 속으로 내려간다. 차라투스트라는 시장에 모인 군중에게 비웃음을 받고, 동굴로 돌아온 죄수는 다른 죄수들에게 웃음거리가 된다. 두 사람 다 죽음의 위협에 처한다. 하지만 이야기의 대칭적 동형성은 여기까지다. 플라톤이 동굴의 비유를 통해 '이데아'의 세계를 가르치려 했다면, 니체는 차라투스트라를 통해 그 이데아의 세계가 허구이며 존재하는 것은 여기 이 현실뿐이라는 것을 설득하려 한다. 니체에게 플라톤은 무너뜨려야 할 첫 번째 적수였다. 니체는 플라톤의 아이디어를 가져와 플라톤을 치는 데 쓴다.

플라톤의 동굴 이야기에서 니체만 영감을 얻은 것은 아니다. 20세기 미국 저널리즘을 대표하는 언론인 월터 리프먼(Walter Lippman, 1889~1974)도 플라톤의 이야기에 주목했다. 리프먼의 대표작 《여론》(1922)은 플라톤의 그 동굴에서 시작한다. 죄수들이 동굴에 갇혀 있다는 사실을 리프먼은 인간의 인식론적 한계에 대한 알레고리로 해석한다.

"우리가 정치적으로 다루어야만 하는 세계는 손이 닿지 않는 곳에 있으며, 보이지 않는 곳에 있고, 사람들의 마음 밖에 있다. 인간은 단지 인간의 생존을 다루는 데 충분한 일부 현실만을 파악할 수 있다."

인간은 진실 자체를 결코 전면적으로 확인할 수 없다. 이런 한계에 봉착해 인간은 마음 밖 세계를 마음 안에 그려넣음으로써 그 한계를 극복하려 한다.

"인간은 결코 볼 수 없고, 만질 수 없으며, 냄새를 맡을 수 없고, 들을 수 없으며, 기억할 수 없는 세계의 광대한 부분들을 마음을 통해서 볼 수 있는 방법을 터득했다. 인간은 손이 닿지 않는 세계에 대한 확실한 이미지를 머릿속에 만들어냈다."

그렇게 머릿속에 그려진 이미지들이 모여 '여론'(public opinion)을 이룬다고 리프먼은 말한다.

여기서 리프먼이 주목하는 것이 언론이다. 언론은 인간이 세상사, 특히 정치적인 상황에 대한 이미지를 그려낼 때 압도적인 영향을 준다. 대중은 언론이 제공하는 정보를 통해 바깥세상에 대한 이미지를 만들고 이 이미지에 바탕을 두고 여론을 형성한다. 그런데 언론이 제공하는 정보가 바르지 않다면 어떻게 될까? 이미지는 왜곡되고 여론도 일그러질 수밖에 없다. 언론이 만들어내는 환경은 플라톤의 동굴과 유사하다. 동굴 안 죄수들이 보는 것은 실제 사물이 아니라 사물의 이미지일 뿐이다. 그런 이미지를 만들어내는 동굴을 가리켜 리프먼은 '의사 환경'(pseudo-environment)이라고 부른다. 언론이 동굴이라는 사이비 환경의 창조자인 것이다. 언론에 대한 리프먼의 깊은 불신이 밴 발언이다.

리프먼의 언론 불신은 제1차 세계대전의 체험과 직결돼 있다. 리프먼은 전쟁 중에 유럽에서 연합군 정보작전에 참여해 선전 전단을 만드는 일을 했다. 이때 여론을 조작하는 것이 얼마나 쉬운 일인지 깨달았고, 언론의 잘못된 정보가 민주주의를 위협한다는 것을 알았다. 잘못된 정보는 일차로 인간의 인식론적 한계에서 비롯한다. 하지만 언론의 문제는 이런 비자발적 오류에 그치지 않는다. 인식의 한계 탓에 잘못이 생기는 것도 문제지만, 언론이 의도적으로 사실을 부풀리고 축소하고 뒤틀어 여론을 오도하는 것은 더 큰 문제다. 동굴 속 환경을 '의사 환경'이라고 부를 수 있다면, 여론 왜곡을 주도하는 언론은 '의사 언론'이라고 부를 수 있을 것이다. 이 의사 언론이 만드는 의사 환경에서 벗어나지 않는 한, 여론의 오염과 부패를 막을 길이 없다.

7

"그 많던 연설가들은 다 어디로 갔는가"
한비자와 데모스테네스

로마제국 시대 초기의 역사가 타키투스(Tacitus, 56~120)는 《대화》라는 책에서 이렇게 한탄했다.

"이전 시대에는 재능 있고 명성 높은 연설가들이 그리도 많았는데, 어째서 우리 시대는 웅변의 영광이 이리도 피폐해져 연설가라는 이름조차 거의 남아 있지 않은가?"

타키투스가 그리워한 것은 자유로운 말로써 대중을 설득하던 앞 시대 공화주의 정치였다.

서양에 연설가가 있었다면 비슷한 시기 중국에는 유세객이 있었다. 연설가가 대중을 설득하는 사람이듯이, 유세객은 군주를 설득하는 사람이다. 유세객의 대표자로 꼽을 만한 사람이 전국시대 말기의 사상가 한비(韓非, 기원전 280?~기원전 233)다. 말더듬이였던 한비는 말을 익히듯 글을 익혀 당대 제일의 문장력을 갖추었고 학문을 연마해 제왕학의 거두가 됐다. 하지만 세상이 자신을 알아주지 않자 홀로 울분을 삼켰다. 그 울분 속에 쓴 글들이 훗날 《한비자》라는 책으로 묶였다.

《한비자》에 실린 글 가운데 가장 널리 알려진 것이 〈세난〉일 것이다. 〈세난〉은 말 그대로 '유세의 어려움'을 이야기하는 글이다. 한비는 말한다.

"군주가 일을 잘못했을 때 유세객이 공개적으로 예의를 논하면서 그 잘못을 드러낸다면 곧 신변이 위태로워질 것이다. …… 군주에게 할 수 없는 일을 억지로 강요하거나, 멈출 수 없는 어떤 일을 억지로 저지한다면 목숨이 위태로워질 것이다."

〈세난〉에는 그 유명한 '역린'도 나온다.

"용이라는 동물은 유순해서 길들이면 탈 수 있다. 그러나 턱 밑에 직경 한 자쯤 되는 역린(거꾸로 선 비늘)이 있는데, 만약 사람이 그것을 건드리면 반드시 그 사람을 죽인다. 군주에게도 역린이 있어, 설득하려는 자는 군주의 역린을 건드리지 않아야만 성공을 기대할 수 있다."

《한비자》는 어떤 모순적인 긴장을 내장한 책이다. 군주가 엄정한 법률과 형벌로써 신민을 다스려야 한다는 법가 사상을 가르치는 책이자, 군주를 설득해 올바른 통치의 길로 이끄는 유세 기술을 가르치는 책이다. 한비가 말하는 법치는 '법의 지배', 곧 법이 만민을 평등하게 통치한다는 뜻이 아니라, '법을 통한 지배', 곧 군주가 강력한 법으로써 나라를 다스린다는 뜻이다. 왕은 법 밖에 있는 자이자 법 위에 있는 자다. 그런 왕을 설득하는 것이 유세다. 설득에 실패한 유세객은 왕이 내린 형벌에 목숨을 잃을 수도 있다. 한비 자신이 바로 그런 형벌의 희생자가 됐다. 처음에 한비의 글을 읽고 '이 사람을 만나 함께 이야기할 수 있다면 죽어도 여한이 없겠구나' 했던 진나라 왕 영정(진시황)은 한비를 직접 만나본 뒤 실망해 돌려보내려 했다. 하지만 '이대로 보내면 후환이 있을 것'이라는 객경 이사의 말에 넘어가 한비를 가두고 사약을 내렸다. 한비의 죽음은 '세난'의 표본이다.

한비보다 100여 년 전에 살았던 아테네인 가운데 데모스테네스 (Demosthenes, 기원전 384~기원전 322)라는 사람이 있다. 데모스테네스 시대는 아테네 민주주의가 마지막 불꽃을 피우던 시절이었다. 연설가는 그 민주주의 불꽃의 심지였다. 한비처럼 데모스테네스도 어려서 말더듬이였고 혀가 짧았다. 데모스테네스는 타고난 악조건을 피나는 수련으로 이겨내고 '그리스 역사상 최고의 연설가'가 됐다. 이 연설가는 말의 힘을 민주주의 수호라는 대의에 바쳤다. 데모스테네스 시대는 그리스 북쪽 마케도니아 왕 필리포스 2세가 그리스 전역을 복속시키려고 야심을 키우던 때였다. 당시 아테네에는 필리포스의 '범그리스주의'를 우산으로 삼아 페르시아에 맞서야 한다고 주장하는 세력이 있었다. 데모스테네스가 보기에 필리포스의 범그리스주의 아래 들어가는 것은 아테네 민주주의를 죽음으로 이끄는 것과 다를 바 없었다. 데모크라티아, 곧 '민중의 통치'는 '제왕의 지배'와 함께 갈 수 없었다.

데모스테네스는 기원전 351년 민회 연설에서 아테네 시민의 둔감을 질타하며 필리포스의 남하에 맞서 군사적 대응을 서둘러야 한다고 호소했다.

"아테네 시민 여러분, 대체 언제 여러분은 해야 할 일들을 할 겁니까? 무슨 일이 벌어질 때까지 기다리기만 할 겁니까?"

데모스테네스의 연설은 아테네 시민의 마음을 깨우지 못했다. 필리포스 군대는 폴리스들을 장악하며 남진했다. 데모스테네스는 그 뒤세 차례 더 '필리포스 연설'을 했다. 하지만 그리스 최고의 언변도 시대의 흐름을 바꾸지 못했다. 기원전 338년 필리포스는 아테네-테베 연합군을 격파하고 그리스 본토 지배권을 굳혔다. 이 지배권을 쥐고 필리포스의 아들 알렉산드로스(Alexandros, 기원전 356~기원전 323)는 페르시아 원정에 나섰다. 데모스테네스는 기원전 322년 알렉산드로스의 후계자 안티파트로스에게 체포될 순간, 갈대 펜에 넣어둔 독약을 먹고 목숨을 끊었다. 데모스테네스의 죽음은 아테네 민주주의의 조종이었다.

《영웅전》에서 그리스인과 로마인을 짝지어 서술한 플루타르코스(Ploutarchos, 46?~120?)는 데모스테네스의 상대역으로 키케로(Marcus Tullius Cicero, 기원전 106~기원전 43)를 내세웠다. 데모스테네스가 아테네 민주정의 마지막을 지킨 연설가라면, 키케로는 로마 공화정의 최후와 함께한 연설가다. 키케로 시대는 카이사르(Julius Caesar, 기원전 100~기원전 44)가 이끄는 제1차 삼두정치, 안토니우스(Marcus Antonius, 기원전 83~기원전 30)가 주도하는 제2차 삼두정치를 거치며 로마가 제국으로 넘어가던 때였다. 데모스테네스가 민회의 시민들을 설득하는 사람이었듯이, 키케로는 원로원 의원들을 설득하는 사람이었다. 키케로의 모범은 데모스테네스였다. 기원전 44년부터 이듬해까지 열네 차례나 계속한 반안토니우스 연설을 키케로는 '필리포스 연설'이라고 불렀다. 데모스테네스의 적이 필리포스였듯이, 키케로의 적은 안토니우스였다. 키케로는 법의 지배를 무력화하고 독재의 길로 가는 안토니우스를 저지해 공화국('레스 푸블리카')의 자유를 지키자고 호소했다. 키케로의 말은 독재자의 야망을 꺾지 못했다. 키케로는 안토니우스의 군사에게 목과 손이 잘렸다. 공화주의의 죽음이었다.

공화주의의 죽음은 정치 연설의 죽음도 불렀다. 그런 사정을 로마 제정 초기의 철학자 세네카(Lucius Annaeus Seneca, 기원전 4?~기원후 65)의 글에서 확인할 수 있다. 소년 네로의 개인 교사였던 세네카는 네로가

로마 제정 초기의 철학자 세네카(페테르 파울 루벤스, 1614~1615년 작).
세네카는 네로 황제의 명령을 받고 스스로 동맥을 끊고 죽었다.

제5대 황제가 된 뒤《관용에 관하여》라는 글을 써서 네로에게 바쳤다. 이미 앞 시대에 티베리우스―칼리굴라―클라우디우스라는 폭군을 경험한 로마는 말의 자유를 잃어버린 지 오래였다. 연설가는 사라지고 정적을 황제의 반역자로 몰아 돈을 챙기는 고발인들이 들끓었다. 세네카는 새 황제에게 관용(clementia)의 중요성을 조심스럽고도 절박하게 이야기했다. "설득할 때 힘써야 할 것은 상대방이 자랑스러워하는 것을 칭찬해주고 부끄러워하는 부분은 감싸주는 것"이라는 한비의 충고를 이어받기라도 한 듯,《관용에 관하여》는 황제에게 아부하는 말로 시작한다. 세네카는 네로가 스스로 이렇게 말한다고 대신 이야기해준다.

"그렇다. 나는 온 민족의 삶과 죽음을 지배하는 자다. 저마다 운명과 상황이 어떻게 될지, 그 결정권은 내 손안에 있다. 나의 말이 온 국민과 모든 도시의 기쁨의 바탕이 된다."

이어 세네카는 심중의 생각을 꺼낸다.

"오늘 당신의 시민들은 모두 자신들이 행복할 뿐만 아니라 이 행복이 영원히 이어지는 것 말고는 더 바랄 것이 없다고 고백합니다. 그러나 특히, 신분의 고하를 막론하고 사람들이 한결같이 칭송하는 것은 당신의 관용입니다."

세네카는 꿀벌의 비유도 끌어들인다.

"꿀벌의 왕은 가장 넓은 방을 중앙의 가장 안전한 곳에 두고 있습니다. 그러나 왕은 침을 가지고 있지 않습니다. 이 사실은 위대한 군주에게 모범이 됩니다."

꿀벌의 왕에게 침이 없는 것은 '관용으로 다스리라'는 자연의 명령을 따른 것이라는 얘기다. 그러나 세네카의 말은 먹혀들지 않았다. 실제의 여왕벌이 침을 지녔고 그것도 여러 차례 쏠 수 있듯이, 네로도 독이 든 침을 무수히 쏘았다. 세네카의 글을 받은 그해에 네로는 벌써 이복동생을 죽이고 4년 뒤에는 자신을 황제로 만들어준 어머니 아그리피나를 죽였다. 그리고 머잖아 반역의 혐의를 씌워 스승 세네카를 죽음으로 몰아넣었다. 네로 자신도 그 3년 뒤 왕좌에서 쫓겨나 자살로 삶을 끝냈다.

한비가 꿈꾼 나라는 법으로써 다스리는 법치 국가였다. 세네카가 살다 간 나라도 명목상 법이 지배하는 나라였다. 그러나 두 나라의 군주에게 법은 통제의 수단, 지배의 도구일 뿐이었다. 권력이 법을 초월하는 곳에서 말의 자유는 질식할 수밖에 없다. '데모크라티아'도 '레스 푸블리카'도 껍데기만 남는다. 일인이든 소수든 법 밖에서 혹은 법 위에서 나라를 좌우할 때 폭정은 시작된다.

8

억압된 것들은
다시 돌아온다

〈자식을 잡아먹는 사투르누스〉(1820~1823)는 스페인 화가 프란시스코 고야(Francisco Goya, 1746~1828)의 말년 작품이다. 로마 신화의 사투르누스는 자식들이 자신을 왕위에서 몰아내리라는 저주를 받고 자식이 태어나는 대로 집어삼켰다. 고야의 그림 속 사투르누스는 자식을 잡아먹는 중에도 두려움에 벌벌 떠는 것처럼 보인다. 자식이 되살아나 자신을 공격하리라는 것을 알고 있기 때문일까?

지크문트 프로이트(Sigmund Freud, 1856~1939)는 정신분석학의 탄생을 알린 《꿈의 해석》(1899)에서 일고여덟 살 때 겪은 일화 한 토막을 이야기한다. 어린 프로이트가 부모님 방에 들어가 오줌을 쌌는데, 그 모습을 본 아버지가 화를 내며 '크게 되기는 글렀다'고 나무란 것이다. 이 일은 프로이트의 기억 속에 아주 깊이 각인됐던 모양이다. 프로이트는 이렇게 말한다.

"그것은 틀림없이 내 공명심에 엄청난 모욕이었을 것이다. 이 장면이 두고두고 꿈속에서 암시되고, 그럴 때마다 내 업적과 성공이 보란

듯이 열거되기 때문이다. 마치 이렇게 말하는 것 같다. '자 보세요. 나도 이만하면 성공했잖아요.'"

아버지가 준 '모욕'에 자신이 '크게 됐다'는 것을 보여줌으로써 복수한 셈이다. 이 사례가 보여주는 대로 프로이트는 《꿈의 해석》에서 자기 자신을 분석의 재료로 삼아 정신분석학이라는 집을 지었다. 그 정신분석학의 중심을 이루는 것이 '오이디푸스 콤플렉스'다. 《꿈의 해석》은 오이디푸스 콤플렉스에 대한 해설이라고도 할 수 있다. 이 저작에서 프로이트는 소포클레스의 비극 《오이디푸스 왕》이 현대인들에게도 충격을 주는 이유가 무엇인지 묻고는 이렇게 말한다.

"오이디푸스에게는 운명이 강요하는 힘을 인정하도록 만드는 우리 내면의 목소리가 존재하는 것이 틀림없다. …… 아버지 라이오스를 살해하고 어머니 이오카스테와 결혼한 오이디푸스 왕은 우리 어린 시절의 소원이 성취된 것일 뿐이다."

프로이트의 '오이디푸스 콤플렉스'는 아버지를 살해하고 아버지 자리를 차지하려는 자식의 무의식적 욕망을 가리킨다. 프로이트는 오이디푸스 콤플렉스를 개인의 무의식을 지배하는 힘이자 인간의 문화를 두루 규정하는 힘이라고 보았다. 《꿈의 해석》을 내고 10여 년 뒤에 쓴 《토템과 터부》(1913)에서 프로이트는 이렇게 말했다.

"오이디푸스 콤플렉스에 종교·도덕·사회·예술의 기원이 집중돼 있다."

아버지를 살해하려는 무의식적 충동이 인류 문화의 보편적 창조 원리라는 얘기다. 오이디푸스 콤플렉스가 문화의 보편적 원리라면, 그 오이디푸스의 아버지는 실제의 아버지일 뿐만 아니라, 아버지의 권위를 체현한 상징적 아버지이기도 할 것이다.

프로이트에게 상징적 아버지 자리에 있었던 사람이 정신의학자 요제프 브로이어(Josef Breuer, 1842~1925)였다. 젊은 프로이트는 브로이어에게서 카타르시스 요법을 배웠다. 카타르시스 요법은 최면 상태에서 대화를 통해 환자를 치료하는 방법이다. 그러나 이 치료법은 실패하는 경우가 많았다. 프로이트는 브로이어 방법을 발전시켜 자유연상을 통해 환자를 치료하는 길을 열었다. 자유연상은 환자가 최면에 들지 않은 상태에서 머릿속에 연상되는 것들을 자유롭게 이야기함으로써 장애의 원인을 찾아내는 치료법이다. 이 자유연상법에 프로이트는 정신분석이라는 이름을 붙였다. 그 직후에 쓰기 시작한 것이 《꿈의 해석》이다. 프로이트는 《꿈의 해석》이라는 저작을 통해 자신이 브로이어라는 '학문의 아버지'를 죽이고 그 아버지의 자리에 섰음을 선포한 것이다. 프로이트 이론상 학문 세계에서 벌어지는 '아버지 살해'는 장려해야 할 일이다.

프로이트가 《꿈의 해석》을 출간한 것은 20세기의 문이 열리던 1899년 11월이었지만, 이 책을 집필한 것은 그 2년 전인 1897년 여름부터 겨울 사이였다. 바로 이 시기에, 그러니까 프로이트가 오스트리아 빈의 진료실에서 '오이디푸스 콤플렉스'를 서술해가던 바로 그 시기에, 독일 하이델베르크에서는 현대 독일 사회학의 창시자인 막스 베버(Max Weber, 1864~1920)가 일생일대의 정신적 혼란을 일으킨 사건을 겪었다. 아버지와 아들의 충돌이었다. 베버 사후에 부인 마리아네 베버가 쓴 '베버 전기'가 이 사건의 내막을 알려준다.

1897년 여름, 막 하이델베르크대학 정교수가 된 베버를 어머니와 아버지가 방문했다. 베버의 아버지는 명예와 쾌락을 좇는 세속적인 인물이었고 권위주의적이고 가부장적인 사람이었다. 반면에 어머니

프란시스코 고야의 말년 작품 〈자식을 잡아먹는 사투르누스〉(1820~1823년 작).

는 경건하고 금욕적인 칼뱅주의 신앙인이었다. 아버지와 어머니는 평생 불화했다. 하이델베르크에 머무는 동안 '파탄 난 부부관계'가 적나라하게 드러났다. 아버지와 아들 사이에 오래 잠재해 있던 갈등이 폭발했다.

"아들은 그동안 누적된 분노를 더는 억제할 수 없었다. 용암이 분출했다. 섬뜩한 일이 일어났다. 아들이 아버지를 재판한 것이다."

집안과 아내를 지배하던 가부장이 그 아들로부터 심판을 받았다.

탄핵당한 아버지는 그길로 베를린으로 돌아가 위출혈로 세상을 떠났다. 아버지의 장례를 치르고 얼마 지나지 않아 극심한 우울증이 베버를 덮쳤다. 베버는 강의를 계속할 수 없어 휴직계를 내고 이어 교수직에서 물러났다. 죄책감이 무기력증으로 나타난 것이리라. 아버지를 죽인 아들이 죄의식에 시달린다는 것을 프로이트는 《토템과 터부》에서 이야기한 바 있다. 하이델베르크 교수는 오이디푸스 콤플렉스가 무엇인지도 알지 못한 채 오이디푸스적 사건의 수렁으로 빠져들었다. 베버는 4년 동안 우울증을 앓은 뒤에야 다시 책과 펜을 잡기 시작했다. 그러고 나서 쓴 책이 대표작 《프로테스탄티즘의 윤리와 자본주의 정신》(1904~1905)이다. 긴 애도의 시간을 끝낸 뒤에 오이디푸스 갈등을 이겨낸 힘이 창조성으로 터져 나온 것이다.

베버가 아버지와 얽힌 사건에 침묵한 것과 달리, 두 세대 선배 존 스튜어트 밀(John Stuart Mill, 1806~1873)은 아버지와 아들의 관계를 스스로 상세히 밝혔다. 밀이 쓴 자서전은 아버지 제임스 밀(James Mill, 1773~1836)에 대한 기억을 서술의 기둥으로 삼고 있다. 제러미 벤담(Jeremy Bentham, 1748~1832)의 친구였던 제임스 밀은 벤담주의 곧 공리주의 신봉자였다. '최대 다수의 최대 행복'의 실현이 인류의 목표라고 밀은 급진적 민주주의자가 밀의 아버지였다. 어린 밀은 아버지의 직접 지도를 받아 세 살 때부터 그리스어를 배우고 여덟 살 때는 라틴어를 익혔다. 이어 수학·경제학·논리학·자연과학을 공부해 10대 초반에 학문의 기초를 세웠다. 밀은 열다섯 살 때 벤담의 저서를 읽고 그 안에서 '인생의 목적'을 발견했고 열여섯 살 때는 공리주의자협회를 만들었다. 공리주의는 아버지의 법이나 다름없었다.

그러다 스무 살 무렵 위기가 닥쳤다. 의심의 구름이 일더니 하늘을 덮었다.

"내 인생의 목적이 모두 실현된다고 생각해보자. 그것이 너에게 큰 기쁨의 행복을 줄 것인가?"

이런 물음에 '그렇다'고 답할 수 없었다. 아버지와 벤담의 이상에는 무언가 빠진 것이 있었다. 아버지의 법이 흔들리자 극심한 무기력증이 덮쳤고, 뒷날의 베버가 그랬듯이 한동안 읽지도 쓰지도 못했다. 그 우울의 시기에 밀은 워즈워스와 콜리지를 알게 됐고 그 낭만주의 시인들의 시에서 처음으로 감정의 가치에 눈떴다. 마침내 밀은 아버지의 사상이 무시했던 것, 곧 감정을 계발하고 내면을 닦는 것이 참된 행복에 이르는 길임을 깨달았다.

자서전에서 밀은 아버지를 이렇게 묘사했다.

"브루투스가 최후의 로마인이라고 불렸듯이 아버지는 18세기 최후의 사람이었다."

자신이야말로 아버지를 극복한 진정한 19세기 사람이라는 선언이다. 밀은 아버지와 벤담의 사상을 뛰어넘은 자신을 이렇게 묘사했다.

"나는 벤담과 아버지의…… 급진주의적 사색에 더 넓은 기초와 자유롭고 따뜻한 성격을 부여함으로써 벤담 철학보다 더 뛰어난 완전한 철학이 있음을 보여주려 했다."

밀은 아버지의 급진 민주주의를 더 멀리 밀고 나가 말년에는 페이비언 사회주의의 토대를 놓았다. 밀이야말로 오이디푸스 콤플렉스를 창조의 힘으로 바꾼 사람이다.

오이디푸스 갈등을 이겨내는 데는 막대한 심리적 에너지가 든다. 에너지의 소진은 깊은 우울을 부른다. 그 긴장을 감당할 용기와 끈기가 없을 경우엔 어떻게 될까? 오이디푸스적 현실을 부정하거나 회피하는 방식으로 콤플렉스를 억누르게 된다. 그러나 그렇게 억눌린 것은 되돌아온다. 프로이트의 용어로 말하면 '억압된 것의 귀환'이다. 정치의 영역도 다르지 않다. 지난 정권이 한 일을 단순히 부정하고 지우기만 하는 방식으로 새 정권의 권위를 세우고 정당성을 얻으려 하면, 그 억압된 힘은 머잖아 머리를 꼿꼿이 들고 돌아오게 된다. 인간 삶의 법칙이다.

9

어떤 나라를 만들 것인가?

아테네 민주주의 전성기를 이끈 페리클레스(Perikles, 기원전 495?~기원전 429)는 펠로폰네소스전쟁 첫해(기원전 431년) 전몰장병들을 추도하는 장례식 연설에서 조국 아테네를 이렇게 묘사했다.

"우리의 정체는 이웃 나라들의 제도를 모방한 것이 아닙니다. 우리는 남을 모방하기보다는 남에게 본보기가 됩니다. 소수가 아니라 다수의 이익을 위해 나라를 통치하기에 우리 정체를 민주정이라고 부릅니다. 시민들 사이의 분쟁을 해결할 때는 법 앞에 만인이 평등합니다."

페리클레스는 그 연설에서 아테네의 토론 문화도 찬양했다.

"행동을 막는 가장 큰 장애는 토론이 아니라 무지입니다. 다른 나라 사람들은 심사숙고를 꺼리고 그것을 무시함으로써 용맹해지지만, 우리 아테네인들은 행동에 앞서 또 행동하는 중에도 사고하는 특출한 능력이 있습니다."

아테네의 훌륭한 면모를 열거한 뒤 페리클레스는 다음과 같이 자랑스럽게 말한다.

"아테네는 헬라스(그리스)의 학교입니다."

페리클레스의 연설은 장례식 분위기에 맞춘 것이었기에 수사학적 화장이 짙었다. 실상을 보면, 아테네인들은 적국과 전쟁하는 중에도 당파 싸움을 멈추지 않았다. 분열은 아테네 전력까지 갉아먹었다. 자유로운 토론 문화 뒤편에는 파당의 이기주의로 물든 자멸적인 내부 투쟁이 있었다. 이 연설 뒤 페리클레스는 전염병으로 죽고 아테네는 긴 전쟁 끝에 스파르타에 굴복했다. 아테네 민주주의는 쇠퇴와 몰락의 길로 들어섰다.

역설적인 것은 그렇게 '헬라스의 학교'가 무너져가던 시기에 진짜 학교가 아테네에 들어섰다는 사실이다. 펠로폰네소스전쟁이 끝나고 20년이 채 안 돼 플라톤이 아카데미아 숲에 철학 학교를 세웠다. 플라톤의 아카데미아에 이어 아리스토텔레스가 리케이온에 학교를 세웠고 에피쿠로스학파와 스토아학파의 학교가 뒤를 이었다. 아테네의 학교는 수백 년 동안 헬라스 전역, 나아가 지중해 전역의 젊은이들을 불러 모았다.

그 최초의 철학 학교에서 플라톤이 가르친 것 가운데 하나가 정치 사상이다. 정치는 언제나 플라톤의 관심사 한가운데 있었다. 플라톤은 말년에 쓴 편지에서 정치가가 되는 것이 젊은 날 꿈이었지만 아테네를 휩쓴 혼란을 보고 정치에 환멸을 느꼈다고 털어놓았다. 스파르타의 지배 아래 들어선 '30인 과두정'이 저지른 끔찍한 폭정은 '이전의 정치체제가 황금으로 보이게' 했다. 그 폭정을 무너뜨리고 등장한 민주정은 또 다른 광포함을 드러냈다. 소크라테스가 사형당한 것도 이때였다. 이 경험이 플라톤을 현실 너머의 정치체제를 구상하는 쪽으로 이끌었다. 그 구상이 집대성된 것이 《국가》다.

플라톤과 아리스토텔레스(라파엘로의 〈아테네 학당〉 부분, 1511년 작).

플라톤은 올바른 통치 형태를 현실에서 구할 수 없으니, 우리의 이성적 사유를 끝까지 밀고 가 '가장 아름다운 이상'을 찾아내는 수밖에 없다고 보았다. 이상에 따라 통치를 하려면 이상을 꿰뚫어 볼 수 있는 사람이 필요하다. 그런 사람이 바로 철인(philosophos), 곧 '지혜의 친구'였다. 이성의 힘으로 '최선의 이데아'를 체득한 철인들이 나라를 다스려야 한다는 결론에 이른 것이다. 플라톤은 그 나라를 구성하는 시민을 세 계급으로 나누었다. 재화를 산출하는 생산 계급, 국방을 담당하는 전사 계급, 국정을 책임지는 통치 계급이었다. 기억할 것은 이 계급이 '카스트'가 아니라는 사실이다. 계급은 개별 인간들의 적성에 맞게 배분된 것이지, 혈통이나 빈부로 정해지는 것이 아니었다.

플라톤의 급진주의는 전사와 통치자로 이루어진 수호자 계급에 요구한 혹독한 삶에서 드러난다. 플라톤은 아테네의 혼란이 빈부 사이 화해할 길 없는 대립에서 빚어진 것이라고 생각했기에 그 처방전으로 일종의 공산주의를 제시했다. 수호자 계급은 돈이든 집이든 아무것도 소유해서는 안 된다. 사유재산이야말로 만악의 근원이다. 플라톤이 더 부정적으로 본 것은 가족제도였다. 가족이야말로 공동체에 대한 충성심을 갉아먹는 이기심의 원천이다. 수호자 계급은 가정을 둘 수 없고 공동 막사에 살면서 자식을 공동으로 양육해야 한다. 수호자들에게는 공동체의 선을 증진해야 한다는 의무 말고 어떤 특권도 없었다. 플라톤이 요구한 수호자들의 삶은 출가 수도승의 삶과 그리 다르지 않았다. 《국가》가 묘사한 '아름다운 나라'(kallipolis)는 수호자들에게 너무 가혹한 나라였다.

플라톤은 자신이 신봉한 이성의 명령에 따라 이런 나라를 구상했다. 그러나 이 '이성의 나라'는 현실로 구현할 수 없는 나라였다. 그리하여 만년의 플라톤은 '지상의 나라'를 다시 설계하는 일에 힘을 쏟았다. 그 설계도가 담긴 저작이 《법률》이다. 《국가》에서 그린 나라는 순수이성이 다스리는 나라이기에 법률이 따로 필요하지 않았다. 이성이 곧 최선의 법이었다. 그러나 그런 순수이성을 현실에서 만날 수는 없다. 불완전한 인간들로 이루어진 지상의 나라를 꾸려가자면 법률을 만드는 것 말고 다른 수가 없다.

"사람은 법률을 제정해 법률에 따라 사는 게 불가피하다. 그렇지 않으면 사람은 가장 사나운 짐승과 다를 바 없게 된다."《법률》

좋은 법률을 만들어 통치자부터 생산자까지 모두 복종할 때 인간의 자유와 존엄이 보편적으로 보장될 수 있다. 플라톤 말년의 '법치국가'는 중년의 '이성국가'와는 사뭇 다른 나라다. 플라톤의 정치사상은 《국가》와 《법률》 사이에 굵은 단절선이 있다.

정치사상의 이런 내적 단절은 플라톤의 제자 아리스토텔레스에게서도 발견된다. 아리스토텔레스의 정치사상을 가르는 단절선은 《정치학》 내부의 '이상국가'와 '현실국가' 사이에 있다. 전체 8권으로 이루어진 《정치학》은 서론(1권)을 빼면, 이상국가를 구상하는 부분(2권—3권—7권—8권)과 현실국가를 소묘하는 부분(4권—5권—6권)으로 나뉜다. 아리스토텔레스 정치사상에 이런 균열이 생긴 것은 이 저작이 15년이 넘는 긴 시간에 걸쳐 집필된 것이기 때문이다. 그 세월 동안 아리스토텔레스는 플라톤의 학교를 떠나 그리스 정치의 소용돌이를 통과했고 아테네에 돌아와 자신의 학교를 세웠다. 이 학교에서 제자들과 함께 그리스 도시국가 158곳의 헌법을 수집해 분석하기도 했다.

그런 경험과 연구가 아리스토텔레스의 생각을 바꾸었다. 아리스토텔레스는 플라톤과 유사한 방식으로 '최선의 국가'를 구상하던 작업을 중단하고, 현실의 국가들을 살펴 '차선의 국가'를 그려내는 일로 눈을 돌렸다.《정치학》의 '현실국가' 편은 귀족정과 민주정이 섞인 '혼합정체'에서 실현 가능한 가장 좋은 정치체제를 찾아낸다. 또 그 혼합정체를 떠받치는 세력으로 넓게 포진한 중간계급에 주목한다. 이 중간계급이 가운데 서서 균형 잡힌 정체를 이끌 수 있다고 보는 것이다. 분명한 것은 이때의 혼합정도 법률이 최고권을 쥐고 모든 시민을 평등하게 지배한다는 사실이다. 아리스토텔레스의 혼합정 구상은 근대 정치사상으로 이어졌다.

그 사상의 연속선상에 있는 사람이 이탈리아 르네상스인 니콜로 마키아벨리(Niccolò Machiavelli, 1469~1527)다. 사상의 단절은 마키아벨리에게도 있다. 마키아벨리 단절선은《군주론》(1513)과《로마사 논고》(1517)를 가른다. 표면의 주장만 보면《군주론》과《로마사 논고》는 정면으로 충돌하는 저작처럼 보인다.《군주론》은 군주라는 특권적 개인에게 국가를 창건하는 길을 가르쳐주는 책이고,《로마사 논고》는 그런 특권적 개인을 거부하는 시민들이 중심이 돼 자유로운 공화국을 건설하는 방안을 얘기하는 책이다. 하지만 마키아벨리 시대의 이탈리아가 주변 강국들의 위협에 시달리던 분열된 나라였다는 사실을 염두에 두면, 마키아벨리 심중의 생각을 읽을 수 있다. 마키아벨리는 강력한 일인자를 통해 이탈리아 통일을 이루어낸 뒤 모든 시민이 참여하는 공화국을 창출하는 것이 현실적인 길이라고 본 것이다. 마키아벨리의 눈이 향하는 곳은 공화주의 나라다.

플라톤도 아리스토텔레스도 마키아벨리도 모두 정치사상 연구에 난제를 던지는 사람들이다. 저마다 사상 내부에 균열을 품고 있다. 그러나 이 사상가들이 어떤 사상을 표명했든 그들의 꿈은 자유로운 시민들의 공동체를 구현하는 데 있었다. 특권층의 이익을 합리화하는 이데올로기를 만드는 것이 아니라, 모든 구성원의 자유를 보장하면서도 최대한 평등에 가까운 나라를 세울 길을 찾는 것이 이 사상가들의 목표였다. 우리는 어떤가? 법률이 모든 사람을 균일하게 다스리는 나라에 살고 있는가? 통치자의 행위가 공동체 전체의 선익을 증진하는 데 이바지하는 나라에 살고 있는가?

10

권력 중독자의 오만을
제어하려면

서양 근대사상의 문을 연 르네 데카르트(René Descartes, 1596~1650)는 영혼과 육체, 정신과 물질의 분리, 곧 심신이원론을 처음 주장한 사람으로 알려져 있다. 데카르트의 심신이원론은 형이상학적 원리이지만, 생각을 조금 밀고 가면 정치적 원리로도 이해할 수 있다. 정신적인 것과 물질적인 것의 분리는 종교적인 것과 세속적인 것의 분리를 함의한다. 데카르트의 원리는 데카르트 당대에 불쑥 솟아난 것이 아니다. 서양 역사의 오크통 속에서 긴 세월 동안 발효된 것이 데카르트 원리, 특히 이 원리의 정치적 성격이다.

데카르트 원리의 정치적 기원을 찾으려면 5세기 말 교황 겔라시우스 1세(Gelasius I, ?~496)가 동로마 황제 아나스타시우스(Anastasius, 431?~518)에게 보낸 편지를 보아야 한다. 그 편지에서 겔라시우스 1세는 이 세상이 교황의 권위와 황제의 권위라는 이중의 권위 아래 있다고 주장했다. 교황은 '정신의 칼'로 종교의 영역을 다스리고 황제는 '물질의 칼'로 세속의 영역을 다스린다. 두 권위는 각자 영역이 따로 있으므로 서로 섞여서는 안 된다. 이 논리에는 견제 심리가 들어 있다. 당시 교황은 서로마제국의 멸망으로 지지대를 잃은 터였다. 기댈 곳 없는 교황이 동로마제국 황제의 간섭을 막아 세력 균형을 유지하려고 '두 자루 칼'이라는 방어 논리를 세운 것이다. 겔라시우스 1세가 내민 '두 자루 칼'은 서양 중세 역사를 규정한 정치적 자장의 양극을 이루었다.

이 '두 자루 칼'이 정면으로 부딪쳐 세상을 놀라게 한 사건이 11세기에 신성로마제국 황제 하인리히 4세(Heinrich IV, 1050~1106)와 로마 교황 그레고리우스 7세(Gregorius VII, 1015?~1085) 사이에서 벌어졌다. 그레고리우스 7세로 등극하기 전 신학자 시절의 힐데브란트(Hildebrand)는 교회의 정신적 권위가 왕국의 세속적 권위보다 우월하다는 원리, 곧 '힐데브란트 원리'를 제창했다. 교황으로 선출된 뒤 그레고리우스 7세는 이 원리에 입각해 그때까지 세속군주가 행사하던 성직자 임명권을 교황청으로 되돌리는 칙령을 발표했다. 교회를 지배하던 황제의 권력에 타격을 줄 수밖에 없는 조처였다. 분노한 하인리히 4세는 보름스에서 성직자 회의를 소집해 그레고리우스 7세를 가짜 성직자로 선언하고 교황 폐위를 결의했다. 교황을 향해 황제의 칼을 들이미는 정면 대결 선언이었다.

황제의 반발에 맞서 교황은 하인리히 4세를 파문하는 더 강경한 반격책을 썼다. 황제를 따르면 귀족이든 사제든 모두 파문하겠다고 경고했다. 하인리히 4세는 교황에게 편지를 보내 항의했다.

"나는 머리에 기름을 부어 왕이 된 자다. 나는 성스러운 교부들의 가르침에 따라 오직 신에게만 심판받는다."

하지만 독일 주교와 귀족이 교황의 위세에 눌려 황제에게 등을 돌리고 반란 조짐까지 일자, 하인리히 4세는 1077년 이탈리아 북부 카노사성에 머물고 있던 교황을 찾아갔다. 한겨울 찬 바람 속에서 황제는 수도사의 거친 옷을 입고 맨발로 서서 고해자의 모습으로 교황 알현을 요청했다. 교황은 모르는 척하다가 사흘이 지난 뒤에야 성문을 열어주었다. 황제는 교황 앞에 무릎을 꿇었고 교황은 파문을 취소했다. '카노사의 굴욕'은 서양 역사상 처음으로 교황의 칼이 황제의 칼을 제압한 사건이다.

황제를 무릎 꿇린 그레고리우스 7세는 1080년 로마 종교회의에 모인 성직자들에게 불같은 연설을 했다.

"이 세상의 모든 왕과 군주, 이 왜소한 인간들이 교회의 명령에 불복종하는 것을 두려워하게 하라."

사건은 이것으로 끝나지 않았다. 독일 제후들이 하인리히 4세를 거부하고 슈바벤 공작 루돌프를 황제로 추대하자 하인리히와 루돌프 사이에 내전이 벌어졌다. 교황은 다시 한번 하인리히를 파문하고 폐위를 선언했다. 하지만 이번엔 운명이 황제 쪽으로 돌아섰다. 하인리히는 내전에서 승리해 제후들을 굴복시킨 뒤 1084년 로마를 약탈했다. 그레고리우스 7세는 이탈리아 남부로 피신했다 복귀해 로마를 되찾았으나 1년 뒤 세상을 떠났다. 왕권과 교권의 갈등은 중세가 끝날 때까지 계속됐고 종교와 세속을 둘러싼 정치철학적 논쟁도 멈추지 않았다. 교권주의자들은 세속권력이 종교권력 아래 있다고 주장했고, 왕권주의자들은 세속권력과 종교권력이 분리돼 있다고 주장했다.

'두 자루 칼' 또는 '세속과 종교의 이중 권력'이 만들어내는 대결과 투쟁의 드라마는 16세기 종교개혁기에 다시 나타난다. 새 드라마의 주인공은 장 칼뱅(Jean Calvin, 1509~1564), 더 정확히 말하면 칼뱅주의자

카노사성 앞에서 교황 그레고리우스 7세의 알현을 요청하는
하인리히 4세(에두아르트 슈보이저, 1862년 작).

들이었다. 칼뱅 시대의 드라마는 세속권력의 위세에 맞선 신생 종교 권력의 투쟁이 줄거리를 이룬다. 칼뱅의 개혁사상은 엄밀히 말하면, 세속권력에 대한 저항과는 직접적 관련이 없었다. 칼뱅은 선배 마르틴 루터(Martin Luther, 1483~1546)처럼 군주에게 복종하는 것이 신민의 의무라고 가르쳤다. 루터파는 독일 제후들과 연합하고 있었기에 이 원칙이 흔들릴 이유가 없었다. 그러나 칼뱅파의 경우는 사정이 달랐다. 칼뱅파가 세력을 구축한 스코틀랜드나 프랑스에서는 가톨릭과 결합한 왕권이 신교도를 잔혹하게 탄압했다. 상황이 이렇게 되니 군주에 대한 신민의 복종이라는 원칙을 지켜갈 수 없었다. 군주의 폭압을 견디지 못한 칼뱅파는 칼뱅 사상 안에서 출구를 찾아냈다.

이를테면 스코틀랜드의 개혁파 지도자 존 녹스(John Knox, 1514~1572)가 그런 사람이었다. 녹스는 메리 여왕이 사형 선고를 내리자 칼뱅의 도시 제네바로 도망가 거기서 칼뱅 사상을 공부했다. 칼뱅의 신학이 집약된 《기독교 강요》는 군주에 대한 인민의 복종을 원칙으로 제시하면서도 '왕이 극심한 방종으로 인민을 억압할 경우에는 인민의 지도자들이 폭군에게 항거하여 인민을 보호할 수 있다'고 저항의 뒷문을 열어놓았다. 이 구절에서 녹스는 신교도를 짓밟는 군주에게 대항할 권리를 읽어냈다. 녹스는 스코틀랜드 사람들에게 보내는 호소문에서 이렇게 말했다.

"왕이 선하든 악하든 왕에게 복종해야 한다는 것이 오늘날 모든 사람이 한결같이 부르는 노래다. 신이 그렇게 명령했다는 것이다. (그러나) 불경스러운 짓을 저지르는 왕에게 복종하라는 것이 신의 명령이라고 말하는 것은 신이 스스로 부정을 창조하고 유지한다고 말하는 것만큼이나 불경스럽다."

녹스는 영국으로 돌아가 가톨릭 왕정에 맞서 투쟁한 끝에 신앙의 자유를 얻어냈다.

저항권이 칼뱅의 신학 안에서 일단 용인되자 이 권리가 인민의 의무가 되기까지는 긴 시간이 걸리지 않았다. 칼뱅파가 소수자로서 극심한 탄압을 받던 프랑스에서 사상 변화의 불길은 한층 더 맹렬했다. 1572년 프랑스 칼뱅파 위그노 교도 수만 명이 성 바르톨로메우 축일에 벌어진 학살로 목숨을 잃었다. 이 유혈의 땅에서 태어난 책이 익명의 칼뱅파 신도가 쓴 《폭군토벌론》(1579)이다. 이 책은 인민이 상위에 있고 왕은 인민에게 봉사해야 한다고 선언했다. '왕이 신의 법을 짓밟고 교회를 파괴한다면, 그리하여 인민이 정부로부터 정당한 보호를 받지 못한다면, 그런 왕에게 저항하는 것은 합법일 뿐만 아니라 의무다.' 이 책은 신이 인민을 통해서 행동한다고 주장함으로써 인민이 봉기해 왕을 타도하는 것을 신학적으로 정당화했다. 이런 저항의 논리를 무기로 삼아 프랑스 칼뱅파는 왕에게 맞섰고 1598년 앙리 4세(Henri IV, 1553~1610)의 낭트 칙령으로 신앙의 자유를 얻었다.

'두 자루 칼' 사상은 칼뱅파 저항의 저류를 이룬다. 지상의 군주는 하늘로부터 세속의 칼을 받았고, 개혁파 종교는 정신의 칼을 받았다. 이 두 칼, 곧 두 권위는 서로 간섭해서는 안 된다. 5세기 겔라시우스 1세 때 선포된 원리가 16세기 종교개혁기에 '세속권력에 대한 저항을 통해 신앙의 자유를 확보한다'는 정치적 의미를 품은 원칙이 된 것이다. 이 원칙은 '인민의 자유를 지키려면 권력이 분립해 서로 견제함으로써 균형을 이루어야 한다'는 근대 정치 원리 탄생의 배경이 됐다. 어떤 경우에도 한 사람이 권력을 독점해서는 안 된다는 것, 권력이 나뉘어 서로 견제할 때 인민의 권리가 보호받을 수 있다는 것, 이 근대 민주주의 근본 원리는 긴 세월 다량의 정치적 유혈 속에서 자라났다.

권력은 오만을 생리로 하는 것이어서 적절히 제어되지 않으면 언제든 자기동일성의 강화로 이어진다. 권력이라는 독이 주입되는 곳이면 어디서나 권력자의 자아는 팽창하고 한번 팽창한 자아는 제약 없이 더 커지려고 한다. 오만을 스스로 억제하는 것은 극도로 어려운 일이다. 권력중독형 인간이 권력을 쥘 경우에 이런 위험은 더 커진다. 이를테면 권력자가 검찰권을 틀어쥐고 모든 저항하는 입에 재갈을 물릴 때 견제와 균형의 민주주의 원리는 작동을 멈춘다. 여기서 폭정까지는 한 걸음밖에 되지 않는다.

11
'리바이어던'은 어떻게
몰락하는가

서양 근대 정치사상의 선구자 토머스 홉스(Thomas Hobbes, 1588~1679)
는 조숙했던지 남들보다 두세 살 이른 열네 살에 옥스퍼드대학에 입
학했다. 고리타분한 수업이 싫어 갈까마귀를 사냥하러 다니거나 서점
에 들러 지도책을 보았다. 6년 뒤 졸업을 앞두고 구두시험을 치렀는
데, 그 시절 문학사 교수들이 내는 문제들은 이런 것들이었다.

1. 여러 나라가 제각각 언어를 쓰는 것과 세계 전체가 동일한 언어
를 쓰는 것 중에서 어느 쪽이 더 나은가?

2. 지구상에 홍수가 일어나는 것과 물이 전부 어는 것 중에서 어느
쪽이 더 큰 재앙인가?

요즘 말로 하면 '밸런스 게임' 같은 문제들인데, 세계 전체를 시야
에 넣고 사고하도록 촉구하는 물음이라는 점에서 그저 우습기만 한
질문은 아니다. 이런 질문들에 어떻게 답했는지는 기록에 없지만, 홉
스가 지도책을 보면서 '미지의 땅'(terra incognita)을 포함한 세상의 모
든 나라에 흥미를 느꼈던 것을 보면, 나름대로 그럴듯한 답변을 했으

리라. 홉스의 관심 영역은 시간상으로도 넓어 과거의 먼 시대에 이르렀다. 인문학 수련을 마칠 무렵엔 고대 그리스 역사가 투키디데스(Thucydides, 기원전 460?~기원전 400?)의 《펠로폰네소스 전쟁사》를 번역하기도 했다. 홉스의 대표작 《리바이어던》(1651)은 근대 자연법사상에 토대를 두고 있는데, 이 사상의 연원은 투키디데스와 가까운 시대로까지 거슬러 올라간다.

자연법(lex naturalis)에서 말하는 '자연'(natura)은 자연환경을 가리키는 말이 아니라 세상 전체의 원초적 질서를 뜻하며, 특히 인간의 타고난 성향, 곧 '본성'을 가리킨다. 이 인간 본성을 보는 관점은 고대 그리스 학파마다 달랐다. 이를테면 에피쿠로스학파는 인간 본성의 핵심을 이기적 욕망이라고 생각했다. 원자처럼 나뉜 개인이 이기심을 품고 각자 행복을 추구하는 것이 인간 세상이다. 에피쿠로스주의를 흔히 쾌락주의라고 하는데, 이때의 쾌락은 감각적·관능적 쾌락이 아니라, 끝없는 경쟁과 갈등의 정글에서 벗어나 한가로운 곳에서 맛보는 단사표음의 즐거움이다.

반면에 비슷한 시기에 등장한 스토아학파가 인간 본성에서 주목한 것은 욕망이 아니라 이성이었다. 세상사가 근심거리로 가득 차 있다고 본 점에서는 에피쿠로스학파와 그리 다르지 않았지만, 스토아학파는 이런 문제를 회피하기만 할 것이 아니라 적극적으로 해결할 길을 찾아야 한다고 생각했다. 스토아학파 철학자들에게 인간 본성의 핵심은 이성이었다. 이성을 통해 알아낼 수 있는 세상사의 질서, 곧 법이 존재한다. 이 이성의 법이 바로 자연법이다. 자연법은 모든 인간의 현실적 삶을 규제하는 시민법의 바탕을 이룬다. 스토아학파의 이 생각을 이어받아 자연법사상을 확립한 사람이 로마 공화정 말기의 철학자 키케로다. 키케로는 《국가론》 제3권에서 이렇게 말한다.

"올바른 이성이 진정한 법이다. 이 법은 자연(본성)과 일치하고 모든 인간에게 적용되며 변함이 없고 영원하다. 이 법은 인간에게 그 의무를 수행할 것을 명하며, 인간이 그릇된 짓을 행하는 것을 금한다. …… 인간의 입법으로 이 법의 효력을 약화하는 것은 용납되지 않으며, 이 법을 폐기하는 것은 불가능하다."

키케로가 생각한 자연법은 보편법이고 영원법이다. 자연의 법칙이 언제 어디서나 관철되듯이, 자연법은 모든 상황에서 예외 없이 적용된다. 그러므로 "이 법은 로마라고 해서 아테네와는 다른 규칙을 부여하지도 않을 것이며, 오늘은 이런 규칙을 부여하다가 내일은 저런 규칙을 부여하지도 않을 것이다." 모든 실정법은 이 자연법을 따라야 한다.

키케로는 《국가론》의 그 대목에서 자연법을 신, 곧 절대자와 연결하기도 한다.

"이 법은 유일하고도 보편적이어서 만인의 스승이요 지배자인 신과 같다. 신이야말로 이 법의 창조자이고 고안자이며 제안자다. 이 법에 복종하지 않는 자는 스스로 소멸하게 될 것이며 인간의 본성을 경멸하는 자는 그 대가를 가장 참혹한 벌로 치르게 될 것이다."

키케로의 생각은 서양 중세로 이어져 기독교 신학에 통합됐다. 자연법은 중세의 신법과 사실상 하나가 된다. 다만 이때 자연법, 곧 이성법의 '이성'이 뜻하는 것은 인간 이성이 아니라 신의 이성이다. 인간이 이성으로써 알 수 있는 가장 합리적인 세상 질서는 실은 신이 이성으로써 세운 질서인 것이다.

이 자연법은 종교개혁과 함께 근대의 문이 열린 뒤 새로운 해석의 빛 아래 선다. 신이 이성으로써 세운 것이 자연법이지만 그 법은 신의 의지에서 벗어나 있다는 관념이 등장한 것이다. 자연법칙이나 수학법칙을 인간 이성이 파악할 수는 있어도 변경할 수는 없듯이, 영원한 법칙에 따라 구축된 자연법은 신의 뜻으로도 바꿀 수 없다. 그리하여 자연법은 신의 품을 떠나 인간에게로 돌아온다. 근대 정치사상가들이 자연법을 신의 손에서 빼앗아 인간의 본성 안으로 되돌려놓은 주인공이다. 이 프로메테우스적인 작업을 한 이들 가운데 가장 뚜렷한 족적을 남긴 사람이 17세기 영국 사상가 홉스다.

눈길을 끄는 것은 홉스가 생각한 '자연', 곧 인간 본성이 '이성'만을 뜻하는 것이 아니었다는 사실이다. 홉스는 고대 에피쿠로스주의자들과 닮은 눈으로 인간 본성을 해석했다. '자연 상태'의 인간은 이기적인 욕망에 따라 사는 자들이다. 자신의 욕망을 만족시킨다면 어떤 짓도 저지를 수 있는 자가 자연 상태의 인간이다. 그리하여 자연 상태에서 모든 인간은 다른 인간에게 늑대가 된다. 홉스의 자연 상태는 영원한 전쟁 상태다. 만인이 만인을 불신하는 가운데 제약 없는 이기심이 어디서나 충돌하기에 인간 세계를 지배하는 것은 끝없는 파멸의 불안이다.

바로 여기서 인간의 또 다른 본성, 곧 이성이 개입한다. 인간은 이성을 활용해 만인의 전쟁 상태를 끝내고 죽음의 위협이 없는 사회를 계약을 통해 결성한다. 모든 개인이 합의하여 유일한 주권자를 세워 그 주권자에게 각자의 권리를 넘겨줌으로써 전쟁 상태를 끝내는 것이다. 홉스의 인간관은 '이성적 동물'(animal rationale)이라는 고전적 인간 규정을 정치철학적으로 해석한 것이라고도 할 수 있다. 인간은 늑대와 같은 동물의 상태로 살 수 없어 이성을 발동해 사회를, 다시 말해 정치체제를 세우는 것이다.

19세기 프랑스 삽화가 귀스타브 도레가 그린 〈리바이어던의 파멸〉(1865년 작).
홉스는 절대주권자를 《구약성서》의 바다 괴물에 빗대 '리바이어던'이라고 불렀다.

홉스는 사회계약을 통해 창출한 주권자를 지상의 절대자로 상정했다. 개인들은 신과 같은 주권자에게 모든 권리를 넘겨주며 주권자는 이 넘겨받은 권리를 하나로 모아 행사한다. 홉스는 그렇게 등장한 절대주권자를《구약성서》의 바다 괴물에 빗대 '리바이어던'이라고 불렀다. 이 리바이어던으로 홉스가 가리킨 것이 국가, 더 정확히 말하면 국가의 체현자인 군주다. 홉스는 젊은 시절부터 뼛속까지 왕당파였고 잉글랜드—스코틀랜드 왕 제임스 1세(James I, 1566~1625)를 추앙했다. 왕권신수설을 주창한 제임스 1세는 신민에게 자신을 절대군주로 떠받들도록 강요했다. 홉스는 왕당파에 대한 의회파의 공격이 시작되던 1640년에 프랑스로 망명했다. 제임스 1세의 후계자 찰스 1세가 청교도혁명으로 1649년 처형당한 뒤 망명지에서《리바이어던》을 썼다.《리바이어던》은 완고한 왕당파 지식인이 죽은 왕에게 바치는 학문적 추념사라고도 할 수 있다.

더 흥미로운 것은《리바이어던》의 운명이다. 왕당파의 신념을 담은 이 저작은 저자의 뜻대로 이해되지 않았다. 절대군주제가 유지되려면 홉스가 제시한 자연법의 삭막한 논리보다 더 중요한 것이 필요하다. 이를테면 군주에 대한 충성심이나 혈통에 대한 경외심이 백성들 마음에 살아 있어야 한다. 그러나 홉스의 이론에서 왕은 개인들이 전쟁 상태를 견딜 수 없어 각자의 권리를 포기하고 주권자로 내세운 대리자일 뿐이다. 이런 차가운 계산에 따른 선택에는 왕정을 떠받치는 전통적 충성심 같은 뜨거운 정서가 끼어들 틈이 없다. 이 논리로만 보면 왕은 단순히 왕이라는 직위를 지닌 채 인민 개개인의 행복에 봉사해야 할 일종의 공적 종복(civil servant)이 된다. 그러므로 홉스가 아무리 왕에 대한 절대적 복종이 필요하다고 주장하더라도 왕이 왕으로서 제

구실을 못하면, 다시 말해 인민의 생명과 복리를 지켜주지 못하면 왕의 자격을 박탈당할 수밖에 없다.

그리하여 홉스의 절대군주는 한 세대 뒤 '명예혁명'을 거쳐 언제든 갈아치울 수 있는 상대적 존재로 떨어진다. 절대군주가 사라진 자리에 남는 것은 인민 개개인의 생명과 자유와 행복을 지키는 국가 혹은 정부뿐이다. 홉스의 사회계약론이 낳은 것은 정부가 정부다울 때에만 정부로서 인정받는다는 상식이다. 국민의 삶을 돌보지 못하는 정부는 이권 집단일 수는 있어도 참된 정부는 아니다.

12

알키비아데스를 감전시키는
소크라테스의 권위

알키비아데스는 투키디데스의 《펠로폰네소스 전쟁사》의 주인공 가운데 한 사람이자 고대 그리스 세계에서 가장 많은 논란을 일으킨 인물이다. 아테네 전성기를 이끈 정치지도자 페리클레스를 외삼촌으로 둔 명문가 출신이었고 외모가 빼어나고 언변이 출중한 데다 지략이 뛰어나고 배짱까지 두둑해 전략가이자 정치가로서 아테네 민중 사이에서 대단한 인기를 누렸다. 하지만 빛이 밝은 만큼이나 그림자도 짙었는데, 지나치게 야심이 큰 데다 오만이 하늘을 찔러 정적을 무수히 만들어냈다.

알키비아데스의 야심과 오만이 부른 사건 가운데 하나가 기원전 415년 시칠리아 원정을 앞두고 일어난 헤르메스상 훼손 사건이다. 시칠리아 원정은 장군으로 선출된 젊은 알키비아데스가 무공을 노리고 적국 스파르타의 동맹국인 시칠리아의 시라쿠사를 공격하자고 선동해 일으킨 군사적 모험이었다. 그 원정군이 출항하기 전날 아테네 시내의 헤르메스 신 흉상들이 훼손되는 일이 일어났다. 원정이라는 큰 일을 앞두고 일어난 불길한 일이었기에 온 아테네가 뒤숭숭해졌다. 기회를 잡았다고 생각한 정적들은 알키비아데스와 친구들이 전에 술에 취해 다른 석상을 훼손한 적이 있었다는 사실을 빌미로 삼아 알키비아데스를 사건의 주모자로 몰았다.

알키비아데스는 예정대로 원정군 사령관으로 시칠리아를 향해 떠났으나 결석재판에서 신성모독죄로 사형을 당할 위기에 빠지고 말았다. 목숨이 위태로워진 알키비아데스는 적국 스파르타로 망명해 아테네 군대에 궤멸에 가까운 타격을 안겼고, 머잖아 스파르타에서도 추문을 일으켜 페르시아로 도망갔다. 조국으로 돌아갈 기회만 찾던 알키비아데스는 아테네와 스파르타 사이에 다시 전투가 벌어지자 자신의 전함을 동원해 스파르타 쪽 함대를 격파하는 데 결정적 기여를 했다. 아테네는 알키비아데스의 귀환을 허락했다. 하지만 그는 몇 년 뒤 정적들의 공격을 받아 또다시 아테네에서 추방당했고, 마지막엔 스파르타의 사주를 받은 자객에게 암살당했다. 재능으로 명성을 얻고 오만으로 악명을 떨친 '문제적 인간'의 전형이 알키비아데스다.

이 인물은 젊은 시절 소크라테스가 아끼고 사랑한 제자였던 덕에 플라톤의 대화편에도 여러 차례 등장한다. 그중에서도 알키비아데스의 인품이 사실에 가깝게 묘사된 곳이 《향연》이다. 《향연》은 아가톤이라는 젊은 극작가가 비극 경연에서 우승한 직후 자기 집에서 베푼 잔치를 배경으로 한다. 시기는 기원전 416년, 그러니까 알키비아데스가 시칠리아 원정군 사령관으로 출전하기 1년 전쯤이다. 알키비아데스는 이야기 후반부에 출현한다. 잔치 참석자들이 돌아가면서 사랑의 신 에로스를 찬미하고 난 뒤 잔치가 파할 무렵, 술 취한 젊은이들이 우당탕탕 소리를 내며 아가톤 집으로 들어선다. 알키비아데스와 추종자들이다.

알키비아데스가 아가톤과 소크라테스 사이에 끼어 앉아 옛 스승을 놀리기 시작한다. 잘생긴 남자만 좋아해서 항상 옆에 끼고 있으려 한다느니, 소크라테스 앞에서 다른 사람을 칭찬이라도 하려고 하면 손찌검부터 하려고 달려든다느니 하는 말이 스승에게 할 법한 얘기가 아니다. 포도주를 2리터들이 동이에 따라 단숨에 들이켜고는 스승에게도 마시라고 강권하기까지 한다. 이렇게 방자하던 알키비아데스의 태도가 어느 순간 바뀌기 시작한다. 스승이 피리 부는 못생긴 사티로스 '마르시아스'를 닮았다고 놀려대더니 이윽고 진심을 털어놓는다.

"소크라테스 선생님과 마르시아스의 유일한 차이점은 선생님은 악기를 사용하지 않고 순전히 말씀만으로 같은 효과를 거둔다는 겁니다."

알키비아데스는 소크라테스 말의 힘을 이렇게도 묘사한다.

"선생님이 말씀하시는 것을 우리가 직접 듣거나 남이 전하는 것을 듣게 되면 전달자가 아주 보잘것없다 해도 듣는 사람이 여자든 어린아이든 모두 압도되고 매혹됩니다."

강력한 전류가 전도체의 부실함을 뚫고 세차게 흐르듯, 전달자가 설령 말주변이 없는 사람이더라도 이야기를 듣는 사람들을 감전시킨다는 얘기다.

알키비아데스의 말은 이어진다.

"소크라테스의 말씀에 귀를 기울이고 있노라면 나는 심장이 뛰고 눈물을 흘린다네. 지금도 이분 말씀에 귀를 기울이면 어쩔 수 없이 똑같은 경험을 하게 되리라는 것을 나는 잘 알고 있네. 이분은 내가 부족한 것이 많은데도 나 자신을 돌보지 않고 아테네 정치에 골몰한다

〈감각적 쾌락의 포옹에서 알키비아데스를 끌고 나오는 소크라테스〉(장바티스트 르뇨, 1791년 작).

는 것을 시인하지 않을 수 없게 만들 테니까. 그래서 나는 세이렌의 노래를 듣지 않으려고 귀를 막듯이 귀를 막고 도망치는 것이네."

알키비아데스는 자신이 소크라테스 앞에서 느끼는 부끄러움도 고백한다.

"이분 말씀대로 해야 한다는 것을 알면서도 이분 곁을 떠나기만 하면 나는 대중의 인기에 연연하게 되네. 그래서 나는 도망치는 노예처럼 달아나다가도 이분을 만나게 되면 부끄러움을 느낀다네."

술에 취해 털어놓은 고백 조의 이야기는 어느덧 절정에 이른다.

"이분은 무식한 척 사람들을 놀려대며 평생을 보내시지만, 이분이 진심으로 돌아가 자신의 속내를 내보였을 때 나는 이분 안에 들어 있는 상들을 본 적이 있네. 그 상들은 신적이고 황금 같고 더없이 아름다워서, 나는 소크라테스가 시키는 일이면 무엇이든 해야 한다는 느낌이 들었네."

소크라테스는 권위 같은 것을 찾아볼 수 없는 사람이지만, 알키비아데스는 옛 스승에게서 흘러나오는 무형의 힘을 인정하지 않을 수 없다. 소크라테스 전류는 오만의 겉옷을 뚫고 들어가 사람을 감전시킨다. 《향연》의 소크라테스는 권위를 내세우지 않는 권위의 표본이다.

정치철학자 한나 아렌트는 《폭력론》(1969)이라는 글에서 권력과 폭력의 관계를 찬찬히 살핀 바 있다. 아렌트가 보기에, 좌파와 우파를 막론하고 정치학자들은 마치 합의된 견해인 양 권력과 폭력을 구분하지 않는다. 폭력은 권력의 거친 발현일 뿐이지 둘 사이에 근본적인 차이가 없다고 보는 것이다. 막스 베버가 《직업으로서의 정치》(1919) 서두에서 '모든 국가는 폭력에 기초를 두고 있다'는 트로츠키의 말을 인용하고는 "정말 옳은 말"이라고 한 것이 대표적인 사례다. 아렌트는 이런 견해에 단호하게 반대한다.

"권력과 폭력은 대립한다. 하나가 절대적으로 지배하는 곳에 다른 하나는 존재하지 않는다. 폭력은 권력이 위기에 빠질 때 등장하지만, 제멋대로 두면 권력의 소멸로 끝난다."

폭력과 권력은 서로 반대되는 것이어서 권력이 완전한 형태로 작동하는 곳에서는 어떤 폭력도 필요하지 않다는 것이 아렌트의 견해다. 통치권력을 구성하는 것은 인민의 동의와 지지이기 때문에 완전한 권력은 완전한 동의를 뜻하고, 그러므로 권력이 완전한 곳에는 폭력이 동원될 필요가 없다. 권력이 빠져나가는 곳에서만 그 빈 곳을 메우려 폭력이 사용된다.

같은 글에서 아렌트는 권위와 권력이 어떻게 다른지도 이야기한다. 권력이 집합적 동의 속에 작동하는 것이라면, 권위는 개인의 인격에 귀속된다. 부모와 자식 사이에, 선생과 제자 사이에 성립하는 것이 인격적 권위다. 권위는 직위에도 속할 수 있는데 성직자의 권위가 그런 경우다.

인격적 권위는 국가 지도자에게서도 당연히 발견될 수 있다. 알키비아데스가 소크라테스에게서 본 지고한 도덕적 권위까지는 아닐지 몰라도, 사람들이 국가 지도자를 믿고 따르려면 그 지도자에게서 배어나는 무형의 권위에 대한 최소한의 존경심이 있어야 한다. 아렌트는 말한다.

"권위를 유지하는 것은 인격이나 지위에 대한 존경을 요구한다. 따라서 권위에 대한 최대의 적은 경멸이며, 권위를 훼손하는 가장 확실한 방법은 비웃음이다."

권위는 인격에 대한 존경심에서 나오는데, 그 권위를 무너뜨리는 것이 다름 아닌 경멸과 비웃음이다. 같은 이야기를 마키아벨리도《군주론》에서 한 적이 있다.

"군주는 마치 배가 암초를 피하듯 경멸받는 것을 피해야 한다."

국제정치의 무대는 날것의 이해관계가 지배하는 곳이지만, 이 비정한 무대에서도 지도자의 도덕적 권위는 무시할 수 없는 힘을 발휘한다. 흑인 해방 운동에 평생을 바친 넬슨 만델라 같은 사람이 나라의 경제력이나 군사력과는 무관하게 국제정치에서 지도력을 발휘했던 것, 반대로 세계 최강국의 대통령이었던 조지 W. 부시나 도널드 트럼프 같은 사람이 국제정치의 웃음거리가 됐던 것을 생각해보라. 국가 지도자가 저급한 언사와 비굴한 처신으로 국제무대에서 비웃음을 사는 것은 그 자신의 불행일 뿐만 아니라 그 지도자가 대표하는 국가의 불행이다. 지도자가 추락할 때 국가도 추락하지 않을 수 없다.

13
루소와 로베스피에르가
꿈꾼 나라

1749년 10월 장-자크 루소(Jean-Jacques Rousseau, 1712~1778)는《백과전서》기획자 드니 디드로(Denis Diderot, 1713~1784)를 면회하러 갔다. 디드로는 무신론을 유포했다는 혐의로 뱅센의 성탑 감옥에 감금돼 있었다. 뱅센으로 가던 길에 루소는 잡지《메르퀴르 드 프랑스》를 꺼내 읽다가 디종아카데미가 낸 현상 공모 논문 주제를 보았다. '학문과 예술은 풍속의 타락에 기여했는가 아니면 승화에 기여했는가'. 그 논제를 읽는 순간 머릿속에서 영감의 회오리가 일었다. 루소는 그 경험을 뒷날 후원자 기욤 드 말제르브에게 보낸 편지에 상세히 밝혔다.

"갑자기 수천 개의 빛으로 정신이 아득해졌고, 온갖 생생한 생각들이 한꺼번에 맹렬한 기세로 밀려와 저는 뭐라 표현할 수 없는 동요에 빠졌습니다. 머리는 술 취한 것처럼 몽롱했고, 세찬 심장 고동에 숨이 막히고 가슴이 벌렁거렸습니다. 더는 걸으면서 숨을 쉴 수 없어 길가의 가로수 밑에 그대로 쓰러져버렸습니다."

30분 만에 정신을 차리고 보니 윗도리가 온통 눈물로 젖어 있었다.

루소는 말을 잇는다.

"오, 그 나무 밑에서 제가 보고 느낀 것의 4분의 1만 글로 쓸 수 있었더라면 사회체제의 모든 모순을 명쾌하게 보여줄 수 있었을 텐데요. 우리 제도의 온갖 남용을 효과적으로 폭로하고, 인간은 천성적으로 선하며 사람들이 사악해지는 것은 오직 그 제도들 때문이라는 것을 아주 간단하게 증명할 수 있었을 텐데요."

루소는 이때 본 것을 논문으로 작성해 이듬해 응모했다. 디종아카데미는 루소의 논문을 수상작으로 뽑았다. 밑바닥을 전전하던 무명의 작가에게 명성을 안겨준 《학문예술론》은 그렇게 태어났다. 이 논문에서 루소는 학문과 예술이 인간의 행복에 기여하기는커녕 인간성을 타락시켰다고 주장했다. 인류사는 불행과 악덕이 번성해온 역사에 지나지 않으며 문명의 진보는 도덕과 풍속의 부패로 얼룩졌다고 진단했다. 루소의 논문은 학문과 예술이야말로 진보의 원천이라고 믿던 당대 계몽주의자들을 정면으로 치받는 글이었다. 《학문예술론》은 저자를 논란의 복판으로 들이밀었다. 비난의 화살이 날아들었다.

그러나 이 확신에 찬 의심의 대가는 신념을 거둘 생각이 없었다. 1753년 디종아카데미가 '인간 사이 불평등의 기원은 무엇이며 불평등은 자연법에 의해 허용되는가'라는 논제로 다시 논문을 공모했다. 루소가 이때 쓴 것이 《인간 불평등 기원론》이다. 이 글에서 루소는 한층 더 날카로운 목소리로 당대 사회를 비판했다. 인류의 진보가 낳은 것이 사유재산제도인데, 그 사유재산제도야말로 불평등의 뿌리이자 만악의 근원이라고 주장했다. 자연 상태의 미개인에게는 존재하지 않던 불평등이 사회 상태의 문명인 사이에서 창궐했다. 루소는 문명이 진보하면 할수록 불평등이 커지고 불평등이 커질수록 사회적 악도 커진다고 단언했다.

주장이 너무 과격했던 걸까. 루소의 논문은 심사를 통과하지 못했다. 《인간 불평등 기원론》이 책으로 출간되자 논란의 소용돌이는 더 커졌다. 당대 계몽사상의 우두머리 볼테르는 루소의 책을 두고 '읽다 보면 네발로 기고 싶은 충동이 일어난다'고 비꼬았다. 볼테르의 비난은 정당하다고 보기 어려운 것이었다. 루소는 논문에서 그런 비난이 나올 것을 알고 미리 이렇게 썼다.

"그렇다면 어떻게 해야 하는가? 사회를 파괴하여 내 것과 네 것의 경계를 없애고 숲으로 들어가 곰들과 함께 살아야 할 것인가? …… 정념이 원시의 순수성을 영원히 파괴해버린 나와 같은 인간들은 이제는 풀이나 도토리로 살아갈 수 없다."

그렇다면 어떻게 해야 하는가? 루소는 인간과 사회의 자연스러운 진보를 믿지 않았기에 문명의 악폐가 근절된 세상을 만들려면 당대 계몽사상가들이 생각했던 것보다 훨씬 더 근본적인 처방이 필요하다고 보았다. 그 처방이 담긴 저작이 1762년 출간된 《사회계약론》이다. 이 저작은 루소의 '역사적 비관'이 '혁명적 의지'로 전환되는 지점을 보여준다. 이 책에서 루소는 모든 개인이 지닌 공통의 의지를 '일반의지'(la volonté générale)라고 명명하고 그 일반의지의 이름으로 완전하고 절대적인 사회계약을 요구했다.

루소가 말하는 일반의지는 공동체를 구성하는 모든 개인의 공통 의지이기 때문에 일반의지에 복종하는 것은 자기 자신의 의지에 복종하는 것과 같다. 일반의지를 따르는 것은 각자가 자기 자신으로 서는 자유의 행위가 된다. 모든 사람이 함께 새로운 사회계약을 맺음으로써만 참으로 자유롭고 평등한 나라를 만들 수 있다는 것이 루소의 믿음이었다. 그런데 만약 개인이 이런 사회계약을 거부한다면, 다시 말해 일반의지에 복종하기를 거부한다면 어떻게 해야 하는가? 루소는 "그 개인이 자유로워지도록 강제해야 한다"고 답했다. 일반의지에 복종하는 것이야말로 자유의 실현인데 이 복종을 거부한다면 강제력을 써서라도 자유를 주어야 한다는 주장이다. 루소의 사상에는 기이한 역설이 포함돼 있었다.

이 루소의 사상을 가슴에 품고 프랑스혁명의 급진화를 이끈 사람이 막시밀리앙 드 로베스피에르(Maximilien de Robespierre, 1758~1794)다. 로베스피에르는 혁명이 일어나던 1789년 루소를 생각하며 이렇게 썼다.

"전대미문의 혁명이 우리 앞에 펼쳐놓은 위험한 길 위에서 내가 당신의 글에서 끌어올린 영감에 변함없이 충실할 수 있다면 나는 행복할 것입니다."

로베스피에르는 부패할 줄 모르고 타협할 줄 모르는 혁명의 청교도였다. 결혼도 하지 않고 재산도 없이 목수의 하숙집에 살았다. 로베스피에르의 책상 위에는 루소의 《사회계약론》이 놓여 있었다.

로베스피에르에게 혁명은 새로운 사회계약을 맺어 자유와 평등의 공화국을 만드는 일이었다. 그 혁명이 위기에 처하자 로베스피에르는 공안위원회를 움직여 공포정치로 대응했다. 1794년 2월 5일 국민공회 연단에서 로베스피에르는 이렇게 선언했다.

"혁명정부는 폭정에 대항하는 자유의 전제정이다."

자유를 실현하려면 전제를 행해야 한다는 논리였다. 이 논리에 따라 로베스피에르의 공안위원회는 극좌파 지도자 에베르를 처형하고 관용파 지도자 당통을 단두대로 보냈다.

루소가 말한 일반의지는 추상적인 것이어서 '무엇이 일반의지냐,

프랑스혁명기에 공포정치를 펼친 정치가 로베스피에르.

누가 일반의지를 대변하느냐' 하는 문제를 낳는다. 로베스피에르는 바로 이 문제를 염두에 두고 자코뱅 당원들에게 말했다.

"우리의 의지가 일반의지다."

그러면 자코뱅이 아닌 사람, 더 나아가 로베스피에르의 뜻을 따르지 않는 사람은 일반의지의 적, 혁명의 적이 될 수밖에 없다. 프랑스혁명은 실제로 그렇게 진행됐다.

1794년 6월 10일 '프레리알 22일의 법'이 국민공회를 통과했다. '자유의 전제'의 결정판과도 같은 그 법은 혁명재판소에서 변호인의 변호를 금지했다. "변호인을 허용하는 것은 왕당파와 적에게 연단을 제공하는 일이며 가난한 자를 희생시켜 부자를 이롭게 하는 일"이라는 이유였다. 나아가 배심원들은 물증 없이 심증만으로도 유죄를 선고할 수 있었다. 또 '혁명의 적'이라는 범주를 더 확대해 "여론을 오도하고 인민의 교육을 방해하고 도덕을 타락시키며 공중의 양심을 더럽히려 드는 자들"까지 포함했다. 이 법이 통과됨으로써 공포정치는 대공포정치로 나아갔다. 로베스피에르와 생각이 다른 국민공회 의원들은 언제 잡혀갈지 몰라 두려움에 떨었다. 이 두려움이 공포정치의 몰락을 재촉했다. 로베스피에르는 1794년 7월 27일 '테르미도르 9일의 쿠데타'로 체포돼 '프레리알 22일의 법'에 따라 단 하루 만에 단두대에서 목이 잘렸다.

자유롭고 평등한 공화국을 세운다는 루소의 사상과 로베스피에르의 실천은 자유가 질식하는 공포의 전제정으로 귀결했다. 그러나 이 비극과 함께 기억할 것은 루소의 사상을 이어받은 로베스피에르가 민중이 겪는 비참에 괴로워하는 도덕과 청렴의 화신과도 같은 사람이었다는 사실이다. 로베스피에르가 꿈꾼 자유의 나라는 왕족과 귀족이 자유롭게 특권을 누리는 부패한 나라가 아니라 보통 사람들이 벌레처럼 짓밟히지 않고 인간답게 사는 민중의 공화국이었다. 루소의 사상과 로베스피에르의 실천에는 치명적인 독이 들어 있었다. 테르미도르 쿠데타 이후 역사는 이 독의 침탈에 맞서 자유를 지킨다면서 부패의 자유, 탐욕의 자유를 뒷문으로 들여오는 반혁명으로 치달았다. 지금 이 나라에 출몰하는 자유라는 말에 이런 뒷문의 자유는 없는가. 자유는 부패한 정권이 자기를 변호하는 데 쓰는 알리바이가 아니다. 더구나 그런 자유를 지킨다며 법을 무기로 들여와 제 편할 대로 휘두른다면 그것은 자유를 파괴하는 폭정의 춤이 될 뿐이다.

14
-
정치의 악순환을
막을 길은 없는가

폴리비오스(Polybios, 기원전 200?~기원전 118?)는 헤로도토스·투키디데스와 함께 고대 그리스 3대 역사가로 꼽히는 사람이다. 특이한 것은 헤로도토스와 투키디데스가 그리스의 역사를 소상히 살핀 것과 달리 폴리비오스는 이웃 나라 로마의 역사에 관심을 품었다는 사실이다. 폴리비오스는 헤로도토스의 《역사》와 동일한 제목으로 쓴 역사서에서 투키디데스와 같은 엄정한 눈으로 도시국가 로마가 지중해의 제국이 되는 과정을 추적했다. 왜 그리스인 폴리비오스는 남의 나라 역사를 기록하는 데 그토록 마음을 쏟았을까?

폴리비오스를 로마 역사 탐구로 이끈 운명적 계기가 된 것이 제3차 마케도니아전쟁이다. 펠로폰네소스반도 메갈로폴리스 출신이었던 폴리비오스는 고등교육을 받은 뒤 군인으로 이력을 시작해 젊은 나이에 장군이 됐다. 기원전 168년 로마의 지배를 받던 마케도니아가 독립을 선언하자 두 나라 사이에 전쟁이 벌어졌다. 세 번째 마케도니아전쟁이었다. 마케도니아 동맹국들이 전쟁에 참여했고, 폴리비오스도 메갈로폴리스의 장군으로 참전했다. 전쟁은 마케도니아의 참패로 끝났다. 로마군은 피드나전투에서 마케도니아 동맹군을 격파하고 이듬해 마케도니아 왕 페르세우스를 사로잡았다. 마케도니아왕국은 멸망하고 로마는 지중해 동부를 장악했다.

승리한 로마군은 그리스인 1000명을 볼모로 잡아 로마로 데려갔는데, 그 무리에 폴리비오스도 들어 있었다. 폴리비오스의 볼모 생활은 17년 동안 계속됐다. 그때 폴리비오스를 절망에서 구해준 사람이 로마 집정관으로서 제3차 마케도니아전쟁을 지휘한 루키우스 아이밀리우스(Lucius Aemilius Paullus Macedonicus, 기원전 229?~기원전 160)였다. 아이밀리우스는 폴리비오스의 학식을 알아보고 두 아들을 가르치는 일을 맡겼다. 아이밀리우스가 폴리비오스를 구렁텅이에 빠뜨리고 다시 구렁텅이에서 빼낸 셈이다. 폴리비오스가 가르친 아이밀리우스의 아들 가운데 한 사람이 훗날 제3차 포에니전쟁을 이끈 스키피오 아이밀리아누스(Scipio Aemilianus, 기원전 185~기원전 129)다. 스키피오는 제2차 포에니전쟁에서 한니발을 무찌른 스키피오 아프리카누스(Scipio Africanus, 기원전 236?~기원전 183?)의 양손자였던 터라 뒤에 할아버지 '대스키피오'에 이어 '소스키피오'로 불리게 된다.

스키피오는 당대 로마 최고의 인문학 모임이었던 '스키피오 서클'의 중심인물이었다. 폴리비오스는 스키피오의 스승으로서 이 서클의 젊은이들에게 그리스의 문학과 철학을 가르쳤다. 기원전 150년, 17년 볼모 생활이 끝났다. 조국으로 돌아간 폴리비오스는 이듬해 스키피오가 제3차 포에니전쟁 사령관이 되자 옛 제자를 따라나섰다. 이 전쟁에서 로마는 카르타고에 최후의 일격을 안김으로써 지중해 전역의 패자로 올라섰다. 폴리비오스는 로마가 동서 양쪽으로 거대한 날개를 펴고 제국으로 날아오르는 과정을 눈앞에서 지켜보았다. 폴리비오스의 마음속에서 '왜 그리스는 몰락하고 로마는 흥기하는가' 하는 물음이 일었다. 그 탐문의 결과가 제1차 포에니전쟁에서 제3차 포에니전쟁까지 118년 로마 역사를 40권의 방대한 규모로 기술한 《역사》다.

그 저작에서 폴리비오스는 정치사상가의 눈으로 로마의 흥성 원인을 찾아가는데, 거기서 발견한 것이 로마의 독특한 혼합정체였다. 로마 공화정은 군주정에 해당하는 집정관 제도와 귀족정에 해당하는 원로원 제도, 그리고 민주정에 해당하는 호민관 제도가 서로 견제함으로써 힘의 균형을 이루었다. 견제와 균형의 혼합정체가 로마 공화정의 안정과 성공의 기반이었던 것이다. 더 흥미를 끄는 것은 폴리비오스가 탐문 과정에서 '정체순환 법칙'을 확립했다는 사실이다. 정치체제가 하나로 머물러 있지 않고 순환한다는 법칙이다. 자연 만물이 생성과 소멸을 반복하듯 정치체제도 나고 자라 시들어간다. 흔히 서양의 역사관을 직선사관이라고 하는데, 직선사관이 성립한 것은 기독교 종말론이 널리 퍼진 뒤의 일이다. 그 전에는 역사가 끊임없이 원을 그린다는 순환사관이 더 일반적이었다. 이 순환을 정치 영역에서 법칙으로 세운 사람이 폴리비오스였다.

폴리비오스가 무에서 유를 창조하듯이 정체순환론을 확립한 것은 아니다. 폴리비오스 이전에 정체순환론과 유사한 정체변동론을 정식화한 사람이 아리스토텔레스다. 아리스토텔레스는 《정치학》 제4권에서 올바른 정치체제로 군주정과 귀족정과 혼합정을 꼽았다. 이 세 정체는 통치자가 일인이냐 소수냐 다수냐 차이는 있지만, 공공의 이익을 목적으로 삼는다는 점에서는 다르지 않다. 군주정 곧 바실레이아(왕도정, basileia)는 군주가 왕도를 따라 다스리는 나라이고, 귀족정 곧

로마 역사 탐구를 통해 정체순환론을 정립한 그리스 역사가 폴리비오스.

아리스토크라티아(aristokratia)는 가장 지혜로운 사람들 곧 현인들이 다스리는 나라다. 또 혼합정, 곧 아리스토텔레스가 폴리테이아(politeia)라고 부른 정체는 민중이 지배하되, 현인들과 함께 법률과 정의에 따라 다스리는 나라다. 그러나 이런 정체들은 타락하기 십상인데, 군주정이 타락하면 최악의 정체인 폭군정이 되고 귀족정이 타락하면 과두정이 되며 혼합정이 타락하면 '중우정'(ochlokratia)이 된다. 이 타락한 세 정체는 모두 공익을 팽개치고 사익을 탐하다가 나라를 망가뜨린다는 공통점이 있다.

폴리비오스는 아리스토텔레스의 정체변동론을 이어받아 이 정체들이 역사적으로 순환한다는 정체순환론으로 변형했다. 최초의 정체는 원시 전제정(monarchia)이다. 동물세계에서 볼 수 있듯이 무리 가운데 가장 강한 자가 우두머리가 되는 것이다. 이 원시 전제정 아래서 선악과 정의의 관념이 서면, 신민의 동의를 얻어 법률에 따라 통치하는 군주정이 성립한다. 군주정은 후대에 가면 세습 군주가 선대의 통치를 잊고 폭력과 공포로 다스리는 폭군정이 된다. 그러면 폭정을 견디지 못한 소수가 다수의 지지를 받아 폭군정을 무너뜨리고 귀족정을 세운다. 그러나 귀족정도 타락을 면하지 못하고 과두정으로 전락하고, 군주도 귀족도 모두 거부하는 민중이 스스로 권력을 장악해 민주정을 세운다.

그러나 이 민주정도 선동가들이 날뛰고 법치가 무너짐으로써 중우정으로 떨어지고, 무질서가 나라를 휩쓸면 다시 최초의 상태로 돌아간다. 정치체제는 이렇게 순환을 되풀이한다. 그렇다면 이 생성과 몰락을 반복하는 정체의 순환을 막을 방도는 없을까? 폴리비오스가 해법으로 제시한 것이 혼합정체다. 군주정―귀족정―민주정의 장점을 살려 단일한 정체로 통합하면, 이 세 힘 사이 긴장이 국가를 지속해서 떠받칠 수 있다는 생각이다. 폴리비오스는 그리스 폴리스들이 대개 단일 정체를 고수하다가 몰락에 이른 데 반해 로마 공화정은 혼합정체로 힘을 키워 지중해 패권을 쥐었다고 보았다.

폴리비오스의 이런 생각을 1600년 뒤에 다시 살려낸 사람이 마키아벨리다. 마키아벨리는 《로마사 논고》 제2장에서 폴리비오스의 정체순환론을 거의 그대로 가져와 자기 생각으로 펼쳐놓았다. 정치체제의 역사는 군주정에서 폭군정으로, 폭군정에서 귀족정으로, 귀족정에서 과두정으로 이어진다. 공익을 최우선으로 하는 현인들의 통치가 부유한 소수 특권층의 지배로 전락하면, 다시 말해 귀족정이 과두정으로 떨어지면, 성난 민중이 이 타락한 정체를 무너뜨리고 민주정을 세운다. 그러나 민주정도 자유가 방종으로 흐르고 '공적 권위'와 '타인 존중'이 사라지면 결국 '무정부 상태'가 된다.

"이것이 모든 국가가 통치 과정에서 겪게 되는 순환이다."

어떤 정체든 공동선이 흩어지고 사익 추구가 정치의 목적이 되면 그 정체는 파멸을 피할 수 없다.

마키아벨리는 폴리비오스의 견해를 받아들여 이런 파멸의 순환을 막으려면 군주정과 귀족정과 민주정의 장점을 살린 혼합정체가 필요하다고 보았다. 마키아벨리가 제시한 혼합형 공화정은 그 뒤 몽테스키외의 권력분립론을 거쳐 오늘날 민주주의 체제로 이어졌다. 또 이 혼합정체가 보편성을 확보한 뒤로 폴리비오스의 정체순환론을 밀어내고 정권교체론이 들어섰다. 여당과 야당, 진보와 보수가 번갈아가며 정권을 맡을 때 정치가 안정된다는 논리다. 그러나 정권교체가 정치의 안정과 향상을 보장하는 것은 아니다. 좋은 힘과 좋은 힘이 경쟁하는 방식의 정권교체가 아니라, 나쁜 힘이 좋은 힘을 제압하는 방식의 정권교체라면 그런 교체는 정치의 성숙도 나라의 발전도 가져오지 못한다. 민주정이 중우정으로 타락하는 정치 변동은 민주주의에 대한 믿음을 무너뜨리고 공익에 헌신하는 마음을 앗아감으로써, 사익과 탐욕이 법의 정신을 비웃으며 활개 치는 사실상의 무정부 상태를 부른다. 이 역사의 악순환을 저지할 길은 없는가.

15
-
헤르메스의 동굴에서
법기술자들은 무엇을 하는가

해석학(hermeneutics)의 어원을 찾아 거슬러 올라가면 고대 그리스의 신 헤르메스(hermes)에게 이른다. 그리스 신화는 헤르메스가 신들의 제왕 제우스와 거인 아틀라스의 딸 마이아 사이에서 태어났다고 전한다. 헤르메스는 날개 달린 신발 '탈라리아'를 신고 날개 달린 모자 '페타소스'를 쓰고 뱀 두 마리가 서로 휘감고 있는 지팡이 '케리케이온'을 들고 날아다닌다. 헤르메스의 고유한 특징은 '건너감'이다. 날개를 장착한 헤르메스는 천상에서부터 지하에 이르기까지 가지 못하는 곳이 없다. 신들의 세계와 인간의 세계와 저승의 세계를 자유롭게 오간다. 헤르메스는 죽은 인간을 저승으로 안내하는 영혼의 인도자이고, 신의 뜻을 인간에게 전하는 신들의 사자다.

신의 뜻은 인간에게 곧바로 이해되지 않는다. 적실한 사례가 델포이 신전의 무녀 피티아다. 망아의 상태에서 신의 예언을 그대로 되뇌는 무녀의 말은 도무지 알아먹을 수 없다. 뒤엉킨 실타래 같은 말을 무녀 곁에 있는 신관(남성 사제)이 받아 적절한 말로 옮겨줘야만 인간의 이해 범위 안에 도달한다. 신의 언어를 인간의 언어로 통역해주는 과정이 없다면 신의 뜻은 인간에게 와닿지 못한다. 신의 뜻은 번역되고 해석돼야 한다. 바로 여기에 개입하는 신이 헤르메스다. 헤르메스는 신들의 전령으로서 신의 말이 인간의 말로 잘 옮겨지도록 돕는다. 통역자의 신이 헤르메스다. 통역은 해석이다. 여기서 해석학이 태어났다. 헤르메스는 해석하는 이들의 신, 해석학의 신이다.

우리 인간의 삶은 모조리 해석으로 이뤄져 있다. 글자와 문헌을 해석하는 일은 말할 것도 없고, 거리의 신호를 읽고 간판의 그림을 읽는 일, 사람의 마음을 읽고 사건의 의미를 읽는 일이 모두 해석이다. 해석을 거치지 않으면 우리는 우리를 둘러싼 것들을 이해할 수 없다. 우리 삶의 바탕에는 해석학이 놓여 있다. 해석학은 어둠을 밝혀 사물과 사태가 본디 모습대로 드러나게 해주는 이해의 불빛이다. 세상사 모든 것들을 해석해 인간을 어둠에서 끌어내 밝음으로 이끌어주는 것, 이것이 헤르메스의 일이고 해석학이 하는 일이다.

그러나 헤르메스에게는 이런 밝은 얼굴만 있는 것이 아니다. 헤르메스의 다른 얼굴을 이 신의 탄생 신화에서 찾아볼 수 있다. 그리스 신화 속 헤르메스는 깊은 산중 동굴에서 태어났다. 제우스의 아들답게 헤르메스는 태어난 바로 그날 스스로 강보에서 빠져나와 동굴 밖으로 걸어 나간다. 갓난아기이지만 갓난아기가 아니다. 헤르메스가 동굴 밖에서 처음 발견한 것이 느릿느릿 기어가는 거북이였는데, 거북이의 등딱지를 보고 그럴듯한 생각을 해낸다. 등딱지에 줄을 달아 아름다운 소리를 내는 리라(수금)를 만든 것이다. 헤르메스가 발명한 리라는 나중에 오르페우스에게 전해진다. 오르페우스가 리라를 타고 노래를 부르면 초목과 짐승들도 감동해 숨을 죽였다.

아폴론의 황소를 훔쳐 가는 헤르메스(클로드 로랭, 1645년 작).

더 대담한 일은 그다음에 벌어진다. 동굴 밖으로 여행을 떠난 헤르메스는 이복형 아폴론이 소를 치던 땅에 이른다. 아폴론은 헤라를 도와 곰 가죽 끈으로 제우스를 묶은 죄로 벌을 받아 인간 세상에 귀양와 있던 터였다. 어린 헤르메스는 아폴론 모르게 암소 50마리를 훔쳐 나온다. 그러고는 소 떼가 어디로 갔는지 알아보지 못하도록 소들을 뒷걸음질로 걷게 해서 숲속 어두운 곳에 숨겨놓는다. 도둑질을 끝낸 헤르메스는 동굴로 돌아가 갓난아기의 강보에 들어가 숨는다. 모든 것을 감쪽같이 해치운 것 같지만, 아폴론의 눈을 속일 수는 없다.

소들이 사라진 것을 뒤늦게 안 아폴론이 화가 나서 헤르메스의 동굴로 달려간다. 강보에 싸인 이복동생에게 '소를 훔쳐 몰고 간 게 너 아니냐'고 따진다. 헤르메스가 '소를 훔쳐 몰고 간 적 없다'고 맹세한다. 헤르메스의 말은 교묘하다. 헤르메스가 소들을 '뒷걸음질로' 걷게 했기 때문에 '몰고' 가지 않은 것은 사실이다. 말 그대로만 보면 거짓이 아니지만, 전체로 보면 궤변이다. 바로 이 순간, 헤르메스는 기만과 간계의 신, 도둑질과 거짓말의 신이 된다. 한번 시작된 헤르메스의 속임수와 도둑질은 멈추지 않는다. 아폴론과 승강이를 하는 중에도 헤르메스는 아폴론이 흥분한 틈을 타 활과 화살통을 훔친다. 18세기에 독일에서 나온 《신화사전》은 '훔치는 헤르메스'를 이렇게 묘사한다.

"헤르메스는 태어나자마자 포세이돈의 삼지창을 훔치고 아레스의 칼집에서 칼을 훔쳤으며, 헤파이스토스에게서는 대장간의 집게를 훔치고 제우스에게서는 왕홀을 훔쳤다. 헤르메스가 만일 불을 두려워하지 않았더라면 제우스에게서 번개도 훔쳤을 것이다. 헤르메스는 태어난 바로 그날 에로스에게 씨름을 하자고 덤벼 다리를 걸어 넘어뜨림으로써 승리를 거두었다. 아프로디테가 기뻐하며 헤르메스를 품에 안자 어린 헤르메스는 아프로디테의 허리띠를 훔쳤다."

헤르메스는 속이고 훔치는 신, 감추고 꾸미는 신이다. 교묘한 말로 궁지를 빠져나가기에 달변의 신이기도 하다. 밝은 헤르메스는 신들의 말을 전하고 낯선 언어를 친숙한 언어로 옮기고 캄캄한 세상을 해석의 빛으로 밝히는 신이지만, 어두운 헤르메스는 백주에 남의 것을 탈취해 어둠 속에 숨기는 신이고 주인의 추궁을 거짓 맹세로 받아치는 신이다. 헤르메스 신화에는 밝음과 어둠 사이 친밀성이 암시돼 있다. 밝은 것은 밝은 것으로만 있지 않다. 상황이 바뀌면 밝음은 어둠으로 뒤집힌다. 숨은 뜻을 훤히 드러내주는 해석의 신이 진실을 묻어버리고 뒤틀어버리는 기만의 신으로 바뀌는 것이다. 해석의 기술은 너무 쉽게 은폐의 기술, 왜곡의 기술이 된다. 이런 일이 법의 영역에서 일어난다면 어떻게 될까?

아리스토텔레스는 《정치학》에서 법을 두고 이렇게 말한다.

"법은 욕구(orexis) 없는 지성(nous)이다."

아리스토텔레스의 이 말은 '왜 법이 나라를 다스려야 하는가, 법이 나라를 다스린다는 것은 무슨 뜻인가'를 이야기하는 중에 나온다. 법이 나라를 다스린다는 것은 인간의 지성이 찾아낼 수 있는 가장 좋은 법을 세워 그 법으로 인간의 무분별한 욕망을 제어한다는 것을 뜻한다. 법은 지성, 곧 보편적 이성의 총화다. 아무리 훌륭한 사람을 통치자로 세우더라도 법이 다스리는 것만 못하다. 욕망이 제어되지 않으면 최선의 인간들도 끝내 일그러지고 망가진다. 법이 없다면 인간은 짐승과 다를 바 없게 된다고 아리스토텔레스는 말한다.

그러므로 나라를 바르게 이끌어가려면 통치자의 사적 욕망이 끼어들게 해서는 안 된다. 또 그렇게 하려면 법이 가장 높은 자리에 있어야 한다. 그때의 법을 가리키는 말이 '욕구 없는 지성'이다. 욕구가 배제된 지성이 나라를 다스릴 때 그 나라를 참된 법치국가라고 부를 수 있다. 법치란 인간의 욕구, 곧 사사로운 욕망이 개입되지 않은 채 보편적 이성 자체가 다스린다는 뜻이다. 그런데 법은 사람이 아니므로 법이 나라를 다스리려면 법을 다루고 지키는 사람이 필요하다. 그런 사람을 아리스토텔레스는 '법률의 수호자, 법률의 봉사자'라고 부른다. 법이 욕구 없는 정신이 되려면, 법을 수호하고 법에 봉사하는 자들이 사사로움을 누르고 법의 정신을 구현해야 한다.

그 법의 영역은 헤르메스의 영역, 곧 해석의 영역이다. 법원의 판단만 그런 것이 아니다. 어떤 행위를 범법으로 규정할 것인지, 수사할 것인지 말 것인지, 한다면 어떻게 할 것인지를 판단하는 것부터가 해석이다. 그런데 만약 법을 해석하고 집행하는 자들이 탐욕과 야심의 하수인이 되어 법의 정신을 왜곡한다면 어떻게 될까? 법을 다루는 자들의 해석 행위가 신의 뜻을 바르게 전달하는 밝은 헤르메스의 행위가 아니라 속이고 감추고 덮어씌우는 어두운 헤르메스의 행위가 된다면, 법을 다루는 자들에 대한 신뢰는 무너질 수밖에 없다.

법이 정적을 공격하는 부당한 무기가 될 때, 법이 반대자를 치는 날카로운 도구가 될 때, 그 법은 법이라는 이름의 정치적 암수가 된다. '욕구 없는 정신'으로서 법은 사라지고 '정신 없는 욕구'만 날뛴다. 권한을 남용해 있는 죄는 묻어버리고 없는 죄는 만들어낼 때, 그 부당행위에 법원이 가담해 법의 정신을 희롱할 때, 법은 있되 법이 없는 무법 상태가 벌어진다. 법을 다루는 법기술자들이 법의 적이 된다. 우리는 국가 권력이 고문과 조작으로 범법자를 만들어내고 판사가 그렇게 만들어진 범법자에게 정찰제 가격을 매기듯 형을 선고하던 가혹하고

끔찍한 시대를 지나왔다. 그 시대로 돌아갈 수는 없다. 법기술자들이
파놓은 이 어두운 헤르메스 동굴에서 벗어나야 한다.

제2부

더 나은 세계로 가는 길

2023년

16
–
키케로의 '의무론'에서
마키아벨리의 '군주론'으로

니콜로 마키아벨리의 《군주론》은 마키아벨리에게 '악의 교사'라는 타이틀을 안겨준 책이다. 이 책의 거의 모든 지면이 사악한 정치술을 속삭이는 듯하지만, 그중에서도 '군주는 어디까지 약속을 지켜야 하는가'라는 제목의 제18장은 '악덕을 가르치는 사람' 마키아벨리의 이미지를 굳힌 결정적인 장이다. 여기서 마키아벨리는 군주가 '여우와 사자'를 동시에 모방해야 한다고 말한다.

"왜냐하면 사자는 함정에 빠지기 쉽고 여우는 늑대를 물리칠 수 없기 때문이다. 따라서 함정을 알아차리려면 여우가 되어야 하고 늑대를 혼내주려면 사자가 되어야 한다."

마키아벨리는 그중에서도 군주에게 더 필요한 것이 여우의 기만술이라고 말한다.

"군주는 능숙하게 기만하는 자, 위장하는 자가 돼야 한다. 기만하는 자는 쉽게 속는 사람들을 항상 발견할 수 있다."

마키아벨리의 이 말이 당대인의 도덕 감각에 얼마나 거슬렸는지 느끼려면, 로마 시대 철학자·정치가 키케로의 《의무론》과 대조해 보아야 한다. 키케로는 르네상스 시대에 '키케로 열풍'을 부른 인문 정신의 표상이었고, 《의무론》은 그 시대의 도덕 교과서 같은 책이었다. 마키아벨리의 《군주론》은 키케로의 《의무론》을 거꾸로 세워놓은 것과 같다. 선을 요청하는 곳에서 악을 들이밀고 정직을 권고하는 곳에서 기만을 제안한다.

키케로가 《의무론》을 쓴 것은 카이사르가 암살당한 직후, 로마 공화정 말기의 혼란 속이었다. 이 혼란은 머잖아 키케로 자신의 삶도 앗아갔다. "사랑하는 내 아들 마르쿠스야!"로 시작하는 《의무론》은 아테네로 유학 가 있던 아들에게 보내는 편지 형식의 글이다. 스토아학파의 경건주의를 받드는 아버지가 부자유친의 애틋한 마음으로 아들에게 인간의 도리를 이야기하는 책이다. 그 책의 제1장에 다음과 같은 구절이 나온다.

"불의를 저지르는 데는 두 가지 방식이 있다. 폭력과 기만이 그것이다. 기만은 여우의 교활함처럼 보이고, 폭력은 사자의 사나움처럼 보인다. 폭력과 기만은 인간과는 가장 거리가 먼 것이지만, 기만이 더 큰 혐오를 받아 마땅하다. 남을 가장 많이 기만하면서도 자신은 마치 선인이라도 되는 양 위장하는 자들의 불의가 가장 위험하다."

인간은 사자의 폭력성을 멀리해야 하며 여우의 속임수는 더 멀리해야 한다는 것이 그 스토아주의자의 가르침이다. 정직함이야말로 모든 인간에게 가장 중요한 덕목이다.

"우리는 용감하고 고매한 자, 선하고 정직하고 진리를 사랑하는 자가 되기를 원하는 것이지 털끝만큼이라도 남을 기만하는 자가 되려고 하지 않는다."

키케로는 바로 그런 도덕적 덕목을 실천한 사람으로 앞 시대 인물 마르쿠스 아틸리우스 레굴루스(Marcus Atilius Regulus, 기원전 299~기원전 250)를 거론한다.

레굴루스는 로마와 카르타고가 맞붙은 제1차 포에니전쟁이 한창이던 때에 집정관이 돼 카르타고 원정을 지휘했다. 고지식할 정도로 정직했던 레굴루스는 기원전 255년 북아프리카에서 코끼리 100마리를 앞세운 카르타고 군대와 정면으로 맞붙었다가 군사를 잃고 장군·병사 500명과 함께 포로가 됐다. 그해 겨울 포로 레굴루스가 카르타고의 사절이 돼 로마를 찾았다. 로마 원로원을 설득해 두 나라가 포로를 교환하고 강화조약을 맺게 하는 것이 레굴루스에게 주어진 임무였다. 카르타고가 제시한 강화 조건은 로마가 점령한 시칠리아를 포기하는 것이었다.

레굴루스는 로마로 떠나기 전 강화를 설득하는 데 성공하든 실패하든 카르타고로 돌아가겠다고 맹세한 터였다. 원로원 의원들 앞에 선 레굴루스는 카르타고의 감시인이 지켜보는데도 카르타고 쪽의 기대와는 정반대로 행동했다. 두 나라가 강화를 맺어서는 안 되며 카르타고 포로를 돌려보내서도 안 된다고 역설했다. 이대로 강화를 받아들이면 많은 희생을 치르고 얻은 시칠리아를 잃어버릴 뿐 아니라, 좁은 메시나 해협을 사이에 두고 강대한 카르타고와 마주 보며 계속 위협을 받아야 한다. 원로원은 레굴루스의 충언을 받아들여 카르타고의 강화 제의를 거부했다.

레굴루스의 그다음 행동은 무엇이었을까? 로마에 남으면 편안한 집에서 사랑하는 가족과 함께 여생을 보낼 수 있다. 돌아가면 목숨을 잃는다. 레굴루스에게는 신의를 지키는 것이 눈앞의 이익을 취하는 것보다 더 중요했다고 키케로는 말한다.

"레굴루스는 그때 자신이 가장 잔인한 적을 향해 가장 잔혹한 처벌을 받으러 출발하고 있다는 사실을 모를 리 없었지만, 맹세한 것은 반드시 지켜야 한다고 생각했던 것이다."

카르타고인들은 돌아온 레굴루스를 끔찍하게 고문한 뒤 바구니로 만든 둥근 통 속에 집어넣었다. 레굴루스는 코끼리들에게 축구공처럼 차이다가 밟혀 죽었다.

마키아벨리의 《군주론》은 《의무론》의 조언을 정확히 반대로 뒤집는다.

"현명한 군주는 신의를 지키는 것이 불리할 때 그리고 약속을 맺은 이유가 소멸했을 때, 약속을 지켜서는 안 된다."

그렇다고 해서 마키아벨리가 무턱대고 신의를 지킬 필요가 없다고 주장하는 것은 아니다. 《군주론》 제18장 서두에 마키아벨리는 이렇게 쓴다.

"군주가 신의를 지키며 기만책을 쓰지 않고 정직하게 사는 것이 얼마나 칭송받을 만한 일인지는 누구나 알고 있다."

《군주론》의 저자는 이어 말한다.

"싸움에 두 가지 방법이 있다. 하나는 '법에 의지하는 것'이고 다른 하나는 '힘에 의지하는 것'이다. 법에 의지하는 것은 인간에게 합당한 것이고, 힘에 의지하는 것은 짐승에게 합당한 것이다."

그러면서 마키아벨리는 이렇게 말한다.

"군주는 짐승의 방법과 인간의 방법을 모두 이용할 줄 알아야 한다."

인간의 방법이 통하지 않는 어떤 급박한 상황에서는 어쩔 수 없이

원로원에서 연설하는 키케로(체사레 마카리, 1888년 작).
키케로는 사자의 사나움과 여우의 간교함을 거부했지만, 마키아벨리는 키케로의 권고를 뒤집는다.

짐승의 방법, 곧 사자의 사나움과 여우의 간교함을 쓸 수밖에 없다는 것이다.

기억할 것은 마키아벨리가 이런 이야기를 할 때 이탈리아를 염두에 두고 있었다는 사실이다. 《군주론》의 마지막 장은 '야만족의 지배로부터 이탈리아를 해방하기 위한 호소'라는 제목 아래 "짓밟히고 약탈당하고 갈기갈기 찢기고 유린당하는" 조국 이탈리아의 구원을 열망하는 간절한 마음을 열어 보인다. 악을 속삭이며 사악한 웃음을 짓는 듯한 마키아벨리 내면에 조국의 비참을 생각하며 눈물을 흘리는 마키아벨리가 있다. 죽기 두 달 전 친구 프란체스코 베토리에게 보낸 편지에서 마키아벨리는 이렇게 썼다.

"나는 내 영혼보다 내 조국을 더 사랑한다."

이탈리아가 소국으로 쪼개져 강대국의 압박과 침탈에 시달리던 때에 마키아벨리는 이탈리아를 수렁에서 구해내려면 '짐승의 방법'이 필요하다고 보았던 것이다.

마키아벨리의 그런 심중을 마키아벨리가 《군주론》과 함께 쓴 《로마사 논고》에서 엿볼 수 있다.

"자기 조국의 안전이 절대적으로 걸린 문제일 때, 수단이 정당한가 정당하지 않은가, 자비로운가 잔혹한가, 칭찬을 받을 만한가 치욕스러운가 하는 것은 전혀 고려할 필요가 없다. 모든 양심의 가책을 제쳐놓고, 조국의 생존과 조국의 자유를 보존할 수 있는 방안을 최대한 따라야 한다."

마키아벨리가 설교하는 '국가이성'은 확실히 냉혹하다.

그렇다면 마키아벨리의 '군주'를 민주주의 시대의 오늘날 언어로 바꾸면 무엇이 될까? 나라의 주권자인 국민 혹은 인민이 될 것이다.

안토니오 그람시(Antonio Gramsci, 1891~1937)의 어법으로 말하면 국민이야말로 '현대의 군주'다. 그러므로 마키아벨리의 '국가이성'을 군주의 이성이 아니라 국민의 이성으로 읽을 때 그 진의에 더 가까이 다가갈 수 있다. 나라의 주인인 국민은 나라가 위기에 처하면 사자의 사나움과 여우의 간교함이라는 수단에 호소할 수도 있는 것이다.

괴테의 《파우스트》(1831)는 주인공 파우스트와 악마 메피스토펠레스가 처음 만나는 장면을 문답으로 구성했다. 파우스트가 묻는다.

"너는 도대체 누구냐?"

메피스토펠레스가 답한다.

"항상 악을 원하지만 언제나 선을 창조하고야 마는 저 힘의 일부입니다."

메피스토펠레스는 한 번 더 부연한다.

"저는 태초에 전체였던 것의 일부, 빛을 낳은 어둠의 일부입니다."

메피스토펠레스의 악은 부정하고 파괴하는 어둠의 힘이다. 메피스토펠레스는 그 악이 세상을 지배하고자 하지만 끝내 선을 창출하고야 만다고 말한다. 악이 선을 낳는 이 변증법을 우리는 역사에서 확인할 수 있다. 어두운 힘의 지배는 영속하지 않는다. 어둠은 끝내 빛을 불러온다. 누가 불러오는가? 국민이 불러온다. 나라의 주인인 국민이 어둠을 거부하고 어둠에 항거함으로써 빛을 불러들인다. 국민이 선악의 변증법을 실행하는 역사의 주체다.

17

'데카르트의 광인'을 둘러싼
푸코와 데리다의 논쟁

"나는 교사들의 손에서 벗어날 수 있는 나이가 되자마자 책으로 익히는 학문을 완전히 그만두고 말았다. 그리고 이제부터는 나 자신에게서 혹은 세상이라는 커다란 책 속에서 발견될 학문만을 찾기로 결심하고 내 청년 시절의 나머지를 여행하면서 보냈다."

서양 근대철학의 문을 연 르네 데카르트가 자신을 세상에 알린 책 《방법서설》(1637)의 서두에서 하는 고백이다. 스무 살에 대학을 졸업한 데카르트는 '세상이라는 커다란 책' 속으로 들어가 진리를 찾겠다고 결심했다. 데카르트가 들어간 그 '세상—책' 속에서는 유럽을 참화로 밀어 넣을 '30년 전쟁'(1618~1648)이 막 시작되려 하고 있었다. 청년 데카르트는 처음에 네덜란드 프로테스탄트 군대에 장교로 들어갔다가 1619년 바이에른 공이 이끄는 가톨릭 군대로 옮겼다.

기상관측이 주요 임무였기에 이 젊은 장교는 전투에 직접 참여하지 않고 후위에서 사색하는 일이 많았다. 그해 11월 신성로마제국 황제 대관식을 참관하고 돌아오는 길에 데카르트는 도나우강 변 노이베르크 야영지에 묵었다.

"그곳에서는 나를 어지럽힐 만한 사람과 만나는 일도 없었고, 걱정 거리나 정념으로 괴로워하는 일도 없었기 때문에 나는 온종일 홀로 난로가 있는 방에 틀어박혀 마음껏 사색에 빠졌다."

데카르트는 이날 집요한 사색 끝에 진리에 이르는 길을 발견했다고 믿었고, 뒷날 그 발견을 《방법서설》이라는 이름으로 출간했다. 그러 나 저자의 기대와 달리 책의 가치를 알아봐주는 독자는 거의 없었다. 실망한 데카르트는 4년 뒤《방법서설》의 핵심을 좀 더 체계적으로 정 리해 라틴어로 출간했다. 그것이 '성찰'이라는 이름으로 통용되는《제 일철학에 대한 성찰》이다.《성찰》은 이 세상 모든 것을 의심하는 데서 시작하는데, 그 의심의 과정에서 데카르트는 '감각이 일으키는 착오' 를 거론하는 중에 이런 말을 한다.

"그러나 똑같이 감각으로부터 얻은 것들이면서도 도저히 의심할 수 없는 것들이 있다. 예컨대 '지금 나는 여기 있다, 난롯가에 앉아 있다, 겨울 외투를 입고 있다, 이 종이를 손으로 쥐고 있다' 따위가 그러하 다. 도대체 무슨 근거로 바로 이 손과 이 몸이 내 것이라는 사실을 부 정할 수 있다는 말인가? 이 사실을 부정한다면 나는 아마도 부지불식 간에 나 자신을 미치광이들과 같이 취급하는 꼴이 될 것이다."

데카르트는 말을 잇는다.

"미치광이는 검은 담즙에서 올라오는 열기로 뇌가 교란된 탓에, 자 기가 알거지이면서도 제왕이라는 둥, 벌거벗었으면서도 비단옷을 입 었다는 둥, 자기 머리가 진흙으로 빚은 항아리라는 둥, 몸뚱이가 통째 로 호박이라거나 유리를 불어서 만든 것이라는 둥 우겨댄다. 그러나 이 사람들은 미친 사람들이다. 만일 내가 이 몇 가지 가운데 하나만이라도 흉내 낸다면 이 사람들 못지않게 미치광이로 보일 것이다."

그러므로 미치광이가 아닌 이상, 내가 지금 여기 이렇게 존재한다는 것을 의심할 수는 없다. 그런 의심의 과정을 거쳐 데카르트는 진리의 '아르키메데스 점', 세상 모든 진리를 들어 올릴 수 있는 가장 단순한 받침대를 찾아냈다고 자부했다. 세상 모든 것을 의심하더라도 결코 의심할 수 없는 것이 바로 '의심하는 나' 곧 '생각하는 나'이며, 그 '생각하는 나'가 존재한다는 것은 어떤 경우에도 의심할 수 없다. 이것이 데카르트가 발견한 진리의 원점이었다. 그 발견을 데카르트는 이렇게 정식화했다. '나는 생각한다. 그러므로 나는 존재한다.' 이 정식을 통해 서양 근대 주체철학의 문이 열렸다.

데카르트는 자신의 의심을 검토하는 과정이 의심의 여지 없이 명료하다고 생각했지만, 훗날 《성찰》은 커다란 논란에 휘말렸다. 20세기 프랑스 철학자 미셸 푸코(Michel Foucault, 1926~1984)가 논란의 불을 지핀 사람 가운데 한 명이었다. 푸코는 박사학위 논문 《광기의 역사》(1961)에서 데카르트가 말한 '미치광이 사례'를 끌어들여 자기 주장의 발판으로 삼았다. 이 영민한 철학자는 데카르트의 말에서 광기와 이성이 영원히 단절되는 순간을 목격했다. 데카르트 이전만 해도 이성과 광기는 명료하게 나뉘지 않았고 광기를 이성의 적으로 상정하지도 않았다. 그러나 데카르트의 '의심하는 나'와 함께 광기는 이성과 섞일 수 없는 것, 이성적으로 사유하는 주체와 전혀 관계가 없는 것이 됐다.

"광기는 데카르트의 회의를 통해, 의심하는 자의 이름으로 추방당한다."

이렇게 데카르트가 광기와 이성을 갈라놓은 것과 때를 맞춰 17세기 프랑스 사회에서도 광인으로 낙인찍힌 이들의 대감금이 시작됐다고

스웨덴의 크리스티나 여왕을 가르치는 르네 데카르트(닐스 포르스베리, 1884년 작).

푸코는 말한다.

《광기의 역사》는 이성이 광기를 추방하고 감금하고 탄압하는 근대 역사를 추적한다. 푸코는 책의 서문에서 이렇게 단언한다.

"공통의 언어가 없다. 18세기 말에 광기를 정신병으로 규정한 이래 미친 사람과의 대화는 단절되고, 정상인과의 분리는 기정사실화했으며, 전에 광기와 이성 사이에서 이루어졌던 대화는…… 완전히 망각 속에 묻혔다. 정신과 의사의 언어는 광기에 대한 이성의 독백일 뿐이며, 그런 침묵 위에 진정한 언어는 형성될 수 없다."

이어 푸코는 그 책과 함께 널리 알려진 문장을 쓴다.

"나는 이 (이성적) 언어의 역사를 쓰려는 것이 아니라 이 침묵의 고고학을 쓰려는 것이다."

침묵 속에 갇힌 광기가 쏟아내는 말들의 역사를 쓰겠다는 선언이었다.

이 장대한 책은 곧바로 도전의 대상이 됐다. 푸코의 책에 담긴 데카르트 해석에 반기를 든 이는 후배 자크 데리다(Jacques Derrida, 1930~2004)였다. 데리다는 1963년 '코기토와 광기의 역사'라는 제목의 강연에서 푸코의 해석을 정면으로 치받는 새로운 데카르트 해석을 내놓았다. 뒤에 이 강연문은 데리다의 첫 저작들 가운데 하나인《글쓰기와 차이》(1967)에 실렸다. 데리다는 이 글에서 먼저 '침묵의 고고학'이 불가능함을 지적했다. 모든 학문은 논증하는 학문 곧 논리학이며 논리학이야말로 이성의 학문인데, '침묵의 고고학'을 쓴다는 것은 일종의 자기모순이다. 광기가 이성의 언어로 자기를 설명하는 것이니 모순이 아닐 수 없다.

데리다는 푸코의 해석이 지닌 더 본질적인 문제도 거론했다. 푸코는 데카르트의 '미치광이 얘기'에서 광기의 배제와 추방을 목격했지만, 데카르트의 글을 면밀히 읽어보면 그런 단정적 결론에 이를 수는 없다. 왜냐하면 "광기는 데카르트의 관심의 대상이 되는 감각적 착오의 특정한 사례에 지나지 않기" 때문이다. 요컨대 데카르트는 광기만 따로 떼 이성 바깥으로 내몬 것이 아니다. 그렇다면 데카르트의 텍스트에서 광기와 이성 사이에 근원적인 단절이 일어났다는 푸코의 주장도 성립할 수 없다.

푸코에 대한 반격은 텍스트의 내적 모순을 드러내는 데리다식 '해체주의 독법'의 분명한 사례가 됐다. 푸코의 반응은 뒤늦게 나왔다. 데리다가 푸코를 비판하고 9년이 지난 뒤 《광기의 역사》 새 판을 내면서 푸코는 데리다의 비판을 논박하는 글을 써 부록으로 실었다. 논박의 핵심은 데리다가 텍스트를 둘러싼 역사적 콘텍스트를 보지 못한다는 주장에 있다. "담론적 실천을 텍스트의 흔적으로 축소하고, 거기서 일어나는 사건들을 생략하며, 주체가 담론에 연루되는 방식을 분석하지 않는 것"이야말로 문제다. 데리다가 텍스트에 갇혀 그 텍스트만 헤집는다는 것이다.

쟁점은 뚜렷하다. 데리다는 텍스트를 그 내적 구조에서 살펴 모순을 드러내는 방식으로 읽어야 한다고, 다시 말해 해체하는 방식으로 읽어야 한다고 주장한다. 반면에 푸코는 텍스트 너머의 더 넓은 맥락에서 텍스트를 재해석해야 한다고, 곧 텍스트를 둘러싼 외부의 권력을 함께 읽어야 한다고 주장한다. 그렇다면 두 사람의 생각을 모두 살리는 방식의 읽기도 있을 것이다. 텍스트를 그 내적 모순을 드러내는 방식으로 읽음과 동시에, 텍스트를 둘러싼 콘텍스트 속에서 텍스트 읽기를 병행해나가는 것이다.

데리다와 푸코는 비판적 독법의 두 면을 각각 보여준다. 이런 독법은 학술 담론을 넘어 권력 담론을 읽어낼 때도 유효하다. 권력장을 지배하는 담론이야말로 비판적 독법의 살아 있는 대상이다. 국가 권력의 모든 텍스트는 해체적으로 읽어야 할 대상이다. 동시에 그 담론을 만들어내는 국가 권력 자체의 콘텍스트를 보아야 한다. 권력이 담론을 어떻게 만들어내고 그 담론에 어떤 의미를 부여하는지까지 보았을 때 텍스트 비판은 본령에 이른다. 국가를 지배하는 권력의 담론을 해체적으로 읽어내는 비판의 눈이야말로 민주주의의 등대다.

18
-
권력자가 '벌거벗은 임금님'이
되지 않으려면

우리말로 '반어'(反語)라고 하는 아이러니는 속마음과는 반대로 말하는 것을 뜻한다. 김소월의 〈진달래꽃〉(1922)에 나오는 "죽어도 아니 눈물 흘리오리다"가 반어의 대표적인 시구다. 아이러니는 객관적 상황이 주관적 믿음과 모순되는 사태를 가리킬 때도 쓰인다. 현진건의 단편 〈운수 좋은 날〉(1924)에서 앓아누운 아내와 젖먹이를 두고 일터로 나온 인력거꾼은 아내가 죽은 줄도 모르고 손님에게 웃돈 받았다고 좋아한다. '운수 좋은 날'은 '가장 비통한 날'로 드러난다. 식민지 민중의 비참을 고발하는 아이러니다.

아이러니의 원형 '에이로네이아'(eironeia)는 고대 그리스 비극에서 볼 수 있다. 소포클레스의 《오이디푸스 왕》은 '비극적 아이러니'의 전시장과도 같은 작품이다. 주인공 오이디푸스는 나라에 역병이 돌자 그 원인을 찾아내려 아폴론의 신탁을 구한다. 아폴론은 선왕 라이오스를 죽인 자를 추방해야만 역병이 가실 것이라는 신탁을 내린다. 스스로 수사관이 된 오이디푸스는 반드시 범인을 찾아내 심판하겠다고 공언한다. 이 작품을 보던 기원전 5세기 아테네 시민들은 오이디푸스 신화를 훤히 알고 있었고, 당연히 오이디푸스가 선왕을 죽인 범인이라는 사실도 알고 있었다. 그러나 극 중 오이디푸스는 이 사실을 모른 채 범인을 잡아 심판하겠다고 벼른다. 여기서 첫 번째 아이러니가 발생한다. 관객이 아는 것을 주인공은 알지 못한다. 이 앎의 격차에서 생겨나는 것이 비극적 아이러니다.

범인을 찾으려 분투하던 오이디푸스는 아폴론 신탁의 정확한 의미를 파악하려고 '눈먼 예언자' 테이레시아스를 부른다. 진실을 아는 테이레시아스는 왕의 거듭된 추궁에 오이디푸스 자신이 범인이라는 사실을 넌지시 말한다.

"그대는 가장 가까운 사람들과 가장 수치스럽게 어울리면서 그 사실을 모르고 있고, 어떤 악에 처해 있는지도 보지 못하고 있소."

화가 난 오이디푸스는 테이레시아스가 눈만 먼 것이 아니라 귀도 혼도 멀었다고 몰아친다. 테이레시아스는 다시금 진실을 들추어내는 말을 한다.

"그대는 불쌍하게도, 머잖아 이 모든 사람이 그대를 꾸짖을 말로 나를 꾸짖고 있구려."

사람들이 오이디푸스야말로 눈도 귀도 혼도 멀었다고 비난할 미래를 예언한 것이다.

오이디푸스는 테이레시아스의 경고를 흘려듣고, 무슨 일이 있어도 진실을 밝히고야 말겠다는 각오를 다진다. 그리하여 추적자의 칼이 사태를 파헤쳐 들어가면 들어갈수록 칼날은 오이디푸스 자신의 목을 향해 다가간다. 비극의 끝에 이르러서야 오이디푸스는 자신이 범인이라는 사실을 깨닫는다. '앎을 향한 의지'가 오이디푸스 자신을 범인으

진실을 보지 못한 제 눈을 찌르고 테베를 떠나는 오이디푸스(샤를 잘라베르, 1843년 작).
소포클레스의 《오이디푸스 왕》은 비극적 아이러니의 전시장과도 같다.

로 드러냄으로써 자기 파멸을 불러들이고 마는 것이다.

아이러니는 여기서 멈추지 않는다. 이 비극의 바탕이 되는 신화 전체가 아이러니의 구조로 이루어져 있다. 선왕 라이오스와 왕비 이오카스테는 자식이 아버지를 죽이고 어머니와 결혼할 것이라는 신탁을 받고 그 운명을 피하려고 갓난아기를 산에 내다 버린다. 아기는 양치기에게 발견돼 이웃 나라 코린토스 왕의 아들로 자란다. 성장한 오이디푸스는 자신이 '주워 온 아이'라는 말을 듣고 그 말의 의미를 알아보려고 아폴론에게 신탁을 묻는다. 돌아온 답은 '아버지를 죽이고 어머니와 결혼할 것'이라는 저주다.

오이디푸스는 이 운명에서 벗어나려고 코린토스 반대쪽으로 달아나다가 라이오스 왕 일행을 죽인다. 이어 스핑크스의 수수께끼를 풀어 테베의 영웅이 되고 이오카스테와 결혼해 나라의 왕이 된다. 운명을 피하려고 필사적으로 노력한 것이 한 치의 오차도 없이 운명을 이행하는 꼴이다. 이것이 비극적 아이러니다. 진실을 안 이오카스테는 자살하고 오이디푸스는 이오카스테의 브로치로 제 눈을 찔러 장님이 된다. 진실을 보지 못한 눈이 무슨 쓸모가 있는가.

이 비극이 상연되던 시대에 활동한 소크라테스는 또 다른 의미의 아이러니를 실행한 인물이다. 플라톤의 대화편에서 소크라테스는 자신을 무지한 자로 낮추는 '에이로네이아'의 전형으로 나타난다. 이때의 에이로네이아는 '아닌 척함', '짐짓 모르는 체함', '딴청 부리고 시치미 뗌'을 뜻한다. 대화편 《향연》은 말들의 향연일 뿐만 아니라 에이로네이아의 향연이기도 하다. 제자 알키비아데스는 소크라테스를 두고 '능청 떠는 사람'이라고 묘사한다.

"무지로 가장하고 친구들을 놀리는 것, 이것이 이분이 평생 하고 다니는 일이라네."

아무것도 모르는 자의 태도로 슬며시 다가가 집요한 물음으로 결국 상대방을 넘어뜨리고 무지를 폭로함으로써 깨우침을 주는 것, 이것이 '소크라테스적 아이러니'다. '앎'은 '모름'으로 뒤집힌다. 이런 아이러니를 확인할 수 있는 장면이 플라톤의 다른 대화편《라케스》에 나온다. 소크라테스는 '용기'가 무엇인지 안다는 니키아스를 헤어날 길 없는 자가당착으로 몰아넣은 뒤 결국 니키아스에게 용기가 무엇인지 모른다는 자백을 받아낸다. 어떤 것을 아는 것보다 더 중요한 것은 자신이 모른다는 사실을 아는 것이다. '무지'에서 '무지의 지'로 나아가도록 이끄는 것이 소크라테스식 문답법이다.

소크라테스는 상대방보다 더 높은 곳에 있으면서도 상대방보다 더 낮은 것처럼 행동한다. 이 소크라테스적 아이러니를 문학적 기법으로 되살려낸 이들이 18세기 말 독일의 낭만주의자들이다. 비평가 프리드리히 슐레겔(Friedrich Schlegel, 1772~1829)은 잡지《리케움》과《아테네움》에 발표한 단편들을 통해 문학 창작의 원칙으로 '낭만적 아이러니'를 제시했다. 소크라테스가 대화로써 무지의 상태를 깨고 더 높은 앎의 상태로 이끌어가듯이, 문학 작품도 스스로 한계를 깨고 높은 곳으로 무한히 나아가야 한다.

슐레겔이 그 방법으로 제시한 것이 '자기창조와 자기파괴의 반복'이다. 예술가는 내면에서 끓어오르는 창조적 열정을 쏟아부어 작품을 창작한다. 그러나 이렇게 생산된 작품에 머물러서는 안 된다. 예술가는 자기 작품을 거리를 두고 관찰해 작품의 한계를 발견하고 작품의 가치를 부정한다. 예술 창작은 이런 창조와 부정의 끝없는 과정, 원심력과 구심력의 무한한 길항이다. 내부에서 외부로 자신을 발산시키는 창조의 열정이 원심력이라면, 그렇게 창조한 작품을 비판하고 부정해 자기에게 되돌아오는 것이 구심력이다. 창작 과정은 원심력과 구심력의 끝없는 싸움이다.

슐레겔은 창조와 파괴의 동거를 보여주는 사례로 '작가의 등장'을 든다. 작품 속에 작가 자신이 뛰어들어 자기 작품을 비판하고 그 한계를 지적하는 것이다. 앞서 고전주의 시대에 문학 작품은 작가와 엄격히 구분돼 독자적으로 존재했다. 이런 창작 관점에서 보면 작가의 개입은 일탈이고 파격이다. 그러나 슐레겔은 작가가 작품 속에 등장해 작품을 논평하고 비판하는 가운데 작품이 더 높은 차원을 향해 나아갈 수 있다고 보았다. 작가는 높은 차원에 서서 낮은 차원의 자기 작품을 내려다보며 창조와 부정을 되풀이함으로써 이상을 향해 나아간다. 이것이 '낭만적 아이러니'다.

여기서 필요한 것이 창조와 부정의 사이클을 만들어나가는 작가의 자기억제다. 창조적 활동을 거리를 두고 봄으로써 그 열정을 억누르고, 동시에 파괴적 활동이 완전한 파괴로 끝나지 않도록 그 열정을 제어하는 것이 자기억제다. 여기에 창작의 비밀이 있다. 자기억제는 인간의 자기창조에도 핵심 동력이 된다. 분출하는 열정과 동일한 강도로 그 열정을 제어함으로써 팽팽한 활과 같은 긴장 상태를 유지하는 것이야말로 참으로 자유로운 인간의 모습이라고 슐레겔은 보았다. 이것이 철학자 리처드 로티(Richard Rorty, 1931~2007)가 말하는 '아이러니스트'의 모습이다. 로티의 아이러니스트는 '낭만적 아이러니'를 체화한 인간이다.

아이러니스트는 언제나 형성 중인 인간이며 자기의심을 통해 자기확신을 부정하고 극복하는 인간이다. 자기 자신을 객관화해 봄으로써 자기 행동에 제한을 가하고 자기를 넘어서려는 것이 아이러니스트의 태도다. 이런 태도는 다른 누구보다 권력자에게 필요한 자질이다. 권력의 자기중심성에 갇히지 않으려면 권력자는 아이러니스트로 거듭나야 한다. 그러지 않으면 '벌거벗은 임금님'이 대로를 활보하는 동화 속 이야기를 현실에서 목격하는 일이 벌어질 수 있다. 아이러니스트의 미덕을 갖추지 못할 때 권력자에게 남는 것은 비극적 아이러니다. 진실을 알고 정의를 안다고 자부하는 인간이 그 진실의 힘에 무장해 제당하고 부정의한 인간으로 떨어진다. 한계를 모르는, 아이러니 없는 권력자에게 몰락은 필연이다.

19
-
'사회진화론'이라는 유령

지크문트 프로이트는 〈정신분석학의 한 가지 어려움〉(1917)이라는 글에서 인류의 나르시시즘(자기애)에 심대한 타격을 입힌 사람으로 니콜라우스 코페르니쿠스(Nicolaus Copernicus, 1473~1543)와 찰스 다윈(Charles Darwin, 1809~1882)을 거명한다. 코페르니쿠스는 지동설로 인간의 거처가 우주의 중심이라는 오래된 믿음을 깨뜨림으로써 인류에게 '우주론적 모욕'을 안겼다. 다윈은 진화론으로 인간이 동물의 연장에 지나지 않는다고 선언함으로써 인류에게 '생물학적 모욕'을 주었다. 이어 프로이트는 자신의 정신분석 이론이 인간의 의식을 무의식의 바다에 떠 있는 섬으로 축소하는 '심리학적 모욕'을 가했다고 말한다. 프로이트 자신을 코페르니쿠스·다윈과 함께 서양 지성사의 3대 혁명가로 간주한 것이다.

프로이트 말대로 다윈의 《종의 기원》(1859)이 인간을 신이 창조한 작품이라고 생각하던 당대의 창조론자들에게 모욕감을 준 것은 분명하다. 다윈의 책에 분노한 사람들은 다윈을 원숭이에 빗댄 풍자화를

《종의 기원》을 쓴 찰스 다윈(조지 리치먼드, 1840년 작).
다윈의 진화론은 허버트 스펜서에게 영향을 주어 사회진화론을 낳았다.

그려 반격하기도 했다. 그러나《종의 기원》출간을 인류에게 주는 축복으로 받아들인 사람들도 적지 않았다. 영국의 사회철학자 허버트 스펜서(Herbert Spencer, 1820~1903)가 다윈의 진화론을 환영한 사람들의 대표자라 할 만하다. 다윈의 저서가 나오기 전에도 진화의 법칙을 굳게 믿고 있었던 스펜서는《종의 기원》이 출간되고 5년이 지난 뒤 펴낸《생물학 원리》에서 다윈 혁명을 자기 방식으로 더 밀고 나갔다. 다윈이 생물 진화의 원리로 제시한 '자연선택'을 '적자생존'이라는 개념으로 바꾸고, 적자생존의 원리를 생물 영역만이 아니라 인간 사회에도 적용했다.

다윈과 스펜서는 썩 어울리는 쌍은 아니었다. 말년에 쓴 자서전에서 다윈은 이렇게 적었다.

"허버트 스펜서와 나눈 대화는 흥미로웠으나 내가 스펜서를 특별히 좋아했던 것은 아니다. 그 사람과 친해질 수 있으리라는 생각이 들지도 않았다."

그리고 이렇게 덧붙였다.

"스펜서의 글이 내 작업에 도움이 됐다고는 생각하지 않는다. 스펜서의 기본적인 일반화는 철학적인 관점에서는 아주 귀할지 모르지만, 과학적인 용도로는 그다지 가치가 없다."

다윈의 고백은 실제로 벌어진 일과는 조금 달랐다. 스펜서는 19세기 영국에서 대단한 인기를 누린 대중철학자였다. 스펜서 저작의 막강한 영향력은 다윈의 저서에도 침투해 흔적을 남겼다. 다윈은《종의 기원》을 출간한 뒤 여러 차례 수정했는데, 제5판에서 스펜서의 주장을 받아들여 '자연선택'을 다룬 제4장의 제목을 '자연선택 또는 적자생존'으로 바꾸었다. 이 작은 가필이 적자생존이라는 스펜서의 용어가 다윈 사상의 핵심으로 자리 잡는 데 결정적인 계기가 됐다.

다윈의 스펜서 수용은 여기서 그치지 않았다. 다윈의 개념으로 알려진 '진화'(evolution)라는 말도 애초 스펜서가《생물학 원리》에서 처음 썼던 말이다. 다윈은 '진화'가 '어떤 궁극 목적을 향해 끝없이 진보함'을 암시한다고 보아《종의 기원》에서 그 용어를 피하고 '변화를 동반한 계승'이라는 중립적인 말을 썼다. 하지만 스펜서의 간명한 용어가 널리 퍼지자 결국 그 말을 받아들여《인간의 유래》(1871)라는 책에서부터 쓰기 시작했다.

스펜서가 고안한 '적자생존'(survival of the fittest)이라는 말은 그 표층적 의미만 보면 '자연선택'(natural selection)이라는 말과 그리 다르지 않다. 자연선택이란 '자연이 여러 변이를 지닌 생물 가운데 특정한 개체를 선택한다'는 뜻이고, 적자생존이란 '주어진 환경에 가장 잘 적응한 생물이 살아남는다'는 뜻이다. 자연을 주체로 놓고 보면 자연선택이고, 생물을 주체로 놓고 보면 적자생존이다. 그러니 다윈이 적자생존이란 용어를 수용한 것도 이해할 만한 일이다. 문제는 적자생존의 넓은 함의 가운데 어디에 힘을 싣느냐에 따라 이 말의 진로가 아주 달라진다는 데 있다.

스펜서가 관심을 둔 것은 생물 진화가 아니라 인간 사회의 진화였다. 생물 세계에서 가장 잘 적응한 자가 살아남듯이 인간 사회에서도 가장 잘 적응한 자가 살아남는다는 것, 그것이 스펜서가 적자생존이라는 말로 이야기하려는 것이었다. 이때 스펜서에게 '가장 잘 적응한 자'는 '가장 우월한 자'를 의미했다. 그러므로 적자생존이라는 스펜서 원리는 우월한 자가 열등한 자를 지배한다는 우승열패, 강한 자가 약한 자를 먹이로 삼는다는 약육강식을 내장한다. 스펜서는 적자생존의 원리가 그대로 발현하면 인간 사회가 끝없이 진보해 부적응자는 모두 도태하고 우월한 인간만 남는 행복한 미래 사회가 열린다고 생각했다.

이쯤에서 보면 스펜서가 말한 적자생존이 다윈이 생각한 적자생존과는 아주 다른 것임이 분명해진다. 다윈이 생각한 적자는 '주어진 환경에 가장 적합한 자'라는 의미를 넘어서지 않는다. 적자는 반드시 진보나 상승을 뜻하지 않는다. 빛이 없는 동굴에 갇힌 생물은 그 척박한 환경에 적응하느라 시각과 같은 불필요한 기관을 없애고 최소한의 기관으로만 생존한다. 적자생존은 퇴보를 의미할 수도 있다. 그러나 스펜서는 자연과 사회가 최상의 목표를 향해 끝없이 진보한다는 가정에 근거해 다윈의 이론을 자신에게 유리한 쪽으로만 받아들였다. 그렇게 받아들여 짜낸 것이 사회진화론 혹은 사회다윈주의다.

그 사회진화론을 신념으로 품고 스펜서는 사회를 자연 상태와 유사한 상태로 놔두어야 한다고 주장했다. 자연 상태에서 적자가 살아남아 진화하듯이, 사회도 인위적인 개입을 하지 않고 그대로 둘 때 가장 빨리 진보한다. 그리하여 스펜서는 국가가 개입해 빈민을 구제하는 사회보장 정책에 반대했다. 개인들이 무한정 경쟁할 수 있는 환경만 조성하면 되지 국가가 나서서 울타리를 치는 것은 경쟁을 제약함으로써 진보를 가로막는 부도덕한 일이다. 앞 시대 토머스 홉스가 말했던 '만인이 만인과 투쟁하는 자연 상태'야말로 스펜서가 생각한 바람직한 사회 상태였다. 그런 상태에서 적자들이 살아남아 최상의 사회를 만들어나갈 것이라고 스펜서는 믿었다.

스펜서의 사회진화론 사상은 산업자본주의의 발흥과 함께 세계 전역으로 퍼져 나갔다. 미국에서는 특히 앤드루 카네기와 존 록펠러 같은 철강·석유 재벌이 스펜서 사상을 열렬히 환영했다. 이 사람들에겐 억만장자야말로 적자생존의 모범을 보여주는 사회진화의 승리였다. 스펜서 사상을 추종한 미국 사회학자 윌리엄 섬너(William Graham Sumner, 1840~1910)는 '부적합자가 계속 생존하는 것은 반문명적이며 적자생존이 문명을 이끄는 힘'이라고 주장했다. 부적합자는 문명 진보를 가로막는 자, 존재 자체로 문제 있는 자가 됐다.

　스펜서는 정부 개입이 경쟁을 가로막는다는 이유로 국가를 거부한 반국가주의자였다. 그러나 그 사상에 담긴 약육강식 논리는 국가의 침략 정책을 변호하고 부추기는 제국주의 논리로 즉각 전환됐다. 제국주의자들은 스펜서 이론에서 강한 나라가 약한 나라를 지배하는 것이 사회 진보의 법칙이라는 결론을 끌어냈다. 강자의 지배가 사회를 진보시킨다는 그 논리는 제국주의 세력의 도덕적 부담을 덜어주었다. 우생학과 인종주의도 스펜서의 사회진화론에서 힘을 얻었다. 더 우월한 자를 낳아 기르고 나머지를 도태시키는 것이 인류 발전에 이롭다는 우생학은 우월한 인종이 열등한 인종을 지배하여 번성하는 것이 사회진화의 법칙이라는 인종주의로 이어졌다.

　스펜서의 사회진화론은 19세기 말 동아시아에까지 이르렀다. '진보의 법칙을 따르는 것은 옳고 그 법칙을 거부하는 것은 그르다'는 사회진화론의 유사윤리학적 이데올로기는 당대의 지식인을 두루 감염시켰다. 일본 제국주의자들이 죄의식 없이 조선을 침략할 수 있었던 것도 그 이데올로기에 담긴 사이비 윤리 덕이었다. 스펜서 이데올로기는 조선의 관료와 학자들까지 집어삼켰다. 사회진화론에 젖은 조선 지식인들은 일본의 지배를 역사의 필연이라고 생각했다. 이완용·이광수가 그 이데올로기를 신념으로 받아들여 나라를 팔고 일제에 부역한 사람들이었다.

사회진화론은 강자의 침략을 정당화해주는 데 더해 침략받은 약자를 자기부정으로 이끄는 악성 이데올로기다. 상대편이 아니라 힘없는 쪽에 잘못이 있다며 자신을 탓하게 한다. 사회진화론의 약육강식 이데올로기는 20세기를 넘어 오늘에도 여전히 살아서 위세를 부린다. 그 이데올로기 유령이 지난 삼일절(2023년) 대통령 기념사에까지 출몰했다. 침략당한 우리가 문제였다는 전형적인 제국주의 논리가 거족적인 반제국주의 항거를 기념하는 날을 휘저었다. 옛 제국의 향수에 젖은 일본 극우 세력의 이데올로기에 투항한 사람이나 할 법한 삼일정신 모독이다.

20

'불행한 의식'과 '인생이라는 연극'

게오르크 헤겔(Georg Hegel, 1770~1831)은 《정신현상학》(1807)을 마감 시한에 쫓겨가며 썼다. 글을 써갈수록 원고가 걷잡을 수 없이 늘었다. 긴이야기에 마침표를 찍을 무렵 나폴레옹(Napoléon Bonaparte, 1769~1821) 군대가 예나 시내에 들어서는 것을 보았다. 헤겔은 백마를 탄 나폴레옹을 보고 '세계 영혼'이라고 찬탄했지만, 그 나폴레옹 군대는 자신이 몸담고 있던 예나대학을 쑥대밭으로 만들었다. 나폴레옹 군대가 예나를 휩쓸고 간 뒤 《정신현상학》이 세상에 나왔다. 무명의 젊은 철학자가 두려운 마음으로 내놓은 그 책은 머잖아 나폴레옹 군대처럼 독일의 정신세계를 휩쓸었다.

그 장대한 철학적 오디세이아에서 가장 많이 읽히고 논의된 대목은 '자기의식'을 서술한 장이다. 여기서 헤겔은 인간 의식을 '불행한 의식'이라고 규정했다. 불행한 의식이란 자기 내부에서 찢기고 갈라져 끝없이 자기와 다투는 의식이다. 완전한 자유를 원하지만 자기 안의 창살을 벗어날 수 없는 것이 불행한 의식이다. 헤겔은 자기와 화해하지 못한 불행한 의식의 기원을 찾아 고대 그리스—로마의 스토아철학에 이른다. 스토아철학은 세상의 환락과 영화를 멀찍이 두고 내면세계로 들어가 평화를 찾은 철학이다. 그렇게 찾은 마음의 평화를 스토아철학자들은 아파테이아(apatheia)라고 불렀다. 외부의 힘에 휘둘리지 않아 마음에 괴로움이 없는 상태다.

헤겔이 스토아철학을 서술할 때 심중에 품고 있던 사람이 로마제국 철학자 에픽테토스(Epiktētos, 55?~135?)였다. 노예의 자식으로 태어나 평생을 불구로 살아야 했던 에픽테토스야말로 스토아철학 정신의 산 표본이라고 할 만한 사람이다. 후대의 문헌은 에픽테토스가 주인에게 뼈가 부러질 정도로 맞아 불구가 됐으나 의연하고도 침착하게 견뎠다고 전하는데, 불행의 폭풍우 속에서도 내면의 고요를 유지하는 스토아철학 정신을 극적으로 보여주려고 지어낸 이야기일 것이다. 실제의 에픽테토스는 좋은 주인을 만나 철학을 공부할 기회를 얻었고 노예 신분에서도 해방됐다. 나중에는 철학학교를 세워 많은 제자를 길러냈고 지혜로운 사람으로 존경받기도 했다. 그러나 노예 출신의 습속은 깊게 남아 있어서 삶의 영광과 기쁨 속에 잠행하는 슬픔과 괴로움을 예민하게 느꼈다. 아무리 잘난 인생도 죽음으로 끝날 수밖에 없다는 것을 에픽테토스는 절감했다. 인생은 영화롭든 비참하든 제 뜻과는 상관없이 흘러가다 언젠가는 끝나고 마는 한 편의 연극이다. 이런 생각이 집약된 글이 에픽테토스 강의를 요약한 책《엥케이리디온》제17장에 나온다. 에픽테토스는 말한다.

"너는 극작가의 뜻에 따라 결정된 연극 속의 배우라는 것을 기억하라. 작가가 연극이 짧기를 바란다면 그 연극은 짧을 것이고, 길기를 바란다면 그 연극은 길 것이다. 작가가 너에게 거지 역할을 맡긴다면, 이 역할조차 또한 능숙하게 연기해야 한다는 것을 기억하라. 작가가 너에게서 절름발이, 공직자, 평범한 사람의 역할을 원한다고 해도 사정은 마찬가지다. 왜냐하면 너는 그 역할을 해야만 하고, 너에게 주어진 그 역할을 잘하는 것이 너의 일이기 때문이다."

이 세상이라는 무대에서 할당받은 배역은 극작가 곧 신이 준 것이다. 그러니 괴로움에 시달리지 않으려거든 그 역할을 불평 없이 맡아 수행해야 한다. 에픽테토스는 세상의 모든 일을 제우스 신의 뜻으로 받아들였다. 에픽테토스의 경건주의는 후대 기독교인들에게도 깊은 영향을 줬다. 그 영향은 1500년도 더 지나 중국과 조선에까지 닿았다. 예수회 선교사 마테오 리치(Matteo Ricci, 1552~1610)가 《엥케이리디온》을 한문으로 옮겨 《이십오언》(1599)이라는 책을 썼는데, 그 책을 조선의 초기 천주교인들이 구해 읽었다. 마테오 리치는 에픽테토스의 구절을 동아시아 사정에 맞게 번안했다.

"사람이 세상을 살아가는 것은 마치 배우가 무대 위에서 연기하는 것과 같습니다. 세속의 일은 잡다한 연극을 공연하는 것과 같습니다. 여러 제왕, 공경대부, 지식인, 서민, 노예, 왕후, 아낙네, 노비 등등은 모두 잠시 동안 분장한 것일 뿐입니다."

에픽테토스의 후예 가운데 가장 널리 알려진 사람이 로마 황제 마르쿠스 아우렐리우스(Marcus Aurelius Antoninus, 121~180)다. 젊은 아우렐리우스는 스승에게서 빌린 에픽테토스의 책을 통째로 베껴 닳도록 읽었다. 노예 철학자의 생각은 수로의 물처럼 흘러 장차 제국을 이끌 젊은이의 가슴을 적셨다. 황제의 삶은 고달픔의 연속이었다. 아우렐리우스가 통치하던 시절 변방에서는 반란이 속출하고 외침이 끊이지 않았다. 황제는 긴 시간을 전장에서 보냈다. 병에 걸려 죽은 곳도 로마에서 멀리 떨어진 게르만족 접경 지역이었다. 이 변방에서 격무를 감당하며 쓴 책이 《명상록》이다.

《명상록》 제1권에서 아우렐리우스는 어린 시절 받은 가르침을 간명하게 정리하는데, 자기에게 수사학을 가르쳐준 프론토를 떠올리며 이렇게 쓴다.

"프론토 덕분에 나는 악의와 변덕이 폭군의 특징이라는 것, 그리고 우리 사이에서 귀족이라고 불리는 자들은 대체로 인정머리가 없다는 것을 알게 됐다."

가장 높은 자리에 앉은 자들은 다른 사람의 눈치를 보지 않기에 변덕을 부리는 폭군이 되기 쉽고, 귀족이라고 으스대는 특권층은 보통 사람들의 어려움을 알지 못하기에 인정머리 없는 자가 되기 쉽다. 자신이 그렇게 될까 봐 경계하며 쓴 그 문장에서 아우렐리우스가 로마 제국 '5현제' 가운데 하나로 꼽히는 이유를 알아볼 수 있다. 에픽테토스의 후예답게 아우렐리우스는 황제라는 지위를 자기에게 할당된 배역으로, 배우가 무대에서 쓰는 '페르소나' 곧 가면으로 받아들였다. 《명상록》의 마지막 장은 '인생은 연극이고 인간은 배우일 뿐'이라는 에픽테토스의 생각을 그대로 베껴놓은 듯하다.

"인간이여, 너는 이 거대한 나라의 시민이었다. 5년 동안이든 100년 동안이든 그게 너와 무슨 상관이냐? 누구나 다 그 나라의 법규에 맞게 살지 않느냐. 그렇다면 폭군이나 불의한 판관이 아니라, 너를 그 나라로 데려다준 자연이 너를 그 나라에서 내보내기로서니 뭐가 가혹한 일이란 말인가? 그것은 관리가 배우를 고용했다가 무대에서 해고하는 것과도 같다. '하지만 나는 5막이 아니라 3막만을 연기했을 뿐이오.' 좋은 표현이다. 그러나 너의 인생에서는 3막이 연극 전체인 것이

마녀들에게서 장차 왕이 되리라는 예언을 듣는 맥베스(테오도르 샤세리오, 1855년 작).
맥베스는 마지막에 탄식한다.
"꺼져라, 꺼져라, 덧없는 촛불아. 인생은 그저 걸어 다니는 그림자."

다. …… 그러니 호의를 품고 떠나라.”

인생이라는 연극이 언제 막을 내릴지는 자신이 아니라 그 사람의 생사를 좌우하는 자연 곧 신이 정한다. 아우렐리우스는 황제의 역할이 끝나는 날을 미리 보았고 죽음이 오기 전에 서둘러 죽음을 연습했다.

에픽테토스의 《엥케이리디온》과 아우렐리우스의 《명상록》은 르네상스 시대의 고전 부흥 열기 속에 재발견돼 당대 교양인의 필독서가 됐다. 마테오 리치의 동시대인 윌리엄 셰익스피어도 그 책들의 세례를 받았다. 셰익스피어가 쓴 비극 작품들은 스토아철학의 언어로 짜인 태피스트리와도 같다. 《맥베스》의 어떤 장면은 에픽테토스가 나와 직접 말하는 듯하다. 왕이 되리라는 마녀들의 예언을 들은 장군 맥베스는 아내의 부추김을 받아 선량한 국왕을 살해하고 권좌에 오른다. 이때부터 두려운 일이 끊이지 않는다. 피로 왕관을 찬탈한 맥베스는 불안에 떨다 폭군이 되고 반란을 자초한다. 반란군의 창끝이 코앞에 다가오자 맥베스 부인은 정신착란에 빠져 목숨을 버린다. 부인이 죽었다는 보고를 받은 맥베스는 탄식한다.

“그런가. 언젠가는 죽을 터였다. 이런 보고를 들을 날이 올 거라 짐작하고 있었다. 내일, 내일, 또 내일이 하루하루 느리게 흘러가 마침내 최후의 순간에 도달했구나. 우리의 모든 ‘어제’는 바보들을 먼지투성이 죽음의 길로 데려갔다.”

이어 맥베스의 입에서 절정의 대사가 나온다.

“꺼져라, 꺼져라, 덧없는 촛불아. 인생은 그저 걸어 다니는 그림자, 무대 위에서 거들먹거리며 초조하게 자신의 시간을 보내다가 흔적도 없이 사라지는 가련한 배우, 무어라고 마구 떠들어대지만 아무 의미도 없는 백치의 이야기.”

맥베스의 대사는 헤겔의 말을 빌리면 '불행한 의식'이 막다른 골목에 이르러 내지르는 절규다. 인간은 한창 자기의 배역에 몰입해 있는 동안에는 그것이 연극인 줄 모른다. 에픽테토스와 아우렐리우스는 연극이 끝나기 전에 알았다. 셰익스피어의 맥베스는 삶이 파국에 이르러서야 인생이 한 편의 연극이라는 것을 어쩔 수 없이 깨달았다. 사람은 저마다 페르소나를 쓰고 정해진 기간 동안 무대에서 각자의 역할을 수행한다. 아우렐리우스 아니면 맥베스. 어떤 자는 왕의 자리에서 아우렐리우스처럼 행동하고 어떤 자는 같은 자리에서 맥베스처럼 행동한다.

21

우르바누스의 '십자군'인가, 라이문두스의 '동서 협력'인가

그리스 사상과 함께 서양 문명의 두 축을 이루는 기독교 사상은 폭력 인식에 커다란 역사적 변화를 겪었다. 초기 기독교도들은 예수의 가르침을 따라 비폭력을 신념화했다. 로마제국이 기독교를 박해할 때도 무기를 들지 않고 순순히 죽음을 받아들였다. 폭력 조직체인 군대에 가담하지도 않았다. 2세기 순교자 유스티누스(Justinus, 100?~165?)는《호교론》에서 이렇게 말했다.

"이전에는 서로 싸우고 죽이는 것밖에 몰랐던 우리가 이제는 우리를 괴롭히는 원수들과도 싸우지 않을 뿐만 아니라 기쁜 마음으로 그리스도를 부르고 죽노라."

유스티누스는 폭력적 저항을 거부하고 참수당했다.

기독교는 평화의 힘으로 지중해 세계를 천천히 물들였고, 중세에 이르러 유럽 전역을 아우르는 종교가 됐다. 그 사이 전쟁과 폭력을 대하는 기독교의 얼굴은 알아보기 어려울 정도로 바뀌었다. 1095년 로마 교황 우르바누스 2세(Urbanus II, 1035~1099)가 클레르몽 공의회에서

클레르몽 공의회에서 십자군 전쟁을 선포하는 교황 우르바누스 2세.

토한 열변이 그 변화를 알려준다.

"교회의 사역을 맡은 나 우르바누스는 신의 명령을 전해주려고 주의 부름을 받아 이 자리에 왔노라."

우르바누스는 잃어버린 성지 예루살렘을 되찾고 형제 나라 비잔티움제국을 돕는다는 명분으로 이슬람에 대한 전쟁을 선포했다. 우르바누스의 열변과 함께 200년 동안 지속할 십자군 전쟁이 시작됐다. 십자군 전쟁은 기독교 역사상 처음으로 교회 수장이 우두머리로 나선 전쟁이었다. 우르바누스는 이교도와 싸우다 죽는 자는 모든 죄를 사해줄 것이라고 약속했다.

동방의 형제국을 돕는다는 것은 겉치레에 지나지 않았다. 이교도에게서 성지를 되찾는다는 것도 마찬가지였다. 예루살렘이 7세기 초 이슬람 지배 아래 들어가기는 했지만, 500년이나 지나 굳이 이때 성지를 되찾겠다고 나설 이유가 없었다. 이슬람과 기독교 사이에는 진즉 협정이 맺어져 기독교인의 성지 순례에는 아무런 제약이 없었다. 이슬람 지배자들은 기독교 순례자들을 산적들의 약탈로부터 보호해주기까지 했다. 우르바누스의 전쟁 선포는 신성로마제국 황제 하인리히 4세를 제압하고 교황권을 황제권 위에 올려놓으려는 정치적 계산에 따른 결정이었다. 십자군 깃발 아래 저마다 야심을 품은 영주와 기사, 상인과 농민, 모험가와 싸움꾼이 몰려들었다.

제1차 십자군 전쟁은 시작도 하기 전부터 피를 뿌렸다. 1096년 독일에서 출발한 십자군 무리는 라인강 계곡의 유대인 공동체를 초토화하고 수천 명을 죽였다.

"보라, 여기에 메시아를 십자가에 매달아 죽인 유대인이 있는데 우리는 이스마엘의 자손(무슬림)에게 복수하러 가고 있다. 먼저 유대인에게 복수하자."

이것이 유럽에서 최초로 유대인 홀로코스트를 벌인 사람들의 생각이었다. 이후 반유대주의 폭력은 유럽의 질환이 됐고, 십자군 전쟁이일어날 때마다 유대인은 기독교의 원수라는 망상을 품은 사람들에게무더기로 학살당했다.

폭력은 1099년 십자군이 예루살렘을 함락했을 때 절정에 이르렀다. 교황의 면죄부를 받은 십자군은 무슬림과 유대인을 닥치는 대로 죽였다. 여자든 남자든, 아이든 어른이든 가리지 않았다. 사흘 동안 3만 명이 광란의 제물이 됐다. 지상에서 가장 성스러운 땅이 피의 범람원으로 바뀌었다. 프랑스 동남부 프로방스에서 온 연대기 작가는 감격에차서 학살 현장을 기록했다.

"사람들은 무릎과 고삐까지 차는 핏물 속에서 말을 달렸다. 이곳이불신자들의 피로 가득 찬 것은 정의롭고 훌륭한 신의 심판이었다."

유대인 회당과 이슬람 사원엔 주검이 쌓였고 다섯 달 뒤에도 예루살렘은 썩어가는 주검에서 나는 악취로 진동했다.

십자군은 정복지를 다섯 곳으로 나누어 십자군 국가를 세웠다. 십자군 전쟁은 기독교 서방의 첫 제국주의 진출이었다. 유럽의 교황과군주들은 13세기 말까지 십자군을 일곱 차례나 더 조직했다. 제4차십자군 전쟁은 '이슬람 침략자에게서 동방 기독교 형제국을 돕는다'는 애초의 명분이 허울뿐이었음을 한 번 더 입증했다. 1204년 십자군은 비잔티움제국의 수도 콘스탄티노폴리스를 점령하고 도시를 약탈한 뒤 폐허 위에 '콘스탄티노폴리스 라틴제국'을 세웠다. 이 나라는57년 동안이나 존속했다. 십자군 전쟁은 정치적·경제적 탐욕을 종교적 대의로 포장한 기만의 전쟁이었고 이슬람에 대한 기독교인의 맹목적 적개심을 동력으로 삼은 무지의 전쟁이었다.

이 전쟁이 동방을 휩쓰는 동안 지중해 서쪽에서는 전혀 다른 일이 벌어지고 있었다. 기독교 왕국이 되찾은 스페인 중부 도시 톨레도에서 12세기 초부터 대규모 번역 운동이 일어났다. 이슬람 문명이 간직해 발전시킨 고대 그리스의 철학과 과학이 기독교인들의 눈에 들어온 것이다. 톨레도의 대주교 라이문두스 1세(Raimundus I, ?~1152)가 주도한 이 번역 운동은 종교와 민족을 아우르는 연합 운동이었다. 이슬람 철학자, 기독교 성직자, 유대교 지식인이 한자리에 모여 유클리드의 기하학, 프톨레마이오스의 천문학, 갈레노스의 의학이 담긴 서적들을 라틴어로 옮겼다. 더 중요한 것은 1000년 가까이 잊혔던 아리스토텔레스의 수많은 저작이 유럽의 공통 언어로 번역됐다는 사실이다. 번역 사업은 암흑의 유럽에 이성의 빛을 밝히는 작업이었다. 번역 중심지 톨레도로 유럽 전역의 학자들이 모여들었고 다시 유럽 전역으로 퍼져 나갔다.

이슬람은 어떻게 해서 고대 그리스 사상의 저수지가 될 수 있었나? 기독교가 로마제국의 공인을 받은 4세기 이후 기독교인들은 끝없이 교리 논쟁을 벌였고 논쟁에서 패배한 종파는 이단으로 낙인찍혔다. 6세기 초에는 비잔티움제국 유스티니아누스 1세가 기독교 교리를 위협한다는 이유로 그리스 철학을 금지했다. 플라톤과 아리스토텔레스를 연구하던 학자들은 터전을 잃었다. 이단으로 몰린 신학자들과 그리스 철학 연구자들은 손때 묻은 책을 싸 들고 동쪽으로 향했다. 시리아와 페르시아는 이방의 학자들에게 거처를 마련해주었다. 7세기에 등장한 이슬람은 유대교와 기독교를 《구약성서》 속 아브라함에게서 뻗어 나온 형제 종교로 받아들였다. 새 안식처에서 서방 학자들은 그리스 문헌들을 처음에는 시리아어·페르시아어로, 그다음에는 아랍어로 번역했다.

이슬람 세계는 아랍어로 번역된 그리스의 철학과 과학으로 문명의 불을 밝혔다. 그 중심에 아리스토텔레스 철학이 있었다. 아랍어로 철학을 뜻하는 팔사파(falsafah)는 그리스어 필로소피아(philosophia)에서 온 말이었고, 철학자를 가리키는 파일라수프(faylasuf)도 그리스어 필로소포스(philosophos)를 음차한 말이었다. 이슬람 철학자란 곧 그리스 철학을 연구하는 사람을 뜻했다. 아라비아와 페르시아 전역에서 일어난 철학 운동은 이슬람이 지배하던 스페인으로 번졌고, 스페인의 이슬람 왕국 수도 코르도바는 그 철학이 꽃핀 도시였다. 알킨디(al-Kindi, 801~873)—알파라비(al-Farabi, 870~950)—이븐 시나(Ibn Sina, 라틴명 아비켄나Avicenna, 980~1037)—이븐 루시드(Ibn Rushd, 라틴명 아베로에스Averroes, 1126~1198)로 이어지는 합리주의 철학 사조가 바그다드와 코르도바 사이 지식 벨트에서 일어났다.

톨레도의 번역 집단은 아랍어로 된 아리스토텔레스 문헌만 번역한 것이 아니었다. 아리스토텔레스 철학은 난해한 곳이 많았기에, 아랍 학자들이 쓴 주석서도 함께 번역했다. 주석서 가운데 특히 빼어난 아베로에스의 책들이 당시 유럽 지식의 본산이던 파리대학을 강타했다. 코르도바 출신 아베로에스는 장엄한 학문의 불꽃을 피운 이슬람 최고의 철학자였다. 파리대학 교수들 사이에서 아베로에스 철학을 받드는 아베로에스주의자들이 탄생했다. 중세 신학의 혁신자 토마스 아퀴나스(Thomas Aquinas, 1225~1274)는 아리스토텔레스 철학의 빛 속에서, 파리대학 아베로에스주의자들과 치열한 논전을 벌이며 새로운 신학을 세웠다. 신학은 신학으로 끝나지 않았다. 재발견된 아리스토텔레스 철학은 과학주의적·현실주의적 사유의 힘으로 유럽을 중세의 잠에서 깨웠다. 17세기 과학혁명은 아리스토텔레스 철학의 재발견이 없었다면 일어날 수 없는 일이었다.

십자군 전쟁은 신앙의 깃발을 들고 벌인 무지와 광신의 난장이었다. 톨레도에서 시작된 번역 운동은 서양이 동양에게서 배움으로써 계몽의 시대로 가는 첫 문을 연 동서 공동의 문명화 운동이었다. 세계는 어느 쪽으로 가야 하는가? 우르바누스가 시작한 폭력과 적대의 십자군 전쟁인가, 라이문두스가 시작한 포용과 화합의 문명 통합 운동인가? 답은 분명하다. 미국과 중국 사이 대결은 어떤가? 미국이 주도하는 중국 고립화 전략은 인류의 통합과 진보에 도움이 되는 일인가, 아니면 상대를 악마화하고 적의를 키움으로써 재앙을 불러들이고 말 일인가?

22

마니의 포용인가,
슈미트의 적대인가

'마니교적 이분법'이라는 말은 정치적 언행을 비난하는 말로 자주 쓰인다. 세상을 둘로 갈라놓고 한쪽은 전적으로 옳고 다른 쪽은 전적으로 그르다고 보는 행태를 지탄할 때 쓰는 수사학적 표현이다. 이 말에는 마니교라는 종파가 극도로 편협하고 배타적인 집단이라는 인식이 깔려 있다. 마니교 교리가 이원론적 구도로 이뤄져 있는 것은 사실이다. 그러나 이원론적 교리가 곧바로 태도의 편협성이나 배타성으로 이어지는 것은 아니다. 마니교 교리를 살펴보면, 그 이원론 안에 통합과 일치의 논리가 숨어 있음을 발견하게 된다. 세상에 왜 이토록 악이 창궐하는가? 마니교는 바로 이 물음에서 태어난 종교다. 선한 신이 세상을 창조했다면 이렇게 악이 들끓을 수는 없다는 생각이 마니교 탄생의 모태가 된 발상이다.

마니교는 3세기 사산왕조 페르시아 사람 마니(Mani, 216~277?)가 창시했다. 마니는 자신의 가르침을 아홉 권의 책으로 남겼는데, 그 책들에서 새로운 종교를 창도하는 과정을 상세히 밝혀놓았다. 마니가 태어난 곳은 페르시아 서쪽 바빌로니아다. 이곳에 유대교 계율을 따르는 기독교 공동체가 있었는데, 마니는 아버지 손에 이끌려 네 살 때 그 공동체에 들어가 20년을 보냈다. 그 20년 동안 마니는 유대—기독교 신비주의 신앙인 그노시스주의를 학습했다. 페르시아 전통 종교인 조로아스터교도 마니의 종교적 심성을 키웠다. 마니는 스물네 살 때 하늘의 계시를 받고 공동체를 떠났다. 여러 사람이 마니 뒤를 따랐다.

페르시아 땅을 가로질러 인도로 간 마니는 그곳에서 2년 남짓 머무르며, 한편으로 자기 생각을 전파하고 다른 한편으로 불교 사상을 익혔다. 인도에서 돌아온 마니는 페르시아 왕 샤푸르 1세의 지지를 얻어 30여 년 동안 온 나라에 자신의 믿음을 알렸다. 당시 페르시아 국교는 조로아스터교였지만 마니는 왕조의 관용 정책으로 새로운 신앙을 퍼뜨릴 수 있었다. 그러나 샤푸르 1세가 세상을 떠난 뒤 분위기가 일변했다. 새 왕 바흐람 1세는 마니의 신앙 운동을 탄압하는 쪽으로 돌아섰다. 왕은 '이교'를 가르친 마니를 감옥에 가두고 손과 발과 목을 무거운 쇠사슬로 묶는 형벌을 내렸다. 마니는 26일 만에 옥중에서 숨을 거두었다. 마니가 순교한 뒤 마니교는 더 맹렬한 기세로 퍼져 나갔다.

마니가 세운 교리 체계는 우주적인 웅장함을 품은 거대한 신화적 서사시다. 이 장대한 이야기의 핵심은 어쩌다가 선과 악이 뒤엉키게 됐는지 설명하는 데 있다. 태초에 세상은 빛의 왕국과 어둠의 왕국으로 나뉘어 있었다. 어둠의 왕이 빛의 왕국의 아름다움을 시기해 전쟁을 일으킴으로써 대혼란이 시작됐다. 빛과 어둠의 대결은 선과 악의 대결이기도 했다. 어둠의 세력은 빛의 힘을 제압하려고 악한 물질로 천지를 창조해 선한 빛을 가두었다. 그렇게 해서 물질세계 속에 빛이 섞이게 됐다. 빛의 세력은 물질의 감옥에 갇힌 빛을 구출하려고 싸

중국 남부에서 발견된 14세기 마니교 그림. 창시자 마니가 붓다의 모습으로 그려져 있다.

움을 계속했고, 빛의 힘에 밀린 어둠의 세력은 다시 인간을 창조해 그 몸 안에 빛을 더 깊이 가두었다. 그리하여 인간은 물질의 육체와 빛의 영혼이 쉼 없이 싸우는 영육의 싸움터가 됐다. 그 싸움은 빛의 세력이 승리하고 모든 영혼이 빛의 왕국으로 돌아갈 때까지 끝나지 않는다.

마니의 교리에서 빛과 어둠, 선과 악, 육체와 영혼은 섞여서는 안 될 이질적 실체다. 확고한 우주론적 이원론이다. 그러나 그 이원론은 어느 순간 보편적 통합의 일원론으로 바뀐다. 그 순간을 보여주는 것이 구세주의 등장이다. 육체의 감옥에 갇힌 인간의 영혼을 구출하려고 빛의 구세주가 내려오는데, 마니는 그 구세주의 부름을 받은 사도가 페르시아에서는 조로아스터였고 인도에서는 붓다였으며 기독교에서는 예수였다고 가르쳤다. 이어 마니는 자신을 세 예언자의 뒤를 잇는 마지막 예언자로 선포했다. 마니의 신앙 운동은 당시 알려져 있던 모든 고등 종교를 하나로 꿰고자 했다.

마니가 수도자들에게 준 불살생의 계명은 불교의 가르침을 떠올리게 한다.

"누구든 닭을 죽이면 닭이 될 것이요, 생쥐를 죽이면 생쥐가 될 것이며, 추수하면 추수될 것이고, 밀을 방아 속에 던져 넣으면 그이도 한 번은 그 속에 던져질 것이다. …… 자연의 미소한 부분, 곧 흙 한 덩어리, 물 한 방울, 눈송이 하나, 이슬 한 방울도 고이 간직해야 한다."

인간의 육체만이 아니라 세상 모든 것에 빛이 깃들어 있으므로 함부로 해쳐서는 안 된다는 계명이다.

마니는 최후의 심판이라는 기독교 교리를 받아들였고, 심판의 기준도 《신약성서》 〈마태복음〉에 나오는 예수의 가르침을 따랐다.

"너희는 내가 굶주렸을 때 먹을 것을 주었고 헐벗었을 때 입을 것을 주었으며 병들었을 때 돌보아주었다. …… 형제 중에 가장 보잘것없는 사람에게 해준 것이 바로 나에게 해준 것이다."

가장 낮은 곳에 있는 이들을 어떻게 대했느냐를 구원의 기준으로 삼은 것이다. 마니는 수도사들에게 엄격한 청빈도 요구했다. 하루 먹을 양식과 한해 입을 옷 말고는 아무것도 가져서는 안 된다고 못 박았다. 음식은 채식만 허락했고 그것도 최소한으로 제한했다. 마니교 수도사들은 그 창백한 모습으로 어디서나 알아볼 수 있었다.

마니 사후 마니교는 로미제국에 이르러 몇 세기 동안 흥성했다. 중세 기독교 신학을 세운 아우구스티누스(Aurelius Augustinus, 354~430)도 젊은 시절 오랫동안 마니교도로 살았다. 후에 기독교로 회심한 아우구스티누스는 마니교의 이원론을 비판하는 여러 권의 책을 쓰고《고백록》에서 마니교 신도였던 자신의 젊은 시절을 자책했다. 교부들의 반박과 기독교의 탄압으로 마니교는 6세기 이후 지중해 세계에서 사라지다시피 했지만 동방의 사정은 달랐다. 마니교의 불꽃은 실크로드를 타고 7세기에 중국에 이르러 14세기까지 타올랐다. 많은 마니교도들이 절간이나 사원에서 불교·도교 수도자들과 어울려 살았다. 중국에서 마니는 '노자(老子, 기원전 571?~기원전 471?)의 환생'으로 받아들여졌고 '빛의 붓다'(광불, 光佛)로 알려졌다. 마니교의 이런 개방성은 20세기에 마니교 교리서들이 발굴된 뒤에야 세상에 알려졌다. 그 전까지 마니교의 가르침은 기독교 교부들이 쓴 논박서를 통해서밖에 알 수 없었다. 논박서에서 마니교는 기괴한 이단이었다.

마니교는 '마니교적 이분법'과는 관련이 없다. 그 말에 담긴 완고한 세계관을 보려면 오히려 20세기 '정치신학'으로 눈을 돌려야 한다. 독일의 정치사상가 카를 슈미트(Carl Schmitt, 1888~1985)는《정치적인 것의 개념》에서 '적과 동지'로 나뉘는 엄격한 이분법적 세계관을 그려 보였다. 슈미트가 자신의 이분법을 가장 먼저 적용한 곳이 국제정치 영역이다. 국가는 적을 먼저 지목하고 그다음에 그 적을 고립시키려고 동지를 규합한다. 그리하여 적과 동지로 나뉜 국제질서가 등장한다. 이것이 정치의 본질이라고 슈미트는 단언했다. 적은 상업적 경쟁 상대도 아니고 이념적 논쟁 상대도 아니다. 적은 적 이외에 다른 어떤 것도 아니다.

"적이란 바로 타인이고 이방인이며, 그 본질은 특히 강한 의미에서 낯설고 이질적인 존재라는 것으로 충분하다."

슈미트는 이 세계관 안으로 전쟁을 불러들인다.

"전쟁은 적대관계에서 생긴다. 적대관계란 타자의 존재 그 자체의 부정이다."

적으로 설정된 상대는 전쟁을 각오하고 제거해야 한다는 논리다. 슈미트의 이분법 속에서 전쟁은 거의 피할 수 없는 일이 된다. 슈미트가 《정치적인 것의 개념》을 쓴 때는 1920년대 후반이었다. 당시 유럽사회는 제1차 세계대전의 후유증으로 국가 간 갈등의 수위가 끝없이 올라가고 있었다. 유럽은 근친 증오의 소용돌이에 휘말렸다. 슈미트의 오류는 역사적으로 한정된, 특수한 지역적 현상을 초월적인 정치 법칙으로 보편화한 데 있다. 슈미트 이후 이 법칙이 국제정치의 비밀을 푸는 열쇠인 양 흘러 다녔다.

슈미트는 적과 동지의 구별이 정치를 정치로 만들어준다고 주장했지만, 이 적대의 세계관이야말로 정치를 파괴하고 국제질서를 파국으로 몰아가는 주범이다. 미국의 국제전략가들이 이 세계관에 입각해 수십 년 동안 끊임없이 적을 찾아내고 그 적을 빌미로 삼아 세계질서를 재편하고 패권을 유지해왔다. 지난 10년 사이 그 적으로 새로 지목된 것이 중국이다. 미국은 중국이라는 적을 동지 곧 하위 파트너로 둘러싸 숨통을 조이려 한다. 이 이분법적 세계관의 싸움이야말로 지상에서 벌어지는 선과 악의 전쟁이라는 유구한 신화의 재현이다. 이 호전적 정치신학에 부화뇌동할 이유가 없다. 우리에게 지금 필요한 것은 슈미트의 적대가 아니라 마니의 포용이다.

23
-
눈을 바로 뜨고 세상을 향해
일어서는 인도

번역은 문명을 옮기는 일이다. 물질문명의 이동은 물자를 옮기는 것으로 끝나지만 정신문명은 번역을 통하지 않으면 온전히 옮겨지지 않는다. 고대 로마의 마지막 철학자로 불리는 보에티우스(Boëthius, 480~525)가 그런 사실을 증언한다. 서로마제국이 멸망할 무렵 태어난 보에티우스는 아테네와 알렉산드리아에 유학한 뒤 로마로 돌아와 동고트족 테오도리쿠스 왕(Theodoricus, 454~526) 치하에서 집정관을 지냈다. 보에티우스는 그리스 철학을 라틴어로 번역함으로써 로마인들에게 지혜를 전해주는 것을 사명으로 여겼다.

"나는 아리스토텔레스의 모든 작품을 내 손에 들어오는 대로 로마의 문체로 바꾸고, 그 책들에 대한 주해를 라틴어로 기술하고 싶다. 아리스토텔레스가 논리학의 정교함, 중요한 도덕적 경험, 진리의 자연스러운 예리함으로 썼던 모든 것을 나는 정확하게 그대로 옮기고, 주석의 빛으로 이해하기 쉽게 만들 것이다."

보에티우스는 번역과 주해를 통해 "시민을 가르치는 일"을 "국가를 돌보는 일"로 보았다. 그러나 보에티우스의 꿈은 테오도리쿠스 왕의 변심으로 날개를 채 펴기도 전에 물거품이 됐다. 테오도리쿠스는 모반 혐의를 씌워 보에티우스를 파비아의 감옥에 가두었다. 보에티우스는 아리스토텔레스 논리학의 번역서와 주해서를 겨우 남기고 세상을 떠났다. 아리스토텔레스의 수많은 철학서는 보에티우스 사후 600년이 지난 뒤에야 라틴어로 번역되기 시작했다.

12세기에 다시 발견된 아리스토텔레스 철학의 가장 큰 수혜자는 토마스 아퀴나스였다. 그리스어를 몰랐던 아퀴나스는 아리스토텔레스 번역서에 기대어 중세 기독교 신학을 재건축했다. 그 시절 아리스토텔레스 번역본 중에는 원뜻을 알아보기 어려운 아랍어 중역본이 많았다. 아리스토텔레스를 정확하게 읽으려면 좋은 번역본이 필요했다. 아퀴나스는 도미니쿠스회 신부 굴리엘모 모에르베케(Guglielmo di Moerbeke, 1215~1286?)가 아리스토텔레스 저작을 새로 번역한다는 소식을 듣고, 번역문이 나오는 대로 입수해 읽었다. 거의 실시간으로 받아든 새 번역본이 없었다면 아퀴나스의 신학이 그렇게 정교하게 구축되기는 어려웠을 것이다.

문명 번역은 중세 유럽에 그치지 않는다. 7세기 신라의 불교 사상가 원효(元曉, 617~686)의 방대한 저술도 중세 유럽을 능가하는 대규모 번역 운동의 은혜를 입었다. 원효의 《대승기신론》이나 《금강삼매경》 주해 작업은 당나라 장안에서 벌어지던 한역 사업과 연동돼 있었다. 장안의 번역 집단이 산스크리트어 원전을 한문으로 옮겨 펴내면, 곧바로 바다 건너 신라로 들어왔다. 경주의 원효는 그 번역서들을 입수해 읽었다. 옛 번역서들이 '중관사상'을 중심으로 한 것과 달리, 새 번역서들은 '유식사상'이 중심이었다. 원효는 대승불교의 두 사상을 회통시켜 '일심사상'으로 세웠다. 당대의 번역 사업이 있었기에 원효의 사상도 빛나는 위용을 갖출 수 있었다.

그 번역 사업을 주도한 사람이 훗날 삼장법사라고 불리게 된 당나라 승려 현장(玄奘, 602~664)이었다. 젊은 학승 현장은 중관사상보다 늦게 일어난 유식사상에 빠져들었다. 하지만 기존의 번역서로는 유식의 깊은 뜻을 헤아리기 어려웠다. 타는 듯한 앎의 갈증을 느낀 스물일곱 살 학승은 당 태종의 금령을 뚫고 산스크리트어 원전을 구하러 인도로 떠났다. 구법승의 서역행은 목숨을 건 모험이었다. 현장은 타클라마칸 사막에서 길을 잃고 물 한 방울 없이 몇 날 며칠을 견뎠다. 힌두쿠시산맥 설산을 넘고 인더스강 급류를 가까스로 건넜다. 1년여 만에 인도에 도달한 현장은 갠지스강을 따라 들어가 날란다 사원에 이르렀다. 날란다 사원은 당대 세계 최고의 대학이었다. 아시아 각지에서 온 유학승들을 포함해 학승 1만 명이 숙식하며 배움을 구했다. 날마다 100여 강좌가 열렸다. 현장은 이곳에서 유식사상의 정수를 익혔다. 이어 인도 전역을 돌면서 산스크리트어 서적을 모았다.

643년 귀국 길에 오른 현장은 불교 서적을 담은 상자 520개를 말 22마리에 싣고 실크로드를 따라 2년 뒤 장안으로 돌아왔다. 인도로 법을 찾아 떠난 지 16년 만이었다. 현장이 가져온 산스크리트어 서적은 경전과 논서를 포함해 657부에 이르렀다. 유식학과 중관학 논서들뿐만 아니라 산스크리트어 문법서와 인도 논리학 서적도 있었다. 현장은 당 태종의 지원을 받아 번역 집단을 꾸리고 19년 동안 한역본으로 1335권에 이르는 원서를 번역했다. 현장의 번역은 5세기 초 서역 승려 구마라집의 번역을 넘어서는 고대 세계 최대의 번역 사업이었다. 현장의 번역과 함께 신역과 구역을 두고 동아시아에서 일대 논쟁이 벌어졌다. 이 논쟁을 뚫고 회통의 길을 찾은 이가 신라의 원효였다.

눈길을 끄는 것은 문명 번역의 일방성이다. 당시 인도는 베다사상 출현 이래 수천 년 동안 축적된 정신문화의 중심이었다. 원자론부터 우주론까지, 유물론부터 유심론까지 거의 모든 사상이 나타나 각축을 벌였다. 학파끼리 논쟁이 그치지 않았고 논리학을 무기로 삼아 공개 대결을 벌였다. 현장이 불경과 함께 논리학 서적을 가져온 것도 논리 의 힘으로 상대를 제압하는 인도인의 논리주의에 깊이 감명받은 결과 였다. 인도에서 현장은 열등감을 느꼈다. 중국의 책《노자》를 가져갔 지만 인도 문화에 압도당해 내놓지도 못했다. 현장의 새 번역서를 본 당 태종의 반응도 다르지 않았다.

"불경을 보니 하늘을 쳐다보고 바다를 바라보는 것같이 높이와 깊 이를 헤아릴 수 없다. 법사(현장)는 이처럼 뜻이 깊은 법을 얻었다. 그 런데 지금 보니 종지의 근원이 광대하여 끝을 알지 못하겠다. 유가나 도가나 그 밖의 종교는 불법의 바다에 비하면 작은 연못에 지나지 않 는다."

인도인들은 인도가 우주의 중심에 있다고 생각했고, 구법승들은 인 도를 '중국'이라고 칭했다. 현장은 인도에서 자기 나라를 '지나국'이라 고 낮추어 불렀다. 그 말이 산스크리트어로 들어가 '치나스타나'가 됐 다. '지나의 땅'이라는 뜻이다. 당대 인도인들이 보기에 중국은 문명이 뒤떨어진 변방에 지나지 않았다. 인도인의 자국중심주의는 알비루니 (Abu Rayhan al-Biruni, 973~1048)라는 11세기 중앙아시아 학자가 쓴《인 도의 책》에도 나타난다. 알비루니는 이렇게 썼다.

"인도인들은 세상에는 자기 나라밖에 없고, 자기들 나라만 한 나라 도 없으며, 자기들의 왕 같은 왕도 없고, 자기들의 종교만 한 종교도 없고, 과학도 오직 자기들 것이 최고라고 믿는다."

중국이 그토록 불교를 배우려 힘썼지만 정작 인도에서는 현장의 구법 이후 얼마 지나지 않아 불교가 자취를 감추었다. 불교를 낳은 전통 종교 힌두교가 불교를 도로 흡수했고, 붓다는 힌두교 신 비슈누의 아홉 번째 화신이 됐다. 11세기 이후 이슬람이 인도에 침입해 수백 년 동안 위세를 부렸지만, 이슬람은 인도 아대륙 서북부 지역을 제외하고는 정신문화에 거의 영향을 주지 못했다. 19세기 이후 영국의 지배도 마찬가지였다.

인도 독립을 이끌어 신생 인도의 총리가 된 자와할랄 네루(Jawaharlal Nehru, 1889~1964)는 유언장에서 인도 문명의 젖줄인 갠지스강에 대해 이렇게 썼다.

"강은 인도의 것이며 인도인의 사랑을 받는다. 인도 국민의 기억과 희망과 두려움, 개선가와 승리와 패배가 뒤섞여 굽이굽이 흘러간다. 강은 지금 이 순간까지 흘러와서 미래로 나아갈 것이다."

네루는 동서 냉전시대에 미·소 어느 쪽도 편들지 않는 비동맹 운동의 기수가 됐다. 스스로 세계의 중심이라고 믿는 인도의 자긍심은 오랜 식민지 시절을 겪고도 바뀌지 않았다.

미국과 일본은 중국을 포위하는 인도태평양전략을 세우고 인도를 끌어들여 안보협의체 쿼드(Quad)를 구축했다. 그러나 동시에 인도는 중국·러시아가 포함된 브릭스(BRICS)의 일원이며, 중국이 서방을 견제하려고 만든 상하이협력기구(SCO) 회원국이다. 인도는 어느 편에도 끌려가지 않고 자신의 시간이 오기를 기다린다. 인도의 경제력은 식민 종주국이던 영국을 제치고 세계 5위에 이르렀다. 지금 성장 속도로 보면 10년 안에 독일과 일본을 제치고 세계 3위의 경제대국이 될 것

인도 북부 마투라의 카트라 구릉에서 출토된 2세기 붓다상.
후대의 불상과 달리 눈을 부릅뜨고 있다.

이 분명하다. 인구로는 이미 세계 최대의 나라다.

우리가 아는 붓다상은 대개 눈을 반쯤 감고 내면을 응시하는 상이다. 그러나 초기에 인도에서 세운 붓다상을 보면 눈을 부릅뜬 채 세상을 직관하고 있다. 오랫동안 인도는 눈길을 안으로 돌린 붓다상과 같았다. 지금 인도는 눈을 바로 뜨고 세상을 향해 일어서고 있다. 인도가 직립하는 날, 세계는 미국 일극체제도 미·중 양극체제도 아닌, 여러 힘이 길항하는 다극체제가 될 것이고 그 중심에 인도가 있게 될 것이다.

24
-
샤머니즘, 무속 신앙, 무속 정치

분석심리학의 창시자 카를 구스타프 융(Carl Gustav Jung, 1875~1961)은 말년의 자서전 첫 문장에서 자신의 일생을 한마디로 규정했다.

"내 생애는 무의식의 자기실현의 역사다."

융은 스승이었던 지크문트 프로이트와 무의식 해석을 놓고 견해가 갈려 결별했다. 융이 본 무의식의 심층엔 집단무의식이 있었다. 그 집단무의식의 핵을 이루는 것이 인류의 원형적 자아인 '자기'다. 표면의 자아가 집단무의식 속으로 들어가 자기와 만나 합일하는 것을 두고 융은 '자기실현'이라고 불렀다. 융의 분석심리학을 떠받치는 '집단무의식'이라는 개념은 어디서 온 것일까?

융은 그 자서전에서 대학 3학년 때 겪은 일을 소개한다. 가까운 외가 사람들이 열다섯 살쯤 된 소녀를 영매로 삼아 여는 강령술 모임에 융을 초대했다는 얘기다. 그 모임에서 융은 보이지 않는 무언가가 벽이나 탁자를 두들기는 소리를 듣기도 하고 영매가 혼령의 목소리로 전하는 기이한 말을 듣기도 했다. 강령술 모임은 2년쯤 이어졌는데 융은 거기서 벌어진 일을 자세히 관찰해 뒤에 의학박사 학위 논문(《이른 바 신비주의 현상의 심리학과 병리학에 관하여》)으로 제출했다.

융은 자서전에서 그 일을 아주 간략히 소개하고 영매도 모르는 사람인 것처럼 기술했지만, 실상은 달랐다. 영매는 융과 가깝게 지내던 여섯 살 아래 외사촌 여동생 헬레네 프라이스베르크였다. 강령술 모임도 융이 대학에 들어가던 해에 시작돼 대학 시절 내내 계속됐다. 융은 그 모임의 핵심 참여자였다. 강령술 모임이 열릴 때마다 헬레네는 망아 상태에서 죽은 할아버지(융의 외할아버지) 자무엘 프라이스베르크의 목소리로 말했다. 히브리어 학자였던 할아버지처럼 히브리어를 쓰기도 했다. 브라질로 이민 간 언니가 피부가 검은 아이를 낳는 환상을 보기도 했는데, 이 환상은 나중에 사실로 확인됐다. 다른 언니가 곧 기형아를 낳을 것인데 아기가 얼마 살지 못할 것이라는 예언도 했다. 영매 말대로 두 달 뒤 언니가 기형아를 낳았고 아기는 곧 죽었다.

혼령을 만나는 일은 융의 외가에서 흔한 일이었다. 융의 어머니 에밀리도 자주 혼령과 대화했고 여동생 트루디도 가끔 헬레네를 대신해 영매 노릇을 했다. 헬레네는 집안 여성들 가운데 특별히 뛰어난 영매였을 뿐이다. 프라이스베르크 집안에 '영매 전통'을 끌어들인 사람은 융의 외할머니 구스텔레였다. 열여덟 살 때 구스텔레는 성홍열을 앓던 오빠를 간호하다가 기이한 일을 겪었다. 당시 성홍열은 전염력이 강한 치명적인 병이었다. 구스텔레는 오빠를 돌보던 중 갑자기 혼수상태에 빠졌다. 왕진 온 의사는 구스텔레가 이대로 깨어나지 못할 것이라고 진단했다.

집안사람들은 구스텔레가 죽었다고 생각해 관에 넣고 장례식을 준비했다. 그러나 딸의 죽음을 받아들일 수 없었던 어머니가 뜨거운 인두로 목덜미를 지져대자 관 속에 누워 있던 딸이 눈을 떴다. 죽을 뻔하다 되살아난 것인데, 그때부터 구스텔레는 남들이 보지 못하는 것을 보고 미래의 일을 예언했다. 융은 영매 헬레네의 사례만이 아니라 외할머니에게서 시작된 집안의 모든 '신비 현상'을 자료로 삼아 박사 학위 논문을 썼다. 개인의 의식 심층에 자리 잡은 집단무의식이라는 개념은 이 박사 학위 논문의 원천이 된, 융 집안의 특이한 경험에서 태어났다.

그러나 융 집안의 이 '신비 현상'은 더 넓은 종교사의 시야에서 보면 아주 특별한 일은 아니다. 20세기 종교학의 거두 미르체아 엘리아데(Mircea Eliade, 1907~1986)는 샤머니즘 연구서에서 샤머니즘의 핵심을 엑스터시, 곧 망아 상태에서 겪는 '접신 체험'이라고 설명했다. 샤머니즘 현상은 유라시아·남북아메리카·오세아니아를 포함해 세계 전역에서 발견된다. 라스코 동굴 벽화에도 접신 체험의 흔적이 있는 것을 보면, 최소 2만 5000년 전 구석기시대에 샤머니즘 전통이 확립됐음을 알아볼 수 있다. 이 샤머니즘이 가장 강력하게 그리고 전형적으로 나타나는 곳이 바이칼 호수를 중심으로 한 시베리아 일대다. 샤먼이라는 말도 이 시베리아 퉁구스족의 '강신무'를 가리키는 말에서 나왔다.

퉁구스족·브리야트족·야쿠트족 같은 부족들에서 공통으로 나타나는 샤머니즘은 '죽음과 재생의 입문 의례'(initiation cult)를 핵심으로 한다. 강신무 곧 샤먼이 될 사람은 청소년기를 전후해 심대한 정신적·육체적 위기를 겪는다. 요컨대 지독한 신병(무병)을 앓는다. 환영을 보고 숲과 들을 헤매고 히스테리와 정신착란을 겪다가 나중에는 앓아눕게 된다. 신에게 선택당한 자가 겪을 수밖에 없는 시험이고 시련이다. 신이 들린 자는 짧으면 사흘, 길면 아흐레 동안 죽음과 같은 혼수상태에 빠진다. 아예 숨을 쉬지 않아 장례를 치르는 경우도 있다.

그 몽환 상태에서 접신자는 자신의 몸이 해체돼 합쳐지는 절단 체험을 하고 신령과 함께 천상과 지옥을 다녀온 뒤에야 깨어난다. 신병이라는 시험 속에서 죽음과 재생의 과정을 겪고 '속(俗)의 인간'에서 '성(聖)의 인간'으로 다시 태어나는 것이다. 신에게서 특별한 능력을 받은 샤먼은 아픈 사람들의 병을 고치고 죽은 자의 혼을 저승으로 안내하고 신의 뜻을 인간에게 알린다. 샤먼은 신과 인간 사이 중개자가 된다. 엘리아데는 그렇게 태어난 샤먼이 공동체의 통합을 이끄는 구심점 노릇을 하며 죽음·질병·불모·흉사에 맞서 생명·건강·다산·풍요를 지킨다고 말한다.

한반도의 무교는 이 고대 샤머니즘의 변형이다. 무당이라고 부르는 무속인이 바로 옛 샤머니즘의 유구한 전통을 잇는 오늘의 샤먼이다. 무속인들 사이에 전해오는 '바리데기 신화'는 '시련—죽음—재생'의 고전적인 샤머니즘 드라마를 보여준다. 오구대왕의 일곱째 딸로 태어나 버려진 바리는 열다섯 살이 돼 부모를 만나고, 저승세계로 가 온갖 고난을 겪고 생명수를 구해 돌아와 죽을병 걸린 부모를 살려낸다. 바리데기 신화는 세계에 널리 퍼져 있는 샤머니즘 신화의 변형이다. 타타르족의 '용감한 소녀 쿠바이코'는 괴물에게 목이 베인 동생의 머리를 찾아 지옥으로 간다. 지옥의 왕 앞에 선 쿠바이코는 왕이 내린 시험을 이겨내고 동생의 머리를 되찾아 돌아온다.

흔히 무속 신앙을 두고 '윤리성'이 없다고 이야기한다. 순전한 기복 신앙이라는 얘기다. 그러나 고도로 조직된 윤리적 체계가 없을 뿐이지 무속에도 엄연히 윤리학이 있다. 바리데기 신화에서 부모를 살려낸 바리는 오구대왕에게서 "나라의 절반이라도 주겠다, 아니면 재산

김금화 만신(영화 〈비단꽃길〉 스틸컷, 2013).

의 절반이라도 주겠다"는 말을 듣는다. 바리는 부와 권력을 뿌리치고 "믿었던 부모와 세상에 크게 실망했으니 상처 입은 영혼들이 믿고 의지할 수 있는 치료자의 삶을 살겠다"고 답한다. 세속의 보상을 바라지 않고 영혼을 구제하는 만신 곧 무당이 된다는 결말이야말로 이 신화의 윤리성을 보여준다.

우리 샤머니즘의 원류인 '풍류'도 마찬가지다. 신라 말기 최치원은 〈난랑비서〉에서 "나라에 현묘한 도가 있으니 풍류라 한다"고 쓴 뒤, 이 풍류가 "유·불·선 3교의 가르침을 모두 포함하고 있고 이 풍류의 가르침으로 민중을 교화한다"고 했다. 유교·불교·도교의 고등한 윤리적 체계가 들어오기 전에도 풍류의 도가 사회를 지탱하는 윤리적 기둥 노릇을 했다는 얘기다. 우리 시대의 만신 김금화(金錦花, 1931~2019)는 생전에 낸 자서전을 "만신이 된다는 것은 뭇사람들이 참지 못하는 고통을 숱하게 참아내는 것이다"는 말로 시작했다.

김금화는 이런 말도 했다.

"사람도 좋은 사람과 악한 사람이 있듯이 무당도 좋은 무당과 나쁜 무당이 있다."

"큰무당이 되려면 나를 버려야 한다. 가슴 속의 아픔, 시련, 연민을 내버리고 다른 이의 고통을 살피고 위로하는 데 정성을 쏟아야 한다."

김금화는 자신의 삶을 후려친 고통과 고난의 기억을 삭여 뭇사람의 상처를 돌보았다. 황해도에서 태어나 실향민으로 산 김금화는 분단의 아픔을 자기 아픔으로 여겨 북녘땅이 내다보이는 임진각에서 통일맞이 굿을 하기도 했다.

무속 정치가 사람들 입에 오르내린다. 종교가 정치에 관심을 두듯 무속도 정치에 관심을 둘 수 있다. 중요한 것은 관심의 내용이다. 다른 종교가 그렇듯이 무속은 사람의 얼을 정화할 수도 있고 반대로 혼을 흐리게 할 수도 있다. 150명이 넘는 목숨이 원령이 된 이태원참사를 두고 '한국 외교에 큰 기회가 왔다'고 말하는 무속인은 얼을 살리는 무속인이라고 할 수 없다. 무속 정치 자체가 문제가 아니라 돈과 권력에 눈이 먼 무속 정치가 문제다. 정치에 기웃거리는 무속이 사람을 돌보지 않고 재물을 돌보면 나라를 망친다.

25
–
아브락사스에게서 배우는
한반도 평화의 길

독일 작가 헤르만 헤세(Hermann Hesse, 1877~1962)는 소설 《데미안》(1919)을 제1차 세계대전이 끝난 직후 에밀 싱클레어라는 가명으로 발표했다. 이 소설이 문학상을 타자 헤세는 실명을 밝히고 상을 반납했다. 《데미안》은 전후 독일 젊은이들의 마음을 오래 붙들었고 헤세 문학을 대표하는 작품이 됐다. 이 소설에서 가장 인상 깊은 구절은 아브락사스라는 낯선 신이 나오는 친구 데미안의 편지다. 편지의 짧은 글은 상징과 비유로 차 있다.

"새는 알에서 나오려고 투쟁한다. 알은 세계다. 태어나려는 자는 하나의 세계를 깨뜨려야 한다. 새는 신에게로 날아간다. 신의 이름은 아브락사스다."

헤세는 어디서 이 신에 관한 생각을 얻었을까? 헤세가 아브락사스를 만나게 된 경위를 보려면 제1차 세계대전이 일어난 1914년의 상황으로 돌아가야 한다. 당시 스위스 베른에 살고 있던 서른일곱 살의 헤세는 전쟁이 나자 독일군 입대를 자원했다. "젊은이들이 전쟁터에서

카를 구스타프 융의 글에서 《데미안》의 착상을 얻은 독일 작가 헤르만 헤세.

죽어가는 동안 따뜻한 벽난로 곁에 앉아 있을 수 없다"는 의무감이 헤세를 떠밀었다. 하지만 눈이 나쁘고 나이가 많은 데다 식구가 딸렸다는 이유로 지원은 반려됐다. 후방의 헤세는 독일군 포로들에게 책과 잡지를 보내는 인도주의 사업에 뛰어들어 의무감을 대신했다.

전쟁을 보는 헤세의 눈은 곧 바뀌었다. 젊은 병사들이 무더기로 죽어나가는 참혹한 전쟁을 계속할 이유가 있는가. 헤세는 1914년 11월 반전평화를 주장하는 글을 스위스 신문에 기고했다. 그 글에서 헤세는 유럽인들에게 각국의 정부와 군대가 강요하는 분열을 극복하자고 호소하고, 독일인들에게는 국수주의적 광란에 맞서 인류애와 이성을 되찾자고 촉구했다. 포성이 난무하는 와중에 발표된 헤세의 반전 호소문은 거센 역풍을 불렀다. 헤세는 애국주의에 들뜬 독일인들의 공적이 됐다. "안전한 중립국에서 비판만 하는 비열한 징집 기피자"라고 헤세를 비방하는 익명의 기고문이 독일 신문에 실렸고 이 글이 독일의 다른 신문들에 인용돼 퍼져 나갔다.

여론에 난타당한 헤세는 누군가 자신을 미행하고 염탐한다는 피해의식에 시달리다 우울증의 수렁에 빠졌다. 여기에 가족 내부에서 벌어진 고통스러운 일들이 가세했다. 헤세의 세 살 난 아들이 뇌병에 걸려 잠을 자지 않고 날뛰었다. 아들을 돌보던 헤세 부인도 정신질환에 시달렸다. 1916년 3월에는 헤세와 평생 불화했던 아버지가 세상을 떠났다. 아버지의 죽음에 따른 죄의식이 자살충동에 이르자 헤세는 모든 활동을 접고 루체른의 시립요양병원에 입원했다. 동시에 정신과 의사 요제프 베른하르트 랑에게서 정신분석 치료를 받기 시작했다. 헤세의 분석 치료는 2년 가까이 계속됐다.

랑은 스위스 정신과 의사 카를 구스타프 융의 정신분석 이론을 따르는 사람이었다. 랑과 헤세는 일주일에 한 번씩 3~6시간 만났다. 랑의 분석 치료는 환자의 마음을 치유하는 행위이자 지성이 고도로 계발된 사람들끼리 벌이는 지적인 토론이기도 했다. 융의 제자로서 랑은 융 이론을 소개하고 헤세와 함께 융의 글을 읽었다. 바로 그 시기에 헤세가 랑에게서 받아 읽은 글 가운데 〈죽은 자들에게 주는 일곱 편의 설교〉라는 융의 글이 있었다. 헤세는 그 글에서 처음 아브락사스라는 이름을 발견했다.

융이 그 글을 쓴 시기는 인생행로의 최저점을 막 통과한 뒤였다. 그 3년 전 융은 아버지와도 같던 프로이트와 결별해 프로이트 학파의 황태자라는 지위를 잃었다. 무력증에 시달리던 융은 지식고고학자처럼 고대의 영지주의 세계를 탐사했고, 거기서 독자적인 심층심리학을 세우는 데 뼈대가 될 수많은 자재를 발굴했다. 고대 근동에서 시작된 영지주의는 기독교 탄생 뒤 그 신생 종교와 결합해 기독교 영지주의로 발전했다. 기독교 영지주의는 세상을 뒤덮은 악의 기원을 《구약성서》의 신에게서 찾았다. 유대인들이 받든 그 신이야말로 이 세상과 세상의 악을 창조한 신이며, 진정한 신은 그 구약의 신을 초월한 천상의 보이지 않는 곳에 있다는 것이 기독교 영지주의 신앙의 핵심이었다. 영지주의자들은 그 보이지 않는 최고신을 알아보는 '영지'(그노시스, gnosis)를 얻음으로써 우리 안의 신적인 정신이 구원받는다고 생각했다.

융은 1916년 여름 어느 날 자신을 강타한 영감에 사로잡혀 사흘 동안 쉬지 않고 일곱 편의 글을 썼다. 그 글을 묶어 2세기 알렉산드리아의 기독교 영지주의자 바실리데스의 이름으로 인쇄해 가까운 친구들에게 보냈다. 그것이 바로 랑과 헤세가 읽은 〈죽은 자들에게 주는 일곱 편의 설교)였다. 이 소책자에서 융은 아브락사스를 영지주의자들이 생각한 최고신, 구약의 신 너머에 있는 참된 신으로 묘사했다. 융이 그린 아브락사스는 선과 악, 밝음과 어둠 같은 온갖 대립하는 것을 통합한 신이다. 융의 글은 아브락사스를 이렇게 설명한다.

"아브락사스는 알기 어려운 신이다. 사람들은 태양에서 선의 총화를 볼 수 있고 악마에게서 영원한 악을 볼 수 있지만, 아브락사스에게서는 한없이 불확실한 삶을 볼 것이다. 아브락사스는 선과 악의 어머니다. 아브락사스는 태양이며 동시에 악마다. 아브락사스의 힘은 양면적이다. 그러나 그대는 그 신을 알지 못한다. 왜냐하면 그대의 눈에는 그 대극의 힘이 보이지 않기 때문이다."

융이 영지주의의 우주관을 곧이곧대로 받아들인 것은 아니다. 융은 영지주의자들이 믿은 천상의 세계를 지상으로 끌어내렸다. 더 정확히 말하면 인간의 내면으로 끌어들여, 영지주의 우주에서 벌어지는 모든 사건을 무의식 세계에서 벌어지는 내면의 드라마로 바꾸었다. 융의 그 글을 읽고 헤세는 《데미안》을 쓰기 시작했다. 우리의 자아는 내면의 모험을 거쳐 의식의 가장 깊은 곳에 도달해야 한다. 그러려면 선과 악, 밝음과 어둠의 대극을 넘어서야 한다. 대극을 넘어선다는 것은 우리의 선한 자아 안에서 그 선의 뒷면인 악을 발견하고 그 악을 극복해야 한다는 뜻이다. 우리 안의 불완전한 선과 그 선이 만든 어둠을 투명하게 인식함으로써 선과 악의 대립을 넘어 더 높은 차원의 선을 실현하는 것이다.

융의 심층심리학이 말하는 '그림자'가 바로 우리 안에 머무는 악이다. 우리가 밖에, 타자에게 투사하는 악은 우리 안에 있는 자아의 그림자다. 그 악이 우리 안에 있기에 그토록 우리에게 거부감을 일으키는 것이다. 헤세의 《데미안》에서 주인공 싱클레어를 괴롭히는 악동 크로머가 바로 싱클레어라는 선한 자아의 그림자다. 그 그림자를 대면하고 인식하여 통과하지 않으면 우리는 언제까지나 그림자에 붙들려 있게 된다. 그렇게 우리 안에 이미 악이 있음을 알아볼 때, 우리는 악을 모조리 외부로 돌리고 나를 선 자체라고 여기는 의식의 유아적 관성을 떨쳐버릴 수 있다. 싱클레어는 데미안의 도움을 받아 크로머의 손아귀에서 벗어난다. 데미안은 외부의 어떤 인물이 아니라 내면에서 싱클레어 자신을 이끌어주는 힘이다. 그 데미안이 싱클레어가 내면의 여행을 통해 마침내 만나야 할 자기, 곧 심층의 아브락사스다. 아브락사스는 대극의 합일을 거쳐 이룬 자기실현을 상징한다.

대극의 합일은 우리의 내면적 삶에 한정되지 않는다. 크게 보면 나라의 온전함도 대극의 통합에 달렸다. 남과 북은 너무나 오랫동안 적대했고 저마다 선을 자처하면서 상대를 악으로 보았다. 그러나 그 악은 자기 내부의 그림자를 투사해 확대한 것이다. 남북이 평화롭게 공존하고 통일의 길을 닦아나가려면 상대를 악으로 보기 전에 내 안의 그림자를 보아야 한다. 우리 헌법은 나라를 대표하는 대통령에게 '조국의 평화적 통일을 위해 성실히 힘쓸 것'을 의무로 새겨놓았다. 반도를 둘러싼 4대 강국이 국익을 놓고 다투는 동북아 한복판에서 그 의무를 다하기는 쉬운 일이 아니다.

지금 상황은 어떤가. 통일은 둘째 치고 평화도 지키기 어려운 형세다. 한·미·일은 한반도의 분단선을 영구화하겠다는 듯 삼각군사동맹을 향해 내달린다. 여기에 맞서 북·중·러의 밀착이 강도를 높이고 있다. 반도의 끊어진 허리가 신냉전의 최전선이 되고 만 꼴이다. 지금의 대결이 브레이크 없이 계속된다면 불티 한 점만으로도 열전의 도화선에 불이 붙을 수 있다. 대극의 반전이 일어나야 한다. 타자를 악마화하기 전에 자기 내부의 악을 보아야 한다. 내 안의 철부지 어린아이가 내지르는 반공 웅변으로는 냉엄한 국제정치의 정글을 헤쳐 나갈 수 없고 큰 나라들의 전략에 휘둘리지 않는 강인함을 키울 수 없다. 그래서는 한반도 평화의 길을 찾을 수도 없다. 나의 선함만 앞세우면 남는 것은 대극의 충돌과 자멸이다.

26
'항일독립군인가 간도특설대인가'
역사의식과 집단기억

중세 기독교 신학의 길을 닦은 아우구스티누스는 《고백록》 제10권에서 기억의 놀라운 힘에 관해 이야기한다. 기억의 드넓은 방에는 내가 겪은 것, 느낀 것, 생각한 것, 요컨대 나의 모든 과거가 모여 있다. 기억이 없다면 나는 내가 누구인지 말할 수 없다. "기억은 내 혼이고 나 자신이다." 기억이야말로 나를 나로 만들어주는 "알 수 없는 두려운 신비"다. 기억이 있으므로 나는 희망을 품을 수 있고 희망에 기대어 미래를 그려볼 수 있다.

나의 기억은 나만의 것으로 그치지 않는다. 기억이 무수한 '나'를 관통해 전체를 이루면 집단의 기억이 된다. 그 집단의 기억이 역사다. 역사, 곧 집단적 기억이 없다면 집단을 지탱해주는 정체성이 생겨날 수 없고 정체성이 없으면 집단은 집단으로서 존속할 수 없다. 역사가 집단을 집단으로 만들어준다. 고대 그리스의 역사가 헤로도토스는 역사를 기록하는 사람이라는 분명한 자의식을 지녔던 첫 번째 인간으로 꼽힌다. 헤로도토스의 《역사》는 페르시아제국의 침략에 맞서 그리스의 자유를 지켜낸 승리의 기록이자 서양의 역사적 정체성 형성에 뿌리가 된 역사서다.

그러나 헤로도토스의 역사책은 미토스(mythos, 신화)의 세계를 미처 다 빠져나오지 못했다. 한 세대 뒤 인물 투키디데스가 쓴 《펠로폰네소스 전쟁사》에 이르러서야 신들의 입김은 역사의 배후로 물러났다. 투키디데스는 신화적 요소를 걷어내고 엄정한 사실로써 역사적 사태의 인과관계를 밝혔다. 헤로도토스가 호메로스의 흔적을 간직한 과도기의 역사가라면, 투키디데스는 사실들을 통해 진실을 규명하려 한 최초의 진정한 역사가다. 두 사람이 서술한 역사의 방향과 색조도 크게 다르다. 《페르시아 전쟁사》가 영광의 기록이라면, 《펠로폰네소스 전쟁사》는 패배의 기록이다.

투키디데스는 왜 패배의 역사를 썼는가. 그 까닭을 《펠로폰네소스 전쟁사》 제1권에서 찾아볼 수 있다. 투키디데스는 말한다.

"내가 기술한 역사에는 이야기가 없어서 듣기에 재미가 없을 것이다. 그러나 과거사에 관해, 그리고 인간의 본성에 따라 언젠가는 비슷한 형태로 반복될 미래사에 관해 명확한 진실을 알고 싶어 하는 사람은 내 역사 기술이 유용하다고 여길 것이다. 이 책은 대중의 취미에 영합해 일회용 읽을거리로 쓴 것이 아니라 영구 장서용으로 쓴 것이다."

이 문장에 투키디데스의 역사관 혹은 역사의식이 집약돼 있다. 역사는 비슷한 방식으로 되풀이된다. 우리가 역사를 기억하고 공부하는 이유가 여기에 있다. 지나간 일을 바르게 알아 교훈을 얻어야만 유사한 사태가 닥쳤을 때 과거의 잘못을 반복하지 않을 수 있다. 펠로폰네소스전쟁은 그리스의 두 강국 아테네와 스파르타의 27년에 이르는 싸움이 아테네의 처참한 패배로 끝난 전쟁이다. 그 역사를 기억하지 못

중세 기독교 신학을 세운 아우구스티누스(필리프 드 샹파뉴, 1650년 작).

한다면 미래에 똑같은 어리석음을 되풀이하게 될 것이다. 투키디데스는 그 미래의 사람들을 염두에 두고 책을 썼다.

그렇다면 투키디데스는 아테네가 패배한 원인을 어디서 찾았을까? 전쟁의 향배를 좌우한 수많은 원인 가운데 투키디데스가 특히 주목하는 것이 인간의 오만과 무분별이다. 아테네인의 무분별한 오만은 전쟁이 길어질수록 커졌다. 전쟁 4년째에 일어난 미틸레네 정벌과 10여 년 뒤 벌어진 멜로스섬 학살이 오만의 자기증식을 보여준다.

기원전 428년 레스보스섬의 미틸레네 사람들이 반란을 일으키자 아테네는 함대를 보내 봉기를 진압했다. 아테네에 반기를 든 미틸레네 사람들을 어떻게 할 것인가를 놓고 민회가 열렸다. 과격한 선동정치가 클레온의 부추김을 받은 아테네인들은 반란에 가담했든 하지 않았든 가리지 않고 미틸레네인들의 씨를 말리기로 결의했다. 그 명령을 실은 배가 미틸레네로 떠났다. 미틸레네의 씨를 말리다니 그래도 되는가? 밤사이 그런 자기 의심이 퍼져 나갔다. 이튿날 다시 민회를 연 아테네인들은 전날의 '잔인하고 분별없는' 결의를 뒤집었다. 하루의 간격을 두고 새 명령을 실은 함선이 미틸레네로 질주했다. 현지 아테네 장군이 첫 번째 명령을 막 집행하려는 순간, 두 번째 명령이 도착해 집단학살을 막았다.

그러나 12년 뒤 에게해의 조그만 섬 멜로스가 저항했을 때, 아테네 사람들에게는 분별력이 남아 있지 않았다. 아테네인들은 이 작은 나라가 아테네에 고분고분하지 않다는 이유로 영토를 약탈하고 짓밟았다. 멜로스가 아테네에 맞서기 시작하자 아테네는 대표단을 보내 나라를 통째로 바치거나 전멸을 감수하라고 요구했다. 투키디데스는 건조한 문장으로 아테네 대표단이 멜로스인들에게 하는 말을 전한다.

"인간관계에서 정의란 힘이 대등할 때나 통하는 것이지, 실제로는 강자는 할 수 있는 것을 관철하고 약자는 거기에 순응해야 한다는 것쯤은 여러분도 우리 못지않게 아실 텐데요."

멜로스인들은 보편적인 이로움의 관념에 호소했다.

"위기에 처한 사람은 누구나 공정한 처우를 받아야 합니다. 이런 원칙이 여러분에게도 이익이 될 것입니다. 귀국이 넘어졌을 때 어떤 보복을 당할 것인지 생각해보시기 바랍니다."

아테네 대표단은 그런 가정에는 관심이 없다고 쏘아붙였다. '아테네에 호의적인 중립국으로 남겠다'는 멜로스인들의 타협안도 거부했다. 대표단이 돌아가자 아테네 군대는 멜로스를 파괴한 뒤 성인 남자들을 모조리 죽이고 여자들과 아이들을 잡아 노예로 팔았다. 아테네의 제국주의적 오만은 1년 뒤 시칠리아 원정으로 이어졌고 이 무모한 원정에서 아테네제국의 붕괴가 시작됐다. 투키디데스는 냉정한 서술 속에 역사를 보는 자신의 관점을 새겨 넣었다. 독자는 투키디데스의 시선을 따라가며 오만이 아테네의 몰락을 재촉했음을 읽어내게 된다.

20세기 한반도의 격동과 비극도 '영구 장서'가 될 만한 역사서를 남겼다. 함석헌의《뜻으로 본 한국역사》는 일제강점기 한복판에서 쓴 책이다. 이 책은 투키디데스의 암시적 서술과 달리 역사관이 전면에 드러나 있다. 함석헌은 몽골 침략 시기를 서술하던 중 이렇게 토로한다.

"쓰다가 말고 붓을 놓고 눈물을 닦지 않으면 안 되는 이 역사, 눈물을 닦으면서도 그래도 또 쓰지 않으면 안 되는 이 역사, 써놓고 나면 찢어버리고 싶어 못 견디는 이 역사, 찢었다가 그대로 또 모아내고 쓰지 않으면 안 되는 이 역사."

이 역사를 가리켜 함석헌은 '고난의 역사'라고 부른다. 고통과 수난으로 이어져온 역사가 우리 역사다. 함석헌은 그 누추한 역사가 한없이 부끄러웠다고 고백한다.

"세계의 각 민족이 다 하나님 앞에 가지고 갈 선물이 있는데 우리는 있는 게 가난과 고난밖에 없구나, 할 때 천지가 아득하였다. 이집트와 바빌론은 문명의 시작이라는 명예를 가졌고, 중국은 도덕을, 그리스는 그 예술을, 로마는 그 정치를 가지고 가겠지만 한국은 무엇을 가지고 갈 터인가?"

그 부끄러움 속에서 함석헌은 '역사의 뜻'을 본다. 고난에는 분명히 뜻이 있으리라는 얘기다. 함석헌의 '뜻'을 다른 말로 풀면 '역사의식'이 될 것이다. 그 역사의식이 집단기억의 방향을 결정한다.

함석헌이 눈물을 훔치며 책을 쓰던 그 일제강점기가 아무리 폭압적이었다고 해도 모든 사람에게 고난의 시기, 수난의 세월이었던 것은 아니다. 일제의 편에 붙어 식민지 민중을 수탈하는 데 자신을 바친 마름들에게는 살 만한 세상, 심지어 영화로운 세상이었다. 이 마름들의 후예에게도 역사의식이 없지는 않을 것이다. 그러나 역사의식이라고 해서 모두 동급의 역사의식은 아니다. 제국주의 지배에 저항해 싸운 항일독립군을 기억할 것인가, 아니면 그 독립군을 토벌하던 간도특설대를 기억할 것인가. 무엇을 기억하느냐에 따라 역사의 모습은 완전히 달라진다. 함석헌이 말한 대로 역사는 "예언이자 심판"이다. 무엇을 심판하고 무엇을 받드느냐에 따라 '어떤 나라를 만들 것이냐?'는 물음의 답도 달라진다. 역사의식이 뒤틀리면 미래의 역사가 뒤틀린다.

나라와 동포를 팔아넘긴 자들을 역사의 중심으로 세우려는 '뉴라이트' 집권 세력의 집요한 역사 바꿔치기 작업은 세상이 바뀌면 또다시 나라를 바치고 큰 나라의 마름 노릇을 하겠다는 집단 고백과 다를 바 없다. 여기엔 자존의식도 자기긍정도 없다. 이런 사람들이 권력을 쥐고 국가를 이끌면 나라 전체의 윤리의식이 저열해진다. 자기를 존중하지 않으니 타자를 존중하지 않는다. 힘이 정의를 대체하고 각자도생이 생존의 법칙이 된다. 역사의식이 바로 서지 않은 나라, 역사의 참뜻을 묻지 않는 나라는 들개의 소굴이 될 수밖에 없다.

27
##누가 '욥의 눈물'을
흘리게 하는가

요한 볼프강 폰 괴테는 대작 《파우스트》를 60여 년에 걸쳐 집필했다. 그 집필기 한중간에 쓴 것이 극의 머리를 장식하는 '천상의 서곡'이다. 이 서곡에서 천상의 '주님'은 파우스트의 영혼을 걸고 악마 메피스토 펠레스와 내기를 한다. '파우스트를 유혹해 어디든 끌고 다녀보라.' 인 간을 불신하는 메피스토펠레스는 주님이 내기에 지고 말 것이라고 호 언한다. 이성을 지녔다고 거들먹거리지만 짐승보다 못한 게 인간이라 는 것이다. 악마의 장담에 주님은 답한다.

"선한 인간은 어두운 충동 속에서도 올바른 길을 잃지 않는다."

괴테가 '천상의 서곡' 모티프를 빌려 온 곳은 《구약성서》의 〈욥기〉 다. 〈욥기〉의 분위기는 《파우스트》보다 훨씬 더 어둡고 무겁다. 하늘 의 신이 천사들을 불러 모은다. 땅 위를 돌아다니던 사탄이 천사들 사 이에 끼어 있는 것을 보고 신이 말한다.

"너는 내 종 욥을 눈여겨보았느냐? 욥만큼 온전하고 진실하며 하느 님을 두려워하고 악한 일은 거들떠보지도 않는 사람은 땅 위에 다시 없다."

사탄이 답한다.

"손을 들어 욥의 모든 소유를 쳐보십시오. 욥은 반드시 당신 면전에서 욕을 할 것입니다."

신은 사탄의 내기를 받아들여 욥의 아들 일곱과 딸 셋의 목숨을 빼앗고 수많은 가축을 강탈한다. 욥은 하루아침에 자식과 재산을 모두 잃는다. 신은 여기서 그치지 않고 욥의 몸에 재앙을 보낸다. 욥은 발바닥부터 정수리까지 온몸에 종기가 나 피부가 짓물러 터지고 구더기가 끓는다. "욥은 잿더미에 앉아서 질그릇 조각으로 몸을 긁었다." 끔찍한 고통 속에서 욥은 자기가 세상에 태어난 날을 저주한다.

"내가 태어난 날이여, 차라리 사라져 버려라. 내가 어찌하여 모태에서 죽지 아니하였으며, 나오면서 숨지지 아니하였는가? 두려워하며 떨던 것들이 들이닥쳤고 무서워하던 것이 마침내 오고야 말았다."

〈욥기〉는 유다왕국이 신바빌로니아에 망해 백성이 바빌론으로 끌려간 뒤에 기록된 글이다. 쫓겨난 유대인들이 노예처럼 살아야 했던 수난의 세월이 세계문학사에 길이 남을 작품을 탄생시켰다. 〈욥기〉에는 기원전 6세기에 벌어진 그 수난을 암시하는 구절이 나온다.

"하느님께서는 나를 악당에게 넘기시고 마침내 악인의 손에 내맡기셨구나. 평안을 누리던 나를 박살내시려고 덜미를 잡고 마구 치시는구나. 나를 과녁으로 삼아 세우시고 사방에서 쏘아대시는구나. 눈 하나 깜짝하지 않고, 나의 창자를 터뜨리시고 쓸개를 땅에 마구 쏟으시다니……."

죽음보다 못한 고통 속에서 욥은 왜 자신이 그런 재앙의 구렁텅이에 빠져 있어야 하는지 하늘에 묻는다. 자신의 죄 없음을 입증해줄 재판을 요구하기도 한다. 그러나 신은 욥의 물음과 항변에 답하지 않는다. 세상을 세우기도 하고 벌주기도 하는 무한한 능력이 자신에게 있음을 과시함으로써 욥의 입을 막아버릴 뿐이다. 욥은 침묵을 강요당한다.

"무슨 할 말이 더 있겠습니까? 손으로 입을 막을 도리밖에 없습니다."

〈욥기〉를 읽어가는 독자는 오늘의 이 현실에서 욥이 누구인가 묻게 된다. 욥의 후손인 이스라엘 사람들인가, 자기 땅에서 쫓겨난 팔레스타인 사람들인가.

팔레스타인이 지난 70여 년 동안 겪은 재앙의 근원을 찾아가다 보면, 영국을 비롯한 제국주의 서구의 탐욕에 가닿는다. 시오니스트 유대인들이 20세기에 들어가 살기 전에도 그 땅에는 유대인과 팔레스타인인이 살고 있었다. 두 민족은 이슬람 통치 아래서 1300년 동안 공존했다. 이슬람은 무슬림과 유대인을 아브라함의 공동 후손으로 보았기에 이 이웃 민족을 배척하지 않았다. 제1차 세계대전에서 독일—오스트리아와 동맹을 맺은 늙은 오스만제국이 연합국에 패배해 제국이 해체된 뒤에야 팔레스타인은 증오의 땅으로 바뀌었다.

영국은 세계대전 중 맥마흔선언을 발표해 팔레스타인 독립국가 건설을 약속했다. 아랍인은 오스만제국에 맞서 싸웠다. 이어 영국은 유럽 유대인들의 지지를 노리고 팔레스타인 땅에 유대국가 건설을 약속하는 밸푸어선언을 내놓았다. 두 선언은 서로 충돌했다. 승리한 영국과 미국은 중동에 서방의 교두보를 확보하려고 아랍인들의 소망을 저버리고 유대국가 창설을 도왔다. 팔레스타인 사람들은 제국주의 서방에 배신당했다. 1948년 유대인들은 팔레스타인 원주민 75만 명을 몰아내고 그 땅에 이스라엘을 세웠다.

〈욥과 친구들〉(귀스타브 도레, 1866년 작).

그때 팔레스타인 땅에서 추방당한 이들 중에 훗날 《오리엔탈리즘》(1978)의 저자가 되는 어린 에드워드 사이드(Edward W. Said, 1935~2003)도 있었다. 사이드가 평생 잊지 못한 것은 자기 가족이 살다 쫓겨난 그 집에 독일 출신 유대인 철학자 마르틴 부버(Martin Buber, 1878~1965)가 들어와 살았다는 사실이다. 부버는 철학서 《나와 너》(1923)에서 '나'라는 존재가 인격이 되는 것은 '너'라는 존재를 인격으로 받아들일 때라고 말했다. 너를 통해서 나는 인간이 된다. 하지만 유대인이 국가를 창설할 때 그곳 팔레스타인 사람들은 인격으로 만나야 할 '너'가 아니었다. 부버가 '나와 너'에 맞세운 '나와 그것'의 '그것'이었다. 팔레스타인 사람들은 사물처럼 버려지고 짓밟혔다.

이스라엘과 팔레스타인이 공존할 방안은 30년 전 오슬로협정으로 국제적 공인을 얻었다. 이츠하크 라빈 이스라엘 총리와 야세르 아라파트 팔레스타인해방기구(PLO) 의장이 서명한 그 협정은 이스라엘과 팔레스타인이 두 국가로 나란히 서서 평화롭게 살 길을 제시했다. 그 협정을 거부하고 혼란을 키운 것이 이스라엘 내부 극우 세력이다. 라빈이 극우파에 암살당한 뒤 베냐민 네타냐후가 그 극우 세력을 등에 업고 집권했다. 이스라엘 인구의 13퍼센트를 차지하는 초정통파 유대교 근본주의 세력이 극우파의 중심에 있다.

이 근본주의자들은 팔레스타인 사람들과 어떤 형태의 타협도 거부한다. 이 초정통파가 신봉하는 '모세오경'(토라) 가운데 〈신명기〉야말로 가장 편협하고 파괴적인 이스라엘 신의 출현을 담은 문서다. 여기서 모세는 다른 신을 섬기지 말고 야훼에게만 복종할 것을 요구한다.

"주위에 있는 백성들이 섬기는 신들 가운데서 어떤 신이든지 그 신을 따라가면 안 된다. 너희 하느님 야훼께서 화를 내시어 너희를 땅

위에서 쓸어버릴 것이다. 너희 가운데 계시는 너희 하느님 야훼는 질투하는 신이시다."

〈신명기〉의 이스라엘 신은 피도 눈물도 없는 전쟁의 신, 정복욕에 불타는 파괴의 신이다.

"너희 하느님 야훼께서 이제 너희가 들어가 차지하려는 땅에 너희를 이끌어 들이시고 인구가 많은 민족들을 너희 앞에서 모조리 쫓아내실 것이다. …… 너희 하느님 야훼께서는 그들을 너희 손에 붙여 꺾으실 것이다. 그때 너희는 그들을 전멸시켜야 한다. 그들과 계약을 맺지 말고 그들을 불쌍히 여기지도 말라."

이 〈신명기〉가 출현한 때는 유다왕국이 멸망의 위기에 처한 기원전 7세기 말이었다. 민족 절멸의 불안 속에서 야훼라는 신을 구심점으로 삼아 왕국의 백성들을 결집하려고 쓴 것이 〈신명기〉다. 증오로 이글거리는 〈신명기〉의 그 언어는 두려움의 산물이다. 〈신명기〉의 그 신이 〈여호수아〉에 다시 등장한다. 이스라엘 백성의 지도자 여호수아는 가나안 땅에 들어가 〈신명기〉의 명령을 그대로 집행한다. 성서의 문장에는 피의 강이 흐른다.

"숨 쉬는 것이면 모조리 칼로 쳐 죽였다. 코에 숨이 붙어 있는 것은 하나도 살려두지 않았다."

그러나 《구약성서》에 이런 살벌하고 배타적인 신만 있는 것은 아니다. 이민족을 치기 전에 먼저 불의한 이스라엘을 벌하고, 부족적 편협성을 넘어 정의로운 보편성을 추구하는 신도 있다. 《구약성서》는 폭력적인 원시적 신에서 자비로운 도덕적 신으로 변모하는 신의 자기 진화 이야기이기도 하다. 지금 이스라엘의 정치를 극단으로 몰아가는 근본주의 세력은 이 관대하고 개방적인 신이 아니라 고대 이스라엘인들이 상상한, 복수심으로 뭉친 부족주의 신을 섬긴다. 이런 신앙을 고집하는 한 이스라엘과 팔레스타인 땅에 평화는 올 수 없다.

이스라엘 인구 구성의 추이를 보면 이 극단적 유대근본주의 세력의 비율은 날로 늘어나고 건전한 당파를 지지하는 사람들의 비율은 줄어들고 있다. 근본주의가 득세할수록 충돌과 폭력의 강도는 커질 수밖에 없다. 이 뻔한 미래를 막으려면 이스라엘 시민이 극우파 정권을 심판하고 오슬로협정의 정신으로 돌아가 유대인과 무슬림이 공존하는 길을 내야 한다. 미국이 지금처럼 이스라엘 극우 정권을 비호한다면 인권 중시라는 미국의 외교 원칙은 자가당착이 되고 아랍과 세계 전역의 반미 물결도 높아질 수밖에 없다.

28
남방큰돌고래가 여는
인간–지구 공존의 길

조선 후기 '규방문학'이 낳은 작품 중에 〈조침문〉이 있다. 남편을 일찍 보내고 바느질로 생계를 이어오던 유씨 부인이 아끼던 바늘이 부러지자 그 애통한 마음을 담아 쓴 추도문이다.

"너를 얻어 손 가운데 지닌 지 우금 이십칠 년이라. 어이 인정이 그렇지 아니하리오. 슬프다."

유씨 부인의 문장은 피붙이를 떠나보낸 듯 절절하다.

"아야 아야 바늘이여, 두 동강이 났구나. …… 한 팔을 베어낸 듯, 한 다리를 베어낸 듯, 아깝다 바늘이여, 옷섶을 만져보니 꽂혔던 자리 없네."

바늘이라는 하찮은 물건도 오래 익혀 쓰다 보니 깊은 정이 붙어 쉬 놓아줄 수 없다.

"네 비록 물건이나 무심치 아니하면, 후세에 다시 만나 평생 동거지정을 다시 이어, 백년고락과 일시생사를 한가지로 하기를 바라노라."

이 글을 바늘을 의인화하여 쓴 재치 있는 수필이라고만 볼 수는 없다. 이 글에는 인간과 사물 사이 보이지 않는 유대에 대한 믿음이 있던 시대의 생활 감각이 배어 있다. 사물에도 삶이 있고 마음이 있다는 이 믿음은 지나간 시대의 한갓 어리석은 믿음인가. 냉철한 과학적 사고로 극복해야 할 낡은 관념일 뿐인가.

20세기 독일 철학자 마르틴 하이데거는 다르게 생각했다. 근대 과학 이성이 키운 우리의 합리적 사고를 거슬러 이 오래된 믿음을 되살려내는 것이야말로 우리 시대의 과제라고 보았다. 그런 생각을 밝힌 곳이 1949년 '사물'이라는 제목으로 브레멘에서 한 강연이다.

하이데거는 '단지'라는 아주 흔한 물건에서 이야기를 시작했다. 단지는 물을 담거나 술을 담는 데 쓰인다. 포도주를 예로 들어보자. 포도주는 포도나무 열매로 빚는다. 포도나무가 열매를 맺으려면 하늘과 땅이 서로 힘을 모아야 한다. 하늘은 빛을 주고 땅은 양분을 준다.

"포도주라는 선물에는 그때마다 하늘과 땅이 머무르고 있다."

포도주는 사람의 목을 축이고 만남의 흥을 돋우는 데 쓰인다. 신들에게 제사를 지내는 데도 쓰인다. 이때 하이데거가 말하는 '신들'은 자연 만물에 깃든 성스러움을 뜻한다. 단지는 포도주라는 선물을 담음으로써 하늘과 땅, 사람과 신들을 하나로 모은다.

하늘과 땅과 사람과 신, 이 '사방'의 넷이 머무는 단지를 가리켜 하이데거는 '사물'(Ding)이라고 부른다. 하이데거는 말의 뿌리를 파고 들어가 사물이라는 낱말에 '모아들임'이라는 뜻이 있음을 밝혀낸다. 독일어에서는 지금도 사물(Ding)의 고어 '팅'(Thing)이 '집회'라는 뜻으로 쓰인다.

단지는 사방의 넷을 하나로 모아들여 머물게 하는 사물이다. 단지가 모아 펼치는 사방을 하이데거는 세계라고 부른다. 하늘과 땅, 인간

산장에서 물을 긷는 마르틴 하이데거.

과 신들이 모여들어 이룬 커다란 하나가 세계다. 그 세계 안에서 인간은 다른 셋과 더불어 살아간다. 그 세계를 펼쳐주는 것이 사물이다. 사물에는 넷이 어울려 이루는 성스러움이 머물러 있다.

그러나 냉정한 과학의 눈으로 보면 단지는 그저 물이나 술을 담는 용기, 그래서 깨지면 내다 버리는 물건에 지나지 않는다. 그런 물건에는 땅도 하늘도, 사람도 신들도 모이지 않고 머물지 않는다. 과학은 옛사람들의 생활세계를 지탱해주던 마법을 풀어 축출했다. 과학이 생활세계를 식민화하자 식민지 주민들은 소중한 것들, 보이지 않지만 존재한다고 믿었던 것들을 잃어버렸다. 사물은 흩어졌다. 이런 사태를 두고 하이데거는 "원자폭탄이 폭발하기 한참 전에 과학은 사물을 절멸시켰다"고 말한다.

근대 과학의 등장과 함께 열린 세계에서 인간은 인식론적 주체가 돼 모든 사물을 인식 대상으로, 다시 말해 과학적으로 분석해 파악해야 할 대상으로 삼았다. 인식은 인식에 그치지 않는다. 사물은 대상이 됨으로써 자립성을 상실하고 인간이라는 주인에게 봉사해야 할 처지로 떨어진다. 하늘과 땅, 사람과 신들이 모여들어 머물던 사물은 인간이 이용하고 개발하고 수탈할 자원이 돼 본디 모습을 잃어버린다. 사물다움이 사물을 떠난다.

이런 생각은 하이데거만의 생각이 아니다. 하이데거가 '사물' 강연을 하기 두어 세대 전 한반도의 선각자도 비슷한 말을 했다. 동학의 2대 교주 해월 최시형(崔時亨, 1827~1898)이 그 사람이다. 해월은 관헌의 체포를 피해 산간벽지를 돌며 스승 최제우(崔濟愚, 1824~1864)의 가르침을 퍼뜨렸다. 도망의 세월이 35년에 이르렀다. 그 세월 중에 해월은 스승의 '시천주' 곧 '하늘을 모신다'는 가르침을 넓혀 하늘과 사람과

사물을 함께 높여야 한다고 얘기했다. 경천·경인·경물의 삼경 사상
이다.

해월은 하느님이 천상에 있다는 통념을 거부했다.

"하늘을 공경함은 결단코 허공을 향해 없는 상제(하느님)를 공경한다
는 것이 아니다. 내 마음을 공경함이 곧 경천의 도를 바르게 아는 길
이다."

해월은 경천을 양천(養天, 하늘을 기름)이라는 말로도 설명했다.

"하늘을 기를 줄 아는 자라야 하늘을 모실 줄 안다. 하늘이 내 마음
속에 있음이 마치 씨앗의 생명이 씨앗 속에 있음과 같으니, 씨앗을 땅
에 심어 그 생명을 기르는 것과 같이 사람의 마음은 도에 의하여 하늘
을 기르게 된다."

하늘은 내 마음속에 있다. 내 마음속의 씨앗을 키우는 것이 곧 하늘
을 공경하는 일이다. 해월은 경천에 이어 경인을 말한다.

"경천은 경인으로써 그 효과가 나타나는 것이다. 경천만 있고 경인
이 없으면 농사의 이치는 알되 씨앗을 땅에 뿌리지 않는 것과 같으니,
도 닦는 자는 사람을 섬기되 하늘과 같이한 뒤에야 비로소 바르게 도
를 실행하는 것이다."

사람을 섬기는 것이 곧 하늘을 섬기는 것이다. 해월은 말한다.

"사람을 공경하지 아니하고 귀신을 공경하여 무슨 실효가 있겠는
가." 사람 없이 하늘 없다. "하늘은 사람을 떠나 따로 있지 않다. 사람
을 버리고 하늘을 공경한다는 것은 물을 버리고 해갈을 구하는 것과
같다."

해월의 가르침은 경인으로 끝나지 않는다. 경천은 경물에 이르러서
야 그 극치를 이룬다.

"사람은 사람을 공경함으로써 도덕의 극치가 되는 것이 아니고, 더 나아가 만물을 공경함에까지 이르러서야 천지기화의 덕과 하나가 될 수 있다."

경천도 경인도 오직 경물에 이르러서야 그 도덕을 완성할 수 있다.

해월이 말하는 도덕은 유학이 가르치는 인의예지보다 훨씬 함의가 크다. 그 도덕의 근본을 찾으려면 노자《도덕경》에 나오는 '도생지 덕축지'(道生之 德畜之)라는 말을 살펴야 한다. '도는 만물을 낳고 덕은 만물을 기른다.' 해월이 말하는 도덕은 예의범절을 가리키는 것이 아니라 천지가 만물을 낳아 기름을 뜻한다. 그 만물 가운데 사람도 있다. 이 도덕의 지극한 뜻을 구현하려면 사람을 공경하는 것만으로는 어림없고 만물을 공경함에 이르러야 한다는 것이 해월의 삼경 사상이다.

해월의 가르침대로 도덕을 자연 만물에까지 확장하면, 사물을 보는 우리의 안목이 전혀 다르게 열릴 수 있다. 경물이 도덕의 궁극이라는 해월 사상의 참뜻을 우리는 기후 위기라는 미증유의 재난에 직면해서야 조금씩 깨달아가고 있다. 인간의 사물 학대가 그 끝에 이르러 사물이 더 견딜 수 없는 지경에 와서야 거대한 반전이 일어나고 있다.

그 반전의 양상을 보여주는 것 가운데 하나가 멸종위기종인 남방큰돌고래에게 법인격을 주자는 운동이다. 동식물, 더 나아가 하천과 호수 같은 자연물을 자립적 권리 주체로 인정해주자는 것은 근대법 체계를 뛰어넘는 발상이다. 근대법은 인간과 인간의 관계를 토대로 삼고 있다. 2003년 천성산 터널 공사를 막으려고 도롱뇽 소송을 내고 지율 스님이 240일 넘는 긴 단식으로 함께 싸웠지만 끝내 패소했다. 도롱뇽은 근대법 체계의 벽을 넘지 못했다. 동식물과 자연물이 인격을 부여받으면 이 근대법 체계를 뚫고 사람을 후견인으로 삼아 '비

인간'이 자기 권리를 주장할 수 있게 된다. 남방큰돌고래가 기수가 돼 인간과 자연이 공존하는 지구 공생의 길을 여는 것이다.

하이데거는 '사물' 강연에서 사물이 사방을 불러들여 세계를 연다고 했지만, 결국 사물을 사물로 알아보는 것은 사람의 마음이다. 사람이 없다면 사물은 사방을 불러들이는 사물로 나타나지 못한다. 그렇게 보면 사람은 사물이 사물로 자립하는 시대에도 여전히 세계의 중심일 수밖에 없다. 그러나 그때의 중심은 사람이 모든 것의 주인이고 모든 것의 지배자라는 의미의 중심이 아니라, 그 근대적 주체의 오만을 비워낸 '빈 중심'이다. 인간이 빈 중심으로 서서 만물을 인간의 이웃으로 받들고 모시는 그때가 인간이 비로소 근대의 몽매에서 깨어나는 순간일 것이다.

제3부

정치 판단력과
창조적 영감

2024년

29
정치 문해력이 필요한 시대

20세기 현대미술의 흐름에 가장 큰 충격을 안긴 작품으로 마르셀 뒤샹(Marcel Duchamp, 1887~1968)의 〈샘〉이 꼽힌다. 1917년 뒤샹은 공중화장실에서 흔히 보이는 소변기를 구입해 간단한 서명을 넣어 전시장에 세워놓고는 미술 작품이라고 주장했다. 〈샘〉의 출현은 '미학적 쿠데타'였다. 기성품을 가져다 놓고 작품이라고 해도 되는가? 이건 사기 아닌가?

프랑스 철학자 미셸 옹프레(Michel Onfray, 1959~)는 《예술의 이유》라는 책에서 똑같은 물음을 던진다. 옹프레는 뒤샹의 체스놀이 친구였던 화가 발레리오 아다미(Valerio Adami, 1935~)가 해준 이야기를 전한다.

어느 날 아다미가 체스를 두다가 뒤샹에게 그 〈샘〉이 속임수였는지 아니면 깊은 미학적 숙고 끝에 나온 작품인지 물었다. 뒤샹은 체스를 두다 말고 몸을 일으키더니 아무 말 없이 체스판을 떠나버렸다. 그 뒤로 두 사람은 다시 보지 못했다. 뒤샹의 침묵은 무얼 의미하는가? 사기라는 것인가, 아니라는 것인가?

진실이 무엇이든 뒤샹의 쿠데타는 성공해 '개념미술'의 시대를 열었다. '사물의 공들인 재현' 같은 앞 시대의 미적 기준은 폐기되고 미술가가 오브제에 어떤 개념을 집어넣느냐가 작품의 성패를 가르는 기준이 됐다. 그러나 개념미술의 시대에는 무엇이든 예술이 될 수 있기에, 전시된 작품이 사기인지 예술인지 판별하기가 그만큼 어려워진다. 또 그럴수록 가짜 예술이 범람할 위험도 커진다. 어떤 작품이 예술작품으로서 진짜인지 가짜인지 알아보는 대중의 감식안, 곧 판단력이 중요해질 수밖에 없다.

　이런 미학적 판단이 정치적 판단과 유사하다고 주장한 사람이 정치철학자 한나 아렌트다. 아렌트는 대표작 《인간의 조건》(1958)에서 인간의 활동을 '노동'(labour), '작업'(work), '행위'(action)로 나누어 살핀 바 있다. 언뜻 비슷해 보이는 이 세 활동은 어떻게 다른가?

　무인도의 로빈슨 크루소를 떠올려보자. '노동'은 인간의 생계에 꼭 필요한 활동을 가리킨다. 무인도에 떨어져 혼자 살아가야 하는 크루소는 수렵과 채취로 배고픔을 달래고 염소를 잡아 가축으로 기르기도 한다. 생명 유지에 꼭 필요한 이런 활동이 노동이다. 그러나 노동만으로는 충분하지 않다. 비를 피하고 안전하게 쉴 수 있는 집도 필요하다. 무인도를 탈출하려면 배도 만들어야 한다. 외로움에 시달리는 크루소에게는 놀이 도구도 필요하다. 이렇게 내구성이 있는 삶의 도구를 제작하는 것이 아렌트가 말하는 '작업'이다.

　마지막으로 '행위'는 말을 통해 개성을 드러내는 활동을 뜻한다. 아렌트가 특히 주목하는 행위는 자신의 의견을 제시하고 타인을 설득하는 정치적 행위다. 이런 행위는 복수의 인간을 전제로 한다. 크루소는 식인 부족에게 잡힌 원주민을 구출해 '프라이데이'라는 이름을 붙여

주고 하인으로 삼는다. 이렇게 두 사람이 모였으니 정치적 행위가 등장하는가? 그렇지 않다. 정치적 행위가 성립하려면 프라이데이가 크루소와 동등한 사람이 돼야 한다. 인격적 동등성이 보장될 때에야 비로소 정치적 행위가 나올 수 있다. 이런 동등성의 지평 위에서 두 사람은 당면한 관심사, 이를테면 무인도를 기웃거리는 이웃 식인 부족과 어떤 관계를 맺을 것인가를 놓고 토론할 수 있다.

아렌트의 정치철학이 밝히려 하는 것이 바로 이 행위의 영역이다. 정치적 행위를 통해 인간은 자신의 고유한 개성과 인격을 드러내고 공동의 관심사를 놓고 말로써 상대를 설득함으로써 갈등을 해결한다. 이것이 아렌트가 생각하는 정치의 이상적인 모습이다. 자유로운 시민들이 광장에 모여 정치적 쟁점을 두고 저마다 격론을 벌이던 고대 아테네 민주주의가 아렌트가 생각한 정치의 본령이었다.

아렌트 정치철학에서 독특한 것은 이 정치 영역에서 '진리'를 배제한다는 사실이다. 정치는 진리가 지배하는 곳이 아니라 의견들이 경합하는 장이다. 이때 아렌트가 머릿속에 떠올리는 진리는 플라톤적 진리, 곧 '불변의 이데아에 대한 인식'이라는 진리다. 이데아라는 영원한 진리를 통찰한 철인왕이 다스리는 곳에서는 시민 각자의 불완전한 판단과 의견이 끼어들 여지가 없다. 진리가 통치하면 그만이다. 그러나 이런 식의 진리 통치는 구성원 각자의 개성이 말살되는 전체주의를 부를 수밖에 없다고 아렌트는 생각한다. 정치가 꽃피려면 이런 초월적 진리, 절대적 진리가 정치를 좌우해서는 안 된다. 플라톤이 정치에서 '의견'을 추방한 사람이라면, 아렌트는 정치에서 '진리'를 추방한 사람이다.

그렇다면 '모든 인간은 평등하게 태어났으며 인간으로서 존엄성을 보장받아야 한다' 같은 명제는 어떨까? 이런 명제는 오늘날의 정치에서 일종의 진리 명제로 통용된다. 아렌트의 논리대로라면 이런 명제도 정치의 장에서 추방당해야 할까? 그러나 이 명제는 수학적 명제처럼 논리적으로 필연적인 명제가 아니라 현실에서 끊임없이 검증하고 확인해야 할 명제다. 정치란 이 명제를 온전히 구현하는 과정이라고도 할 수 있다. 더구나 현실의 수많은 정치적 쟁점을 보면, 인간의 평등성과 존엄성을 구현하는 방법과 절차에 관한 것인 경우가 많다. 세금을 거두어 어떻게 배분할 것인가부터가 인간의 존엄성을 어떻게 보편적으로 구현할 것인가 하는 근원적인 물음에 닿아 있다. 우리 삶을 관통하는 이런 진리 명제들이 의견의 형태로 정치의 장에 들어와 논쟁과 설득을 통해 실현되는 것이야말로 아렌트식 정치다.

더 생각해볼 것은 진리(truth)와 가족 유사성 관계에 있는 진실성(truthfulness)의 문제다. 진실성이란 '거짓 없이 진실에 충실함'이다. 그렇다면 이런 진실성도 초월적 진리를 추방하듯이 정치의 장에서 추방해야 할까? 당연히 아렌트는 이런 생각에 반대한다. 정치 행위의 진실성은 정치가 정치다워지는 데 토대 구실을 하기 때문이다. 정치인이 거짓으로 시민을 속이면, 정치적 의견이 오염되고 토론이 왜곡된다. 기만과 속임수는 정치를 파괴한다. 그러므로 정치가 무너지는 것을 막으려면 관찰자이자 참여자인 시민이 '무엇이 거짓이고 무엇이 진실인지'를 분별하는 판단력을 키워 거짓을 걷어낼 수 있어야 한다. 정치가 정치답게 되는 것은 가짜와 진짜를 가르는 시민의 판단 능력에 달려 있다.

고대 아테네 민주주의를 지탱한 기둥 가운데 하나로 거명되는 것이 '도편추방제'(ostracism)다. 참주가 될 위험이 있는 정치인을 나라 밖

'아리스테이데스'라고 쓰인 고대 아테네의 도자기 조각.
아리스테이데스는 도편추방제에 걸려 아테네에서 추방당했다.

으로 쫓아내 10년 동안 못 돌아오게 하는 제도다. 기원전 5세기 아테네 시민들은 한 해에 한 번씩 도편추방을 실시할 것인지를 투표로 결정했다. 도편추방이 결정되면, 깨진 도자기 조각(ostrakon)에 정치인의 이름을 적어냈다. 그중 다수표를 받은 자가 추방당했다. 이 도편추방제에 걸려 아테네 밖으로 쫓겨난 정치인 가운데 아리스테이데스(Aristeidés, 기원전 520?~기원전 468?)라는 사람이 있다. 아리스테이데스는 누구든 공평하게 대했기 때문에 '공정한 사람'이라고 불렸다. 기원전 477년 델로스동맹이 결성됐을 때도 공납금을 공정하게 분배해 찬사를 받았다.

플루타르코스의 《영웅전》은 델로스동맹 이전에 일어난 아리스테이데스의 도편추방 일화를 이렇게 전한다. 투표일에 시골에서 온 사람이 아리스테이데스에게 다가가 도자기 조각을 내밀며 이름을 적어달라고 부탁했다. 아리스테이데스가 누구 이름을 적어 넣을지 묻자 시골 사람은 '아리스테이데스'라고 말했다. 아리스테이데스가 도자기 조각에 자기 이름을 적어 넣고는 물었다.

"아리스테이데스가 무슨 나쁜 짓이라도 했습니까?"

시골 사람이 머뭇거리더니 말했다.

"그게 아니고, 만나는 사람마다 아리스테이데스가 공정하다고들 하니까 지겨워서 그럽니다."

아테네에서 추방당한 아리스테이데스는 기원전 480년 페르시아가 침략하자 시민들의 부름을 받고 2년 만에 돌아와 살라미스 해전과 플라타이아이 전투를 승리로 이끌었다.

이 일화는 아테네 민주주의가 얼마나 철저하게 민주적이었는지를 보여주는 사례로 자주 등장한다. 동시에 이 일화는 아테네 민주주의의 치명적인 약점도 보여준다. 도편추방제는 경쟁하는 유력 정치인을 몰아내는 수단으로 쓰였고 나중에는 정치적 담합의 도구가 돼 아테네 민주주의의 뿌리를 갉아먹었다. 아리스테이데스 추방에 찬성한 그 시골 사람은 문자적 문맹이었을 뿐 아니라 정치적 문맹이기도 했다. 고대 아테네 역사가 보여주듯이 민주주의는 깨지기 쉬운 그릇과 같다. 거짓과 진실을 분별하는 정치적 문해력이 없다면, 아무리 다양한 의견이 표출되더라도 민주주의는 튼튼해지지 않는다. 의견이라는 이름으로 맹목이 번성하면 민주주의는 말라 죽는다.

30
—
성스러움이 사라진
종교에 남는 것

'성스러움'은 종교적 감정의 핵을 이룬다. 이 감정은 어떻게 경험되는가? 종교사상가 루돌프 오토(Rudolf Otto, 1869~1937)는 《성스러움의 의미》(1917)라는 저작에서 그 감정을 이렇게 묘사했다.

"합리적인 것을 벗어나고 개념적 파악을 거부하며 말로 표현할 수 없는 것."

오토는 그 말로 표현할 수 없는 것을 말로 설명해보려고 분투했다.

오토가 말하는 '성스러움'은 세상 모든 것을 초월하는 존재 앞에서 느끼는 거룩한 감정이다. 성스러움을 불러일으키는 대상은 두렵고 압도적이어서 그것을 경험하는 자를 한없이 위축시킨다. 성스러운 대상 앞에 선 자는 자신이 먼지나 재와 같은 존재라고 느낀다. 동시에 성스러움의 경험은 장엄하고도 매혹적이어서 그것을 느끼는 인간을 한없이 끌어올린다. 성스러움은 두렵고 압도적이면서 장엄하고도 매혹적인 신비다. 이런 체험의 전형적인 사례를 기독교 《구약성서》에 나오는 예언자들에게서 찾아볼 수 있다.

《구약성서》 속 예언자 에제키엘. 에제키엘은 네 마리 힘센 짐승이 끄는 큰 전차(메르카바)와 그 전차 위에 앉은 야훼를 보는 신비 체험을 했다(마테우스 메리안, 17세기 중반 작).

최초의 예언자 가운데 한 사람인 이사야(Isaiah, 기원전 8세기경~기원전 7세기경)는 어느 날 예루살렘 성전 위에 야훼가 나타나 하늘의 보좌에 앉아 있는 것을 보았다, 야훼의 커다란 옷자락이 성전을 뒤덮었다. 야훼를 모신 스랍(천사)들이 외쳤다.

"거룩하시다. 거룩하시다. 만군의 야훼, 그분의 영광이 온 땅에 가득하시다."

스랍들의 음성이 울려 퍼지자 성전이 흔들리고 연기가 성전에 가득 찼다. 이사야는 공포에 짓눌려 부르짖었다.

"큰일 났구나. 이제 나는 죽었다. 나는 입술이 더러운 사람, 입술이 더러운 사람들 틈에 끼여 살면서 만군의 야훼, 나의 왕을 눈으로 뵙다니."

그러자 스랍이 뜨거운 돌을 집어 이사야의 입에 대었다. 입이 정화된 이사야는 온 땅이 황폐해지리라는 야훼의 말을 이스라엘 백성에게 전하는 사람이 됐다. 그 얼마 뒤 북이스라엘왕국이 아시리아제국에 멸망했다. 북이스라엘의 열 부족은 흔적도 없이 사라졌다.

100여 년 뒤 신바빌로니아의 네부카드네자르 2세(Nebuchadnezzar II, 기원전 642~기원전 562)가 왕이 되던 해에 남유다왕국의 사제 예레미야 (Jeremiah, 기원전 650?~기원전 570?)도 야훼의 무서운 목소리를 들었다.

"온 나라가 다 썩었다. 이제 백성들에게 소태를 먹이고 독약을 마시게 하리라."

야훼는 자신의 말을 전하라고 명령했다. 예레미야는 두려움 속에 소리쳤다.

"나의 염통이 터지고 뼈 마디마디가 떨리는구나. 나는 술 취한 사람 같이 되었다. 야훼의 거룩한 말씀을 듣고 그분 앞에서 술에 곯아떨어진 사람같이 되었다."

예레미야는 부름을 거역할 수 없어 야훼의 말을 알리는 사람이 됐다. 예레미야가 나타나고 10년도 지나지 않아 신바빌로니아가 남유다 왕국을 휩쓸었다.

바빌로니아에 잡혀간 유대 백성 가운데 에제키엘(Ezekiel, 기원전 623?~기원전 571?, 에스겔)이라는 사람이 있었다. 에제키엘은 앞 시대 예언자들보다 훨씬 더 무섭고 충격적인 것을 겪었다. 어느 날 에제키엘은 북쪽에서 구름이 몰려오고 번갯불이 번쩍이는 것을 보았다. 폭풍 속에서 네 마리 힘센 짐승이 끄는 큰 전차(메르카바)가 나타났다. 그 짐승들의 모습을 에제키엘은 상상하기 힘들 정도로 복잡하고도 무시무시하게 묘사했다. 전차를 끄는 짐승마다 얼굴이 넷이고 날개가 넷이었다. 얼굴은 인간·사자·황소·독수리 모습이었고, 짐승들의 날개 치는 소리가 너무 커 귀청이 떨어질 지경이었다. 그 전차 위에 야훼가 앉아 에제키엘에게 두루마리 책을 내려주며 받아먹으라고 했다. 두루마리를 받아먹으니 "꿀처럼" 달았다. 야훼는 이스라엘 백성에게 "못된 생각과 그릇된 길을 버리고 돌아서지 않으면 제 죄로 죽으리라"라는 말을 전하라고 명했다. 에제키엘은 얼이 빠져 7일 동안 누워 일어나지 못했다.

예언자들이 본 환상은 두려움을 불러일으키면서도 마력 같은 힘으로 사람을 끌어당긴다. 환상 속에서 예언자들은 인간이 짓는 죄를 규탄하는 신의 말씀을 듣는다. 이런 성스러운 신비를 경험한 사람 중에 이슬람교를 창시한 무함마드(Muhammad, 570?~632, 마호메트)도 있다. 무함마드가 살던 7세기 초 아랍은 페르시아왕국과 비잔티움제국 사이에 끼여 부족들끼리 끝없이 싸움을 벌였다. 상업 중심지 메카에서는 빈부격차가 커졌고 부자들은 가난한 자들을 외면했다. 경건한 사람이었던 무함마드는 마흔 살이 되던 610년 라마단 기간에 히라산의 작은 동굴에서 가족과 함께 기도하다 천사를 만났다. 천사가 무함마드에게 "읽으라(암송하라)!"고 명령했다. 무함마드가 읽기를 거부하자 천사가 달려들어 몸통을 졸랐다. 숨이 막혀 견딜 수 없게 된 무함마드는 천사가 불러주는 대로 복창했다.

"만물을 창조하신 주님의 이름으로 읽으라! 그분은 한 방울의 정액으로 인간을 창조하셨느니라!"

무함마드는 귀신 들려 지껄이는 카힌(무당)이 된 것 같아 두려움과 수치심에 떨며 동굴 밖으로 뛰쳐나갔다. 그때 하늘에서 음성이 들렸다.

"무함마드야! 너는 신의 사도이고 나는 가브리엘이다."

눈을 들어 보니 사람 모습을 한 가브리엘 천사가 지평선 위에 걸터앉아 있었다. 놀란 무함마드는 천사를 보지 않으려고 고개를 돌렸으나 어디를 보든 가브리엘이 똑같은 모습으로 앉아 있었다. 무함마드는 온몸을 떨면서 동굴로 기어와 아내의 무릎에 머리를 파묻었다. 신비 체험은 무함마드를 새 사람으로 바꾸었다. 다시 태어난 무함마드는 아랍을 통합하는 예언자의 사업을 시작했다.

조선 말기 동학을 창시한 수운 최제우도 유사한 체험을 고향 경주에서 했다. 난세의 혼란 속에 천주를 만나려고 수도하던 수운은 1860년 봄 장조카 생일잔치에 초대받아 갔다가 난데없는 일을 당했다.

"갑자기 몸이 부르르 떨리는 기운이 있어 마음을 가라앉힐 도리가 없었다. 일어나 집에 돌아오려고 하는데 정신이 흩어져 미친 것 같기도 하고 술에 취한 것 같기도 하여 엎어지고 고꾸라졌다."

사람들이 급히 수운을 대청마루 위로 끌어올렸는데 "기가 솟구치기도 했다가 꺼지기도 하는 것이 도무지 무슨 병인지 알 길이 없었다."

그때 하늘에서 어떤 소리가 들려왔다. 수운은 허공을 향해 외쳤다.

"묻노니 공중의 소리 임자는 도대체 누구요?"

하늘에서 답이 내려왔다.

"나는 상제다. 너는 상제도 알지 못하느냐?"

그러면서 상제는 수운에게 명령했다.

"너는 즉시 백지를 펴고 내가 그리는 부적을 받아라!"

상제는 수운에게 부적을 태워 냉수에 타서 마시라고 했다. 에제키엘이 신이 준 두루마리 종이를 먹었듯이, 수운은 부적 탄 물을 마셨다. 상제는 다시 명했다.

"너는 이제 내 아들이니 나를 아버지라 불러라."

놀라운 체험을 한 뒤 수운은 1년 가까이 하늘의 '아버지'를 여러 차례 만났다.

수운의 체험에서 특이한 것은 상제가 '하느님' 역할만 한 것이 아니라 '사탄' 노릇도 했다는 사실이다. 상제가 수운에게 '백의상'(명목상의 재상)을 제수하겠다고 하자 수운은 "나는 이미 상제의 아들인데 어찌 백의상 따위를 제수받겠소?" 하고 거절했다. 또 상제가 '조화'를 부리는 권능을 주겠다고 하자 수운은 이것도 거부했다. 예수가 사탄의 시험을 이겨낸 것과 다르지 않은 경험이다.

더 주목할 것은 시대의 비참을 성토하는 상제의 말이다.

"네 나라의 운세는 매우 비참한 상태에 놓여 있다. 곳곳의 목민관은 민중을 학대하고 정치를 그르치며 본래의 직분을 망각한 짓들만 하고 있다. 임금이 임금 노릇을 못하고 신하가 신하 노릇을 못한다. 너는 내 말을 진실로 새겨들어라."

두려움 속에 다가왔던 상제는 긴 문답 끝에 수운의 마음을 사로잡는 거룩한 존재가 된다. 상제는 수운에게 '오심즉여심', 곧 '내 마음'이 '네 마음'과 같다고 말한다. 사람이 하늘과 다르지 않은 존귀한 존재라는 얘기다.

성스러움의 경험은 예언자들이나 종교 창시자들에게서 거의 예외 없이 볼 수 있는 일이다. 그러나 '성스러움의 경험'이 모두 성스러운 결과로 이어지는 것은 아니다. 신비 체험의 참다운 가치를 알아보려면 그 체험 중에 만난 신이 무엇을 가르쳤는지, 또 그 가르침을 받은 사람이 얼마나 충실히 가르침을 따르는지를 보아야 한다. 수운의 상제는 모든 사람 안에 하느님이 있다고 가르쳤다. 그 가르침대로 수운은 집안에서 거느리던 여종 둘을 해방하고, 그중 한 사람은 며느리로 들이고 다른 한 사람은 수양딸로 삼았다. 가르침을 즉시 실천했다는데 수운 신비 체험의 진실성이 있다.

우리 종교의 현실은 어떤가? 신의 뜻을 바르게 전하고 있는가? 신을 이용할 대상으로만 보고 있지는 않은가? "하나님 까불면 나한테 죽어" 하는 말을 내뱉는 종교 지도자들이 군림하는 성전에는 신도 떠나고 성스러움도 머물지 않을 것이다. 거기서 신 노릇 하는 것은 세속의 욕망이다.

31

신념도 없고 책임도 모르는 '권력정치'의 폐해

20세기 독일 사회학자 막스 베버의 정치 이론을 요약하는 말로 자주 '신념윤리'와 '책임윤리'가 거론된다. 베버가 두 개념을 제출한 곳은 1919년 1월 28일 바이에른의 뮌헨에서 열린 대중 강연('직업으로서의 정치')이었다. 베버는 왜 신념윤리와 책임윤리를 정치의 핵심 요건으로 제시했을까? 이 강연을 전후한 시기에 독일 전역을 휩쓴 정치적 혼란을 보면 베버가 두 개념을 내놓은 이유가 드러난다.

1918년 11월 3일 독일 북부 군항 도시 킬에서 수병들이 대규모 반란을 일으켰다. 제1차 세계대전의 승패가 확실한 상황에서 영국 함대를 공격하라는 상부의 명령이 병사들의 분노를 폭발시켰다. 수병들의 반란에 즉각 노동자들이 합류해 노동자—병사 평의회를 구성하고 킬의 실권을 장악했다. 킬의 반란은 독일 전역으로 번져 각지에서 노동자—병사 평의회가 결성됐다. 이 격류 속에 황제 빌헬름 2세(Wilhelm II, 1859~1941)가 퇴위하고 독일제국이 무너졌다. 이 '11월 혁명'으로 독일연방공화국이 들어섰다. 그러나 온건 사회민주당 중심으로 급조된 연

방정부와 급진 좌파가 중심이 된 각지의 노동자—병사 평의회 사이에는 갈등이 끊이지 않았다. 그 갈등이 가장 격렬하게 폭발한 곳이 뮌헨이었다. 뮌헨은 독일연방 가운데 가장 먼저 공화국이 수립된 곳이기도 했다.

이듬해 2월 이 공화국의 지도자 쿠르트 아이스너(Kurt Eisner, 1867~1919)가 우익 청년 장교에게 암살당하자 4월 7일 뮌헨의 사회주의자와 아나키스트가 봉기해 '뮌헨 소비에트 공화국'을 선포했다. 이 소비에트 공화국의 지도자 중에 베버와 친분이 있는 두 사람이 있었다. 한 사람은 '혁명중앙위원회' 의장이 된 극작가 에른스트 톨러(Ernst Toller, 1893~1939)였고, 다른 한 사람은 소비에트 공화국 중앙경제국 책임자가 된 경제학자 오토 노이라트(Otto Neurath, 1882~1945)였다. 톨러는 뮌헨 소비에트 공화국의 군대인 '붉은 군대'의 지휘자이기도 했다. 뮌헨 소비에트 공화국은 수립된 지 한 달이 채 안 돼 정부군—민병대의 공격을 받고 처참하게 무너졌다. 양쪽이 전투를 벌이던 중 소비에트 공화국을 지키려던 1000여 명이 목숨을 잃었고 5000여 명이 체포돼 재판에 넘겨졌다. 이때 반역죄로 기소된 톨러와 노이라트의 법정에 증인으로 나온 사람이 베버였다.

애초 베버는 톨러와 노이라트가 가담한 급진 혁명에 찬동하지 않았고, 급진파 사회주의자들도 베버를 신뢰하지 않았다. 그 얼마 전 뮌헨대학이 경제학 정교수로 베버를 초빙하려 할 때 가장 격렬하게 반대한 것이 바이에른 노동자—병사 평의회였다. 이 평의회는 뮌헨대학 정교수 자리가 "청년들의 생각을 사회주의 사상으로 적셔줄 사람"에게 돌아가야 한다면서 "부르주아·자본주의 노선을 따르는" 베버는 "평의회가 추구하는 이념의 적"이라고 비판했다. 그러나 평의회의 반

1917년 독일 라우엔슈타인 성에서 열린 학술 모임의 막스 베버와 에른스트 톨러.
앞쪽 모자 쓴 사람이 베버이고, 베버를 보는 작은 사람이 톨러다.

대를 딛고 베버는 정교수로 초빙돼 1919년 여름학기에 뮌헨대학에서 강의를 시작했다. 베버가 소비에트 지도자였던 톨러와 노이라트의 재판정에 나온 것은 뮌헨대학에 임용되고 얼마 지나지 않은 때였다.

베버는 임용 갈등에 아랑곳하지 않고, 노이라트가 고대경제사 연구에서 뛰어난 성취를 이룬 '비상하게 유능한 인간'이라고 평가했다.

"노이라트는 수많은 재기발랄하고 명민한 생각을 특히 전쟁경제론에서 보여주었다."

동시에 베버는 노이라트의 최근 저술에 "현실에 대한 통찰이 부재한 것"을 학문적 약점으로 지적했다.

"정치적 영역에서 그리고 종종 경제적 영역에서 노이라트는 넓은 조망을 보여주지 못한다. 너무 쉽게 유토피아에 매혹되기에 그렇다. 그렇지만 노이라트 박사는 그 학문 연구의 특성상 결코 비난할 수 없는 사람이다."

전체 흐름으로 볼 때 베버의 증언은 노이라트의 학자적 탁월성과 인간적 훌륭함을 높이 평가하는 쪽에 기울었다. 베버는 에른스트 톨러 재판에 나와서도 톨러가 "윤리적인 동기에서 세계를 개선하기를 꾀하는 유형에 속한다"고 증언했다. "의도의 절대적 순수성"을 강조함과 동시에 이 순수성과 짝을 이루는 "정치적·경제적 현실에 대한 무지"를 거론함으로써 톨러의 행위를 변호하는 쪽에 섰다. 이 증언이 도움이 돼 노이라트는 여섯 달 만에 출소했고, 톨러는 사형이 예상됐지만 5년이라는 가벼운 형을 선고받았다.

이 두 사람에 대한 증언은 베버가 그 반년 전에 했던 대중 강연의 주제, 곧 신념윤리와 책임윤리의 관계를 법정에서 다시 밝힌 것이라고 할 수 있다. 톨러와 노이라트는 신념윤리를 앞세워 책임윤리를 돌보지 않은 사람, 그리하여 마음은 순수한 이상으로 가득 차 있었지만 정치적으로는 치명적인 오류를 범한 사람이었다. 그 강연에서 베버는 생디칼리스트(혁명적 노동조합주의자)의 사례를 들어 이렇게 말한다.

"생디칼리스트는 자신의 행위가 반동 세력에게 권력 장악의 기회를 주고 그리하여 노동계급에 대한 탄압이 오히려 커지리라는 것을 아무리 설득력 있게 설명하더라도 듣지 않을 것이다."

신념윤리가에게 그런 설득은 먹히지 않는다.

"만약 순수한 신념에서 나온 행위가 나쁜 결과를 빚는다면, 신념윤리가는 그 책임을 자신이 아니라 세상 사람들의 어리석음 탓으로 돌린다."

그러나 정치 영역은 악마적인 힘들이 다투는 곳이며 그런 곳에서 신념만으로는 아무것도 이루지 못한다.

베버는 신념윤리의 무능력에 책임윤리를 맞세운다.

"책임윤리가는 인간의 평균적인 결함들을 고려하며, 자기 행위의 결과를 다른 사람들에게 떠넘길 수 없다고 생각한다. 책임윤리가는 이런 결과에 대한 책임은 자신에게 있다고 말한다."

정치인에게는 "삶의 현실을 직시할 수 있는 안목과 이 현실을 내적으로 감당해낼 수 있는 능력"이 필요한데, 신념윤리가에게는 바로 이런 안목과 능력이 없다. 그렇다고 해서 베버가 신념윤리와 책임윤리를 절대적으로 대립하는 것으로 보는 것은 아니다. 신념윤리와 책임윤리는 서로 보완하는 관계에 있다. '정치에 대한 소명'을 지닌 인간이라면 신념윤리와 책임윤리를 동시에 견지해야 한다. 신념윤리가 맹목적인 것이 되지 않으려면 책임윤리를 동반하지 않으면 안 되며, 반대로 책임윤리가 최후까지 관철되려면 신념윤리의 뒷받침을 받지 않으면 안 된다. 이 두 가지 윤리를 통합하는 것이야말로 정치인이라면 반드시 해야 할 일이다. 책임윤리와 신념윤리는 하나로 묶여 현실 속에서 이상을 추구하는 온전한 정치를 구현한다.

그렇다면 이런 '윤리정치'에 진정으로 대립하는 것은 무엇일까? 베버가 이 강연에서 짤막하지만 강력한 언어로 비판하는 '권력정치'(Machtpolitik)가 윤리정치의 맞은편에 있는 정치 유형이다. 베버가 말하는 권력정치는 윤리적·이념적 가치가 아닌, 권력의 획득과 향유 자체를 목적으로 삼는 정치다. 권력이 주는 '위세'를 누리는 것이야말로 권력정치가 노리는 것이다. 정치 영역에서 벼락출세한 이들에게서 그런 권력정치 현상을 쉽게 목격할 수 있다고 베버는 말한다.

이 권력정치의 핵심적인 특징으로 베버가 지목하는 것이 '허영심'과 '자아도취'다.

"허영심은 널리 퍼져 있는 속성이며 누구도 허영심에서 완전히 자유로울 수는 없다."

그러나 정치 영역에서 나타나는 허영심은 다른 세계의 허영심과는 비교할 수 없을 정도로 위험하다. 왜냐하면 정치권력은 수많은 사람의 삶을 좌우하는 막대한 힘을 지녔기 때문이다. 그러므로 권력 추구가 자아도취적 허영심에서 시작되면 그것은 정치에 '대죄'를 짓는 일이 된다. 자아도취에 빠진 권력정치인은 대의에 헌신하지 않고 "권력의 화려한 외관만 추구하며" 아무런 책임도 느끼지 못하고 "권력을 즐기기만 한다." 자아도취적 허영심을 만족시키려고 정치권력을 뒤좇는 것보다 정치를 더 훼손하는 것은 없다.

호기롭게 위세를 부리는 권력정치는 신념과 책임으로 다진 윤리정치에 비해 언뜻 더 강력해 보인다. 그러나 자아도취로 부풀어 오른 권력정치만큼 허약하고 위태로운 것도 없다고 베버는 단언한다.

"우리는 권력정치 신조를 지닌 전형적인 인물들이 갑자기 내적으로 붕괴하는 것을 보고, 잘난 체하고 우쭐대지만 실상 속이 텅 빈 제스처의 이면에 어떤 허약함과 무력함이 숨겨져 있는지 안다."

베버 시대에만 그런 것이 아니리라. 신념도 대의도 없이 권력만을 추구하는 정치는 애초에 그 내용이 없는 것이기에 어느 순간 스스로 무너진다. 안타까운 것은 그 순간이 올 때까지 너무도 많은 사람들이 그 권력이 추는 춤에 휩쓸려 고통받는다는 사실이다. 권력정치는 권력을 휘두르는 자만 망가뜨리는 것이 아니다. 권력정치가 발호하는 곳에서는 국민의 삶도 멍이 든다.

32

날뛰는 말을 어떻게
제어할 것인가

선조가 등극하고 2년째 되던 1568년 퇴계 이황(李滉, 1501~1570)이 열일곱 살 왕에게 책 한 권을 지어 올렸다. 조선 성리학의 독창성이 깃든 《성학십도》다. 이 책의 서문에서 퇴계는 절실한 마음을 담아 왕에게 주는 고언을 적었다.

"군주의 마음은 만 가지 결정이 나오고 백 가지 책임이 모이는 곳이어서 사방의 온갖 욕구들이 다투어 치받고 온갖 사악이 번갈아 침투하니, 한번 태만하여 소홀하고 거기에 방종이 겹치게 되면, 산이 무너지듯 바다가 들끓듯 할 것이니 누가 막아줄 수 있겠습니까?"

퇴계는 옛 군주들의 실패를 사례로 들어 거듭 어린 왕에게 충언한다.

"후세의 군주들은 천명을 받고 천위에 올라 그 책임이 그토록 막중한데도 자신을 다스리는 데는 조금도 엄중하지 않았습니다. 억조의 신민들 꼭대기에서 스스로 위대한 척 거만을 떨고 방종을 일삼다가 마침내 나라를 어지럽히고 자신을 망치고 말았으니 당연한 결과입니다."

'성학십도'란 '성인들이 가르친 학문'(聖學)을 '열 가지 그림'(十圖)에

집약한 책이라는 뜻이다. 퇴계는 자신이 올린 '십도'를 병풍으로 만들어 왕의 거처에 펼쳐두어 어느 때나 읽고 마음에 새기기를 당부했다. 이 책의 내용 가운데 퇴계의 철학적 사유가 응집된 곳이 제6편 '심통성정'(心統性情)이다. 여기에 퇴계는 후배 고봉 기대승(奇大升, 1527~1572)과 오랜 기간 벌인 '사단칠정 논쟁'의 결론을 요약해놓았다.

12세기 주자가 종합해 세운 신유학은 '이'(理)와 '기'(氣)를 형이상학적 세계 이해의 골격으로 삼았다. '이'와 '기'는 인간을 포함한 우주 만물을 구성하는 근본 범주다. 이 두 가지 범주가 어떻게 작용해 사람의 마음을 일으키느냐를 두고 퇴계와 고봉이 편지를 주고받으며 벌인 것이 '사단칠정 논쟁'이다. 이 논쟁의 핵심 가운데 하나는 칠정(기쁨·노여움·슬픔·두려움·사랑·미움·욕망)이라는 '기의 작용'에 '이의 원리'가 어떻게 관여하느냐를 밝히는 것이다. 퇴계는 칠정을 '기발이승'(氣發理乘), 곧 '기가 발하고 이가 기에 올라탄다'고 해석했다. 이 말의 뜻을 더 명확히 설명하려고 퇴계는 '고봉에게 보낸 두 번째 답글'에서 '기와 이의 관계'를 '말과 말 탄 사람'에 비유했다.

"이가 기를 타고 움직이는 것을 두고, 옛사람들이 '인승마'(人乘馬), 곧 사람이 말을 타고 드나드는 것에 비유한 바 있습니다. 무릇 사람은 말이 아니면 드나들지 못하고, 말은 사람이 아니면 길을 잃게 되니, 사람과 말은 서로 떨어질 수 없습니다."

여기에 나타난 퇴계의 '이기'(理氣) 해석이 출발점이 돼 조선 유학의 300년 대논쟁이 벌어졌다. 먼저 고봉이 퇴계의 주장을 비판했고, 고봉의 비판을 이어받아 율곡 이이(李珥, 1536~1584)가 퇴계의 주장을 공박함으로써 논쟁의 구도가 확고해졌다.

퇴계나 율곡이나 모두 칠정을 '기발이승'으로 설명한 것은 다르지 않다. 문제는 다음이다. 같은 표현을 두고 퇴계와 율곡은 전혀 다른 해석을 내놓았다. 퇴계는 '기발이승'을 '기가 발하면 이가 거기에 올라탄다'는 의미로 썼다. '기'는 날뛰는 말과 같아서 '이'가 올라타 제어하지 않으면 가야 할 길에서 벗어나 제멋대로 내달린다. '기'가 마음에서 표출되는 감정의 격동이라면, '이'는 마음속에 자리 잡은 순수한 이성이다. 퇴계는 순수한 이성으로써 날뛰는 말의 고삐를 잡고 다스리지 않으면 안 된다고 생각했다. '기'는 야생마고 '이'는 야생마를 길들이는 사람이다.

반면에 율곡은 '기발이승'을 '기가 발하는 데 이가 본디 함께한다'는 뜻으로 읽었다. '이'와 '기'가 분리돼 있지 않고, '기' 안에 '이'가 깃들어 있다는 것이 율곡의 생각이었다. '기'는 능동적으로 작용하고 '이'는 작용의 원리로서 '기'에 실려 있다. 여기서 차이가 분명해진다. 율곡이 '기의 능동성'을 강조한다면, 퇴계는 '이의 능동성'에 주목한다. '이'가 능동적으로 '기'를 제어하지 못한다면 칠정의 격동이 절도를 잃고 만다는 것이 퇴계의 생각이다.

그래서 퇴계는 말한다.

"만일 기가 발함에 이가 올라타지 않는다면 사람은 이욕에 함몰돼 금수가 되고 말 것이다."

인간의 칠정이란 자기밖에 모르는 이기적인 것이어서 그 감정의 격발을 이성의 힘으로 다스리지 않으면 인간 세상이 짐승의 세상이 되고 말 것이라는 경고다. 퇴계가 《성학십도》를 지어 올린 것은 임금이 이성, 곧 하늘이 내려준 참된 본성의 힘으로 칠정을 다스리는 모범을 보임으로써 나라를 바르게 이끌어달라는 뜻이었다.

퇴계는 '말을 탄 사람'을 이야기하면서 '옛사람들'이 그런 비유를

플라톤의 대화편 《파이드로스》에 등장하는 두 말이 끄는 마차(페테르 파울 루벤스, 1604~1605년 작). 마부는 이성을, 백마는 기개를, 흑마는 욕망을 상징한다.

썼다고 했는데, 그 옛사람 중에는 고대 그리스 철학자 플라톤도 있었다. 플라톤은 대화편《파이드로스》에서 인간의 영혼 곧 마음을 '말과 말을 끄는 사람'으로, 더 정확히 그리면 '날개 달린 말 두 필이 이끄는 마차와 그 마차에 올라타 말을 모는 사람'으로 묘사했다. 말 두 필 가운데 오른쪽의 흰말은 혈통도 좋고 본성도 훌륭하지만, 왼쪽의 검은말은 혈통도 본성도 흰말과는 반대다. 플라톤은 두 말의 특성을 이렇게 열거한다.

"둘 중 오른쪽 말은 명예와 자제와 겸손을 사랑하며 진정한 영광의 친구이며 채찍이 필요 없고 명령을 그대로 따른다. 반면에 왼쪽 말은 방종과 자만의 친구이며 귓가에 털이 많아 귀가 어두우며 채찍과 가시 막대기를 함께 써도 말을 잘 듣지 않는다."

인간의 영혼은 마부와 백마와 흑마라는 세 힘으로 이루어져 있다. 이 셋이 한 조를 이루어 천상으로 여행을 떠난다. 그러니 "우리의 여행은 어렵고도 불만스러울 수밖에 없다." 여기서 마부는 이성을, 백마는 기개를, 흑마는 욕망을 상징한다. 플라톤은 이성이 탁월하게 구현된 상태를 '지혜'라고 부르고, 기개의 탁월한 상태를 '용기'라고 부른다. 또 욕망은 이성의 통제에 잘 따를 때 '절제'라는 올바른 상태에 이른다. 인간의 영혼은 지혜와 용기와 절제가 조화를 이룬 상태를 지향한다. 이성이 기개와 욕망을 이끌어 영혼의 탁월성을 구현하는 것이다.

플라톤은 이 영혼 삼분설을 다른 대화편《국가》에서 폴리스의 조직 원리로 삼았다. 인간의 영혼이 세 가지 성질로 이루어져 있듯이, 나라도 세 가지 성질로 이루어져 있다. 이성의 지혜를 갖춘 철인이 왕으로서 통치자가 되고, 기개를 지닌 전사가 수호자가 되며, 욕망을 지닌 사람들이 생산자가 된다. 통치자가 지혜를 발휘해 전사의 용기를 불러

일으키고 생산자의 욕망을 다스려 절제에 이르게 할 때 '아름다운 나라'(kallipolis)가 실현될 수 있다. 정의로운 나라는 지혜와 용기와 절제의 탁월함이 조화를 이룬 나라다.

플라톤이나 퇴계나 사유의 근본 구조는 다르지 않다. 두 사람 모두 이성의 힘으로 욕망이라는 '날뛰는 말'을 다스리는 데 우리 삶의 성패가 달려 있다고 생각했다. 최종 목표도 다르지 않다. 이성이 욕망을 다스릴 때 만인이 행복하게 사는 조화로운 나라를 이룰 수 있다. 그런 나라를 만드는 일의 정점에 플라톤은 철인을 놓았고 퇴계는 임금을 놓았다. 플라톤은 철인왕을 지혜로운 자들 가운데서 가려내야 한다고 보았고, 퇴계가 신봉한 유학은 임금을 성학으로 가르쳐 철인이 되게 해야 한다고 보았다.

플라톤의 나라에서 지혜를 담당하는 철인왕은 사적인 욕망에 빠져서는 안 되고, 그러므로 가족이나 재산을 소유해서는 안 된다. 철인왕은 공공선에 헌신하는 수도자적인 삶을 살아야 한다. 마찬가지로 퇴계도 임금에게 칠정을 다스려 사욕을 없애야 한다고 강조했다. 임금은 사회적 이성의 구현자가 돼야 한다. 그러나 현실은 이상을 배반한다. 퇴계가 가르친 선조는 임진왜란이라는 재앙을 불러들인 무능한 임금이었던 데다 이기적이고 교활하기까지 했다. 나라를 구한 이순신을 질투해 죄를 뒤집어씌우고 박해했다. 선조는 백성을 도탄에 빠뜨리고도 반성할 줄 모르는 무책임한 왕이었다.

플라톤은 민주주의를 불신했고, 퇴계는 민주주의를 알지 못했다. 민주주의는 철인왕의 자리에 국민이 들어선 체제, 그래서 말과 마부의 관계가 역전된 체제다. 국민이 말을 다스리는 마부 노릇을 하는 것이 민주주의 체제다. 그러므로 이 체제에서 이성적 통제력을 발휘해 통치자의 일탈을 막는 것은 나라의 주인인 국민의 일이다. 국민이 이성적 판단을 그르쳐 기운이나 자랑하고 사욕에 젖어 날뛰는 말을 지도자로 세워놓고 방치하면, 마차는 엉뚱한 곳으로 내달리다 진창에 처박힌다.

33
-
창조적 영감은
어떻게 솟아나는가

플라톤의 대화편《파이드로스》에는 소크라테스가 젊은 파이드로스에게 '광기'(mania)에 관해 이야기하는 대목이 나온다. 소크라테스는 광기를 두 종류로 나눈다. 하나는 '몸의 질병'이고 다른 하나는 '신의 선물'이다. 몸의 질병으로서 광기는 일상을 어그러뜨린다. 하지만 신의 선물로서 광기는 우리 몸에서 일어나는 광기와는 성격이 아주 다르다.

"우리에게 좋은 것들은 대부분 신이 주는 광기에서 온다."

소크라테스는 신이 주는 광기를 다시 네 가지로 나누는데, 그 하나가 예언의 신 아폴론의 무녀(여성 사제)에게서 나타나는 광기다. 델포이 신전의 무녀는 신들린 상태에서 국가의 중대사에 관한 신탁을 전함으로써 공동체가 갈 길을 밝혀준다. 둘째로 디오니소스교도들의 광기다. 재생의 신 디오니소스를 따르는 이들은 비밀 의식에 입회해 망아 상태에서 영혼을 정화하고 새로 태어난다.

소크라테스는 세 번째로 시의 광기를 든다. 무사(뮤즈) 여신이 주는 이 광기는 시인의 혼을 사로잡아 비범한 시를 써내게 한다. 시 쓰기

기술을 아무리 갈고닦더라도 이 여신이 주는 광기가 없다면, 독자의 마음을 흔드는 시는 나오지 않는다. 호메로스도 시를 쓰기 전에 먼저 무사 여신에게 광기를 달라고 빌었다. 소크라테스는 마지막으로 사랑의 광기를 든다. 에로스가 광기를 심어주지 않으면 연인들은 상대에게 미칠 수 없다. 에로스의 광기가 연인들의 마음에 들어앉아 아름다움을 향한 그리움을 피워 올린다.

여기서 소크라테스가 말하는 '시'는 서정시나 서사시만이 아니라 문학적 창조 전반을 가리킨다. 소설가 프란츠 카프카(Franz Kafka, 1883~1924)가 쓴 편지는 이 문학적 창조의 광기가 어떻게 나타나는지 생생하게 보여주는 사례라고 할 만하다. 카프카는 1912년 8월 펠리체 바우어라는 여성을 만나고 한 달 뒤 다음과 같은 말로 시작하는 편지를 썼다.

"존경하는 아가씨! 혹시라도 당신이 저에 대해 아무런 기억도 떠올리지 못할지 모르기에 다시 한번 저를 소개하겠습니다. 제 이름은 프란츠 카프카이며, 프라하의 브로트 지점장 댁에서 처음으로 뵙고 인사했던 남자입니다."

딱 한 번 만난 여인을 향해 이렇게 보내기 시작한 편지는 1년도 안 돼 장편소설 한 권 분량에 이르렀다. 600쪽에 이르는 그 편지들은 '사랑의 광기'가 카프카의 혼을 사로잡아 끝없는 글쓰기로 몰아댔음을 알려준다. 첫 편지를 보내고 열한 달이 지난 1913년 8월 14일 보낸 편지에서 카프카는 문학에 바친 자신의 존재를 이렇게 털어놓는다.

"나는 문학에 관심이 있는 것이 아니라 문학으로 이루어져 있습니다. 나는 다른 그 어떤 것도 아니며 그럴 수도 없습니다."

그러면서 카프카는 그 얼마 전 읽은 《사탄의 종교사》라는 책에서

그리스 신화에 나오는 무사 여신들.
무사 여신은 문학·예술·학문의 창조 영역에 영감을 준다.

발견한 이야기 한 편을 소개한다.

"한 성직자의 목소리가 너무나 아름답고 달콤하여 누구나 그 소리를 듣고 싶어 했습니다. 어느 날 이 사랑스러운 목소리를 들은 다른 성직자가 이것은 사람의 소리가 아니라 사탄의 소리라고 했습니다. 그러고는 숭배자들 앞에서 사탄을 불러냈습니다. 그러자 성직자의 몸에서 사탄이 빠져나왔고, 그 몸은 심한 악취를 풍기는 시체로 변했습니다."

사탄의 영혼이 인간의 육체를 빌려 살고 있었던 것이다. 카프카는 이렇게 덧붙인다.

"나와 문학의 관계도 이것과 매우 유사합니다. 다만 나의 문학은 성직자의 목소리처럼 달콤하지 않을 뿐입니다."

문학이라는 광기 어린 힘이 몸속에 들어앉아 작가를 글쓰기로, 창작으로 이끌어가고 있다. 이 고백이 암시하는 대로 카프카의 문학은 어둡고 불길하고 그로테스크하다. 일상의 안온함을 파괴하는 언어를 빌려 카프카는 전례 없이 새로운 세계를 창조했다. 카프카가 말하는 문학의 사탄은 소크라테스가 이야기하는 무사 여신의 동족이다. 사탄이 주는 그 광기가 없었더라면 문학적 관습을 거스르는 카프카적 세계는 탄생하지 못했을 것이다.

우리를 놀라게 하는 새로운 것의 창조는 익숙한 삶의 문법을 깨뜨리는 반역적 행위에서 나온다. 시대를 거역하는 창조적 정신은 기성의 질서를 흔들기에 그 질서를 지키려는 사람들의 반감과 적대를 부른다. 창조적 작업을 하는 사람은 그러므로 자신을 둘러싼 적대적 문화의 압박이 주는 불안과 두려움을 뚫고 나가지 않으면 안 된다. 그때 필요한 것이 광기라고 프리드리히 니체는 《아침놀》(1881)에서 말한다.

"새로운 사상에 길을 열어주면서 존중되던 습관과 미신의 속박을 부수는 것은 광기다."

시대의 압박에 맞서 반역적인 창조적 작업을 계속하려면 그 압박을 이겨낼 수 있는 비상한 힘, 광기의 힘이 필요하다. 그래서 니체는 또 이렇게 부르짖는다.

"아아, 하늘에 있는 자들이여, 광기를 주소서! 마침내 내가 나를 믿을 수 있도록 광기를 주소서! 의심이 나를 파먹어갑니다. 나는 법을 파괴했습니다. 시체가 사람들을 불안하게 하는 것처럼 법이 나를 불안하게 합니다."

마치 고대의 시인들이 시를 쓸 때마다 무사 여신을 불렀듯이, 니체는 시대의 '법'을 부수는 철학적 작업을 하면서 불안과 두려움을 뚫고 나갈 광기의 힘을 달라고 외쳤다.

니체가 새로운 길을 열면서 느꼈던 그 불안과 두려움을 불교의 창시자 고타마 싯다르타도 느꼈던 것 같다. 삶의 괴로움이라는 문제를 풀어보려고 출가했던 싯다르타는 그 시대 출가수행자들의 관습과 관행을 따라 자기 몸을 극도로 학대하는 고행에 매달렸다. 그러다 어느 날 그런 자기파괴적 고행이 해탈에 이르는 올바른 길이 아니라는 깨달음에 이르렀다. 어린 시절 잠부나무 그늘에 앉아 선정에 들었던 기억이 떠오른 것이다. 자신의 육체를 학대하지도 않고, 날뛰는 욕구들을 뒤쫓지도 않는 그 무념의 상태, 고행에도 매달리지 않고 쾌락에도 빠지지 않는 그 중도의 상태에서 편안한 기쁨을 느꼈던 것이다.

그 과거의 기억을 떠올리고 싯다르타는 자기에게 묻고 답한다.

"과연 이것이 깨달음으로 가는 길일 수 있을까?"

"이것이 깨달음으로 가는 길이다."

그러고 나서 싯다르타는 다시 묻는다.

"나는 이런 편안함을 두려워하는가?"

싯다르타는 다시 스스로 답한다.

"나는 이런 편안함을 두려워하지 않는다."

싯다르타는 분명 '두려워하지 않는다'고 말하지만, 이 자문자답이야말로 싯다르타 내면에서 두려움이 피어올라 새 길을 찾는 자를 불안에 떨게 했음을 알려준다. 극한의 고행 속에서만 '나쁜 카르마'를 떨쳐내고 해탈에 이를 수 있다는 출가수행 전통을 부정하는 최초의 깨달음이 싯다르타의 내면에 불안의 격랑을 일으킨 것이다. 싯다르타는 그 두려움을 이겨냄으로써 불교라는 새로운 종교의 창시자가 될 수 있었다. 창조의 순간에 필요한 것은 두려움을 뚫고 나가는 집중과 결단이다.

창조를 이끄는 그 광기를 조금 순화된 말로 인스피레이션(inspiration, 영감)이라고 부를 수 있다. 인스피레이션의 말 뿌리를 이루는 라틴어 '인스피라티오'(inspiratio)는 '신이 입김을 불어넣음'이라는 뜻이다. 신의 입김이 혼을 휘감을 때 솟구치는 것이 영감이다. 영감은 신적인 광기의 들이침이다. 그 영감은 문학적 창조나 종교적 창조에서만 나타나는 것은 아니다. 삶의 모든 영역에서 영감의 힘은 발견된다. 이를테면 철학자 알랭 바디우(Alain Badiou, 1937~)는 영감이 번개처럼 들이쳐 혁명적인 변화를 불러오는 것을 두고 '진리 사건'이라고 불렀다. '진리 사건'이란 '참된 것의 출현'이다.

바디우는 진리 사건의 현장으로 과학과 예술과 사랑과 정치를 든다. 아인슈타인(Albert Einstein, 1879~1955)의 상대성 이론, 하이젠베르크(Werner Heisenberg, 1901~1976)의 불확정성 원리의 등장이 과학 영역에서 일어나는 진리 사건이라면, 창작의 문법을 바꾸는 새로운 사조의 등장이 예술 영역의 진리 사건이다. 또 두 사람이 만나 상대에게서 눈부신 빛을 보는 것이 사랑의 진리 사건이다. 정치에서도 참된 것은 일어난다. 스파르타쿠스가 이끈 노예들의 반란, 프랑스혁명의 불을 지른 바스티유 함락이 그런 경우다.

그 진리 사건을 일으키는 것이 창조적 영감이다. 창조적 영감이 누군가를 매개로 삼아 불꽃을 일으키면, 그 불꽃이 집단으로 번져나가 거대한 불길이 된다. 기존 질서에 매여 있거나 그 질서를 지키려는 자들은 불길을 끄려고 온갖 것을 끌어오지만, 영감이 이끄는 집단의 불길은 반동의 흐름을 뚫고 기존 질서를 태워버린다. 창조적 영감은 우리를 묶어두고 있던 관습과 제도를 무너뜨리고 새로운 세계를 연다. 지난 총선(2024년)은 그런 영감이 일으키는 진리 사건을 얼핏 보여주었다. 그 사건이 역사를 바꾸는 큰 전환의 출발점이 되느냐 마느냐는 그 사건에 참여한 사람들의 비전과 결의가 얼마나 뚜렷하고 굳세냐에 달렸다.

34
—
'아레오파고스 권력 농단'이 부른
아테네 사법 민주화

로마 공화정 말기의 정치가 마르쿠스 툴리우스 키케로는 '공화국'의 붕괴를 막으려고 분투하다가 정적 안토니우스가 보낸 병사들에게 죽임을 당했다. 병사들은 키케로의 목과 함께 두 손도 잘랐는데, 그 손으로 쓴 글들이 키케로의 무기였다. 키케로는 안토니우스나 카이사르처럼 군사를 부려 싸운 사람이 아니라 언어를 부려 싸운 사람이었다. 그 키케로가 쓴 글들 가운데 공화주의 이념을 가장 잘 옹호한 저작으로 꼽히는 것이《국가론》이다. 이 책에서 키케로는 공화국을 이렇게 정의한다.

"공화국이란 인민의 것이다. 인민이란 법에 대한 동의와 이익의 공유를 통해 결속한 대중의 집단이다."

공화국은 정의상 '인민 전체의 것'이다. 특정 개인이나 소수 집단의 소유가 아니라 인민 전체의 소유일 때만 그 나라는 공화국이라고 불린다. 인민이 공화국이다. 키케로는 그 공화국의 존재 요건으로 '이익의 공유'를 든다. 나라의 이익을 인민 전체가 공유해야만 공화국이라고 부를 수 있다. 키케로가 공화국의 조건으로 더 강조하는 것이 '법에 대한 동의'다. 법에 동의하는 사람들이 그 법의 테두리 안에 모였을 때 인민이 된다. 키케로가 생각하는 법은 위에서 아래로 내려오는 것이 아니라 아래에서 위로 세워 올리는 것이다. 대중이 모여 대중 자신을 다스리는 보편적 규약을 함께 만듦으로써 법이 탄생한다. 법의 탄생이 인민의 탄생이고 공화국의 탄생이다. 인민이 자신들이 만든 법의 우산 아래서 공동의 이익을 추구하는 나라가 공화국이다.

키케로 정치사상의 연원을 찾아 올라가면 플라톤 사상에까지 가닿는다. 키케로가 《국가론》을 쓴 것부터가 플라톤의 《국가》를 흉내 낸 것이다. 키케로는 플라톤을 모방하면서 변형했다. 플라톤의 글 가운데 '법에 대한 동의'라는 키케로 생각의 뿌리를 찾아볼 수 있는 글이 초기 대화편 《크리톤》이다. 《크리톤》은 사형 선고를 받고 집행을 기다리던 소크라테스가 감옥으로 찾아온 친구 크리톤과 나눈 대화를 중계하는 책이다.

죽마고우 크리톤은 사랑하는 친구를 잃고 싶지 않아 온갖 논리를 동원해 친구에게 탈옥을 권한다.

"어차피 정치적 재판으로 받은 사형 선고니 국외로 망명한다고 해서 부끄러워할 일은 아니다. 친구를 몰래 빼돌렸다고 처벌받지 않을까 염려한다면 그런 염려는 할 필요가 없다. 진짜 친구라면 그보다 더한 위험이라도 감수해야 마땅하다."

그러나 소크라테스는 친구의 거듭된 설득을 물리치고 '왜 죽음을 받아들이는 것이 옳은지' 역으로 설득한다. 이때 소크라테스가 끌어들이는 것이 '아테네 법'이다. 소크라테스는 아테네 법을 의인화해 그 법이 하는 말을 전하는데, 그 핵심이 '법에 대한 동의'다. 아테네 법이 소크라테스에게 말한다.

"소크라테스! 그대는 남들처럼 국외 여행을 한 적도 없고 다른 나라와 다른 나라 법률을 알고 싶어 하지도 않았다. 그대는 그토록 단호히 우리를 택했고, 시민으로서 모든 활동에서 우리를 준수하기로 합의했다. 그대는 또 이 나라에서 자식들을 낳았는데, 이것은 이 나라가 그대의 마음에 들었다는 증거가 아니고 무엇인가! 더구나 그대는 재판을 받을 때도 그대가 원했다면 추방형을 제안할 수도 있었다. 하지만 그대는 죽어도 여한이 없다고 호언하며 추방형이 아니라 사형을 택했다."

아테네 법은 거듭 추궁한다.

"그렇게 사형 선고를 받고 나서 이제 와 국외로 탈출한다면 그것은 아테네 법과 애초에 한 합의를 어기는 것이자 70년 삶을 부정하는 것이 아닌가?"

여기서 아테네 법이 하는 모든 말은 소크라테스가 자기 자신에게 하는 말이다. 아테네 법에 따라 살겠다고 동의해놓고 그 약속을 팽개치고 살길을 찾는 것은 옳은 일이 아니라는 것이 소크라테스의 신념이다.

재판정에서 소크라테스는 '나라가 믿는 신들을 믿지 않고 젊은이를 타락시킨다'는 고소인들의 주장을 정면으로 부정하고, 시민들에게 참된 지혜가 무엇인지 집요하게 캐묻다가 화를 불렀다고 변론했다. 재판 과정을 보면 소크라테스가 살아날 길은 얼마든지 있었다. 아내와 어린 자식을 데리고 나와 배심원들에게 읍소함으로써 동정을 살 수도 있었고, 고소인들이 바랐던 대로 '국외 추방' 형량을 선택함으로써 사형이라는 극단적 형벌을 피할 수도 있었다. 하지만 재판정의 소크라

법정에서 자신을 변론하는 소크라테스(루이 조제프 르브룅, 1867년 작)

테스는 이 모든 길을 스스로 봉쇄했다. 소크라테스는 판결을 받고 이렇게 말한다.

"여러분은 아마 내가 여러분을 설득할 만한 말이 부족해서 유죄 판결을 받았다고 생각하겠지요. 그러나 그것은 전혀 사실이 아닙니다. …… 나는 변론할 때도 '위험에 처했다고 해서 자유인답지 못한 짓을 해서는 안 된다'고 생각했지만, 지금도 그렇게 변론한 것을 후회하지 않습니다. 다른 방법으로 변론해 목숨을 구하느니 이렇게 변론하다 죽는 쪽을 택합니다."

분명한 건 법정에서 변론하는 소크라테스든 감옥에서 친구를 설득하는 소크라테스든 아테네 법 자체를 부정하지 않는다는 사실이다. 소크라테스는 자신에게 사형을 내린 배심원 재판 절차와 그 절차를 뒷받침하는 아테네 법을 문제 삼지 않는다. '악법'이 소크라테스를 죽인 것이 아니다. 기원전 5세기 아테네 법제사는 소크라테스에게 사형을 안긴 그 법이 악법이기는커녕 아테네 민주주의가 이룬 커다란 성취 가운데 하나였음을 알려준다.

소크라테스 시대 이전에 아테네에서 중대 형사재판을 담당한 곳은 아레오파고스 평의회였다. 아레오파고스 평의회는 전직 아르콘(집정관)들로 구성된 일종의 원로원이었다. 아테네는 해마다 아르콘을 10명씩 추첨으로 뽑았고, 임기가 끝난 아르콘들은 자동으로 아레오파고스 평의회 의원이 됐다. 이 평의회에서 현직 아르콘의 탄핵을 비롯한 중대 범죄를 재판했다. 그런데 평의회 의원들 다수가 현직 아르콘들과 친분이 두터웠고 그러다 보니 사적인 이해관계에 휘둘려 아르콘의 비리를 덮어주는 경우가 적지 않았다. 아테네 민중은 재판의 공정성이 무너지는 데 분노해 사법제도의 혁신을 요구했다. 그 결과가 기원전

461년 에피알테스(Epialtes, ?~기원전 461)가 주도한 사법개혁이다. 이 개혁으로 시민이 직접 재판을 진행하는 배심원제도가 등장했다. 아레오파고스 평의회의 사법권 대부분이 이때 배심원 재판소로 넘어갔고 사법권 일부는 민회가 관장했다.

사법개혁으로 도입된 배심원단은 해마다 30세 이상 아테네 시민 지원자 가운데 무작위로 뽑은 6000명으로 구성됐다. 이 배심원단에서 사소한 재판은 200명, 중대한 재판은 500명을 다시 추첨으로 뽑아 해당 재판의 배심원을 꾸렸다. 이 배심원 재판에는 판사도 검사도 따로 없었다. 배심원으로 뽑힌 보통 시민이 재판관이 돼 재판 전체를 이끌고 판결을 내렸다. 고소인이 피고인의 죄를 논고하면, 피고인이 나와 자신을 변론했다. 이때 피고인은 스스로 변론문을 써 오기도 했지만, 직업적인 연설문 작성자가 써준 것을 읽는 일도 많았다. 그리하여 기원전 5세기 사법개혁과 함께 법정 연설문을 대필하는 수사학 전문가들이 대거 등장했다. 아테네 수사학은 사법 민주화가 피워낸 꽃이었다. 이 수사학의 허점을 캐물음으로써 아테네 공공 언어를 더 높은 수준으로 끌어올리려 한 사람이 소크라테스였다. 소크라테스는 자신이야말로 참된 정치인이라고 자부했다.

아테네 배심원제도는 도입 이후 여러 차례 보완 과정을 거쳤다. 기원전 450년대에는 공적 임무를 맡은 사람들에게 수당을 주는 법률이 제정됐다. 수당 지급으로 가난한 사람들이 배심원으로 재판에 참여하기가 한결 수월해졌다. 또 기원전 4세기 초에는 배심원 추첨 절차를 바꾸어 재판 당일 아침에 배심원을 뽑도록 했다. 뇌물이 끼어들 여지를 없앰으로써 재판의 공정성을 높이려는 조처였다. 소크라테스는 이렇게 도입되고 강화된 배심원제도 아래서 재판을 받았다. 그러므로

'악법'을 보려면 배심원제도가 들어서기 전 아레오파고스 평의회로 눈을 돌려야 한다. 배심원제도는 소수 특권층이 서로서로 봐주는 담합 관행을 무너뜨리고 시민주권을 사법 영역 전반으로 확대한 아테네 민주주의의 정점이었다.

아테네 사법 민주화 역사가 보여주는 대로 소수가 법 위에 군림하는 것을 허용하는 제도와 관행은 국민의 저항에 부닥쳐 무너질 수밖에 없다. 보편적 법치라는 공화국의 정신은 법 위에서 법을 사유화하는 특권층을 용납하지 않는다. 지금 이 나라에서 가장 방종한 특권 세력으로 지목받고 있는 것이 검찰 권력이다. 아테네 시민의 주권적 명령으로 사법권을 박탈당한 아레오파고스의 사례는 이 나라 검찰 권력의 미래를 예고한다.

35
-
잘못된 생각을 바꾸는 건
왜 그토록 어려운가

은유학(Mataporologie)이라는 영역을 개척한 한스 블루멘베르크(Hans Blumenberg, 1920~1996)는 문학적 은유의 힘이 철학적 개념의 힘보다 세다고 말한다. 은유는 보이지 않고 잡히지 않는 것을 눈에 보이고 손에 잡히게 해주는 인식의 도구다. 은유야말로 개념적 사고가 미치지 못하는 영역을 탐사하는 데 길잡이 노릇을 하는 '아리아드네의 실'이다. 은유가 없다면 인간은 추상적인 것을 구체적이고 생생한 이미지로 그려낼 수 없다. 은유의 힘을 빌려 인류는 앎의 지평을 거의 무한대로 넓혔다. 그렇다면 은유는 '앎 그 자체'를 이해하는 데도 도움이 될 수 있을까? 플라톤의 대화편 《테아이테토스》는 '앎이란 무엇인가'라는 물음의 답을 찾는 데 은유가 유용한 도구가 될 수 있음을 알려주는 텍스트다.

　이 대화편에서 플라톤을 대리하는 소크라테스는 배움의 열정으로 가득 찬 젊은이 테아이테토스와 함께 도대체 '앎'(에피스테메, episteme)이 무엇인지 집요하게 물어나간다. '앎에 대한 앎'이 이 대화편의 주제다. 대화는 초반부터 긴장의 수위가 사뭇 높다. 소크라테스의 물음에 말문이 막힌 테아이테토스는 '무언가 알 듯 말 듯한 것이 안에서 부풀어 오르는데 그게 무엇인지 알지 못해 괴롭고, 그 괴로움에서 벗어나려 해도 벗어날 수 없다'고 토로한다. 그러자 소크라테스는 '임신'과 '산고'라는 은유를 빌려 테아이테토스 안에서 벌어지는 일을 이야기한다.

"테아이테토스, 그건 그대가 임신 중이라 산고를 겪는 것이네."

테아이테토스는 자기 안에서 생각이 자라나 꿈틀거리는데도 그 생각을 끌어내지 못해 진통하는 중이다.

소크라테스는 '산파'의 은유도 불러들인다.

"그대는 내가 산파 파이나레테의 아들이라는 말을 들어보았겠지?"

테아이테토스가 들어보았다고 답하자 소크라테스는 다시 묻는다.

"그럼 내가 같은 일에 종사한다는 말도 들어보았겠군?"

소크라테스 자신도 '산파'라는 얘기다. 소크라테스 어머니는 아이의 출산을 돕는 '몸의 산파'이고, 소크라테스는 생각의 출산을 돕는 '혼의 산파'다. 몸의 산파나 혼의 산파나 산고를 덜 겪고 출산할 수 있도록 이끌어준다는 점에서 같은 부류다. 소크라테스는 테아이테토스에게 자신과 함께 대화하다 보면 마침내 앎을 낳게 될 것이라고 말한다. 소크라테스의 대화술이 바로 앎을 낳도록 돕는 산파술이다. 소크라테스는 앎의 산파다.

플라톤의 이 대화편이 구사하는 앎의 은유는 이것만이 아니다. 참된 앎이 무엇인지 물어가는 중에 플라톤은 '밀랍'이라는 은유를 불러낸다. 우리 마음에 밀랍으로 된 서판이 있으며 그 밀랍에 새겨진 기억이 앎의 바탕을 이룬다. 그리하여 우리가 경험하는 외부 대상이 마음

플라톤은 대화편 《테아이테토스》에서 앎을 은유를 통해 설명한다.

의 밀랍 서판에 찍힌 기억과 일치할 때, 그것을 우리는 '올바른 판단'이라고 부른다. 소크라테스라는 인물을 보고 소크라테스인 줄 알아보는 것이 올바른 판단이다. 이 올바른 판단이 앎이다. 우리의 감각적 경험이 우리 안의 기억과 일치할 때 올바른 판단, 곧 참된 앎이 된다. 그러므로 올바른 판단은 밀랍 서판에 찍힌 기억이 얼마나 뚜렷하냐에 달렸다.

플라톤은 소크라테스의 입을 빌려 이렇게 말한다.

"밀랍이 무르면 쉽게 배우지만 쉽게 잊어버리고, 밀랍이 딱딱하면 잘 배우지 못하지만 일단 익히고 나면 잘 잊지 않는다. 밀랍에 돌이나 흙이 섞여 있으면 기억이 선명히 새겨지지 않고, 서판이 너무 작으면 서로 포개져 찍히는 탓에 기억이 엉킨다."

우리의 기억이 뚜렷해야만 우리가 경험하는 외부 대상이 무엇인지 그 기억에 맞춰 잘 판단할 수 있다. 기억이 선명하지 못하면, 다른 사람을 소크라테스로 착각할 수도 있다. 플라톤이 밀랍 은유로 이야기하는 앎은 '기억과 경험의 일치'를 뜻한다. 그러나 이런 앎은 우리의 앎 가운데 일부에 지나지 않는다. 우리의 앎의 폭은 훨씬 넓다.

앎을 좀 더 분명히 정의해보려고 플라톤은 밀랍에 이어 '새장'의 은유를 불러들인다.

'앎이란 우리 영혼 속 새장에 들어 있는 새와 같다.'

새장의 비유에서 앎은 두 단계를 거친다. 바깥세상에서 자유롭게 날아다니는 새를 붙잡아 새장에 가두는 것이 첫 단계다. 인간 영혼 안의 새장은 아주 커서 수많은 새들로 북적거린다. 새들은 집단을 이루어 한곳에 모여 있기도 하고 홀로 떨어져 있기도 하며 새장 안을 이리저리 날아다니기도 한다. 그러나 새장 안에 있다고 해서 그 새가 곧 앎이 되는 것은 아니다. 새장의 새를 다시 움켜잡아야만 새는 내 앎이 된다.

플라톤의 이 비유는 '잠재적 앎'과 '현실적 앎'의 차이를 이야기한다. 우리의 영혼 안에는 배워서 얻은 무수한 앎이 있다. 그러나 그렇게 배워 내 안에 넣었다고 해서 바로 내 앎이 되는 것은 아니다. 내 안에서 날아다니는 새를 실제로 움켜잡아야만 내 것이 된다. 우리 안에 들어와 있는 앎을 다시 잡아 익혀야 그 앎은 현실적인 앎이 된다. 그러지 않은 앎은 새장 안에서 날아다니는 새처럼 내 것이되 내 것이 아니다. 플라톤의 새장 은유는 앎의 두 차원을 선명히 그려 보여준다. 잠재적 앎이 현실적 앎이 될 때 우리는 그 앎을 자유롭게 이용할 수 있다. 그러나 새장의 은유는 앎들이 어떻게 서로 연관돼 있는지는 명확히 설명하지 못한다.

밀랍 모델이나 새장 모델은 우리의 앎을 너무 좁게 해석한다. 앎은 경험과 기억의 일치만도 아니고, 내 안에서 앎을 다시 붙잡는 일만도 아니다. 그렇다면 플라톤의 시도를 이어받아 우리의 앎이 어떻게 커 가는지 우리 나름의 은유를 사용해 다시 그려볼 수도 있다.

앎을 네트워크라고 하면 어떨까. 앎을 알아가는 것은 거미가 거미줄을 치는 것과 같다. 거미줄의 작은 떨림이 전체를 울리듯, 앎이 네트워크를 이루면 새로운 앎의 파장은 네트워크 전체로 퍼진다. 네트워크의 한 곳이 끊어져 있다면 끊어진 곳을 이음으로써 앎의 그물을 더 촘촘히 짤 수도 있다. 앎이 네트워크를 이루면 거미줄이 먹이를 잡듯이 우리는 인식의 그물로 많은 것을 잡을 수 있다.

앎을 나무의 은유로 그려볼 수도 있다. 막 싹이 튼 어린나무가 햇볕과 양분을 받아 자라오른다. 우리의 앎이 자라는 방식은 산술급수적

이기보다는 기하급수적이다. 체적으로 계산하면, 지름 30센티미터인 나무는 지름 1센티미터인 나무보다 30배 더 큰 것이 아니라 수천 배 더 크다. 앎은 축적될수록 더 많은 앎을 낳는다. 우리의 앎은 가지를 뻗어 위로 자랄 뿐만 아니라 뿌리를 내려 밑으로도 자란다. 앎은 높이 자람과 동시에 깊이 자란다. 그렇게 자란 나무는 몸통과 가지와 잎이 하나로 연결돼 서로 지탱하는 살아 있는 전체를 이룬다. 개인의 앎만 그러는 것이 아니다. 집단의 앎, 집단의 지혜도 그렇게 자란다. 집단적 지혜의 나무는 그늘을 넓게 드리워 사람들에게 생각의 공간을 내어준 다. 그런가 하면 집단적 지혜의 나무로 무지의 장벽을 부수는 공성 무 기를 만들 수도 있다.

《테아이테토스》에서 플라톤은 앎을 일종의 소유로 그린다. 새장에 새를 잡아 가두고 그 새를 다시 손으로 움켜쥔다는 그 표현부터가 앎이 소유임을 암시한다. 더 명확하게 앎을 소유로 그리는 대목이 대화 초기의 임신과 출산을 이야기하는 대목이다. 플라톤은 '산고 끝에 낳은 첫아이를 지키려는 산모'를 비유로 끌어들인다. 누군가 아이를 빼앗아 가려 하면 산모는 자기 아이를 지키려고 물불 안 가리고 덤빈다. 아이는 산모의 것이다. 앎을 낳아 품은 사람도 첫아이를 낳은 그 산모와 똑같이 행동한다. 설령 그 앎이 그릇된 앎이더라도 사정은 다르지 않다. 그래서 누군가 그 앎이 참된 앎이 아님을 밝혀 없애려 하면, 아이를 빼앗기는 산모처럼 그릇된 앎을 지키려 사납게 덤벼든다고 플라톤은 말한다. 한번 들어앉은 생각을 바꾸는 것은 그토록 어려운 일이다.

잘못된 앎은 우리의 길을 막는 무지의 장벽이다. 이 벽이 버티고 있는 한 세상은 전진하지 못한다. 진보가 집권하면 나라를 통째로 들어 공산당에게 바칠 거라느니 휴전선 이북에서 언제 밀고 내려올지 모른다느니 하는 믿음이 그런 무지의 장벽이다. 믿음은 낡았어도 때가 되면 어김없이 길을 막는다. 그 무지의 장벽이 분단 기득권 세력을 지켜주는 성벽 노릇을 한다. 그리스어 '아포리아'(aporia)는 '길(poros)이 없음'을 뜻한다. 길이 없기에 난관이고 장벽이다. 그 아포리아를 뚫는 것이 우리의 집단적 지혜다. 베를린 장벽이 무너지기 전에 인식의 장벽이 무너졌듯이, 우리의 집단적 지혜가 공성 무기가 돼 무지의 장벽을 뚫으면 이 사회의 진전을 가로막고 선 저 성채도 무너질 것이다.

36
저열화 경쟁 부르는
남북의 '짝패 관계'

프랑스 사회인류학자 르네 지라르(René Girard, 1923~2015)는 인간관계의 밑바탕에 모방과 경쟁이 있다는 통찰을 자신의 모든 저술의 이론적 토대로 삼았다. 모방적 경쟁이 인간관계를 움직이는 근본 동력이다. 지라르는 말년의 대담집에서 그 통찰을 전쟁이라는 특수 상황을 해석하는 데 적용했다. 전쟁은 모방적 인간의 경쟁 행위이며, 모든 전쟁의 본질은 한쪽이 끝장날 때까지 벌이는 결투에 있다는 것이 지라르의 분석이다. 지라르는 모방과 경쟁으로 얽힌 두 당사자를 짝패라고 부른다. 《전쟁론》(1832)을 쓴 프로이센 군사이론가 카를 폰 클라우제비츠(Carl von Clausewitz, 1780~1831)와 프랑스 황제 나폴레옹 보나파르트가 짝패 관계의 전형이다.

클라우제비츠에게 나폴레옹은 경탄하면서 증오하고 증오하면서 닮고자 하는 모방적 경쟁의 모델이었다. 클라우제비츠의 재능은 일찍 꽃피었다. 열다섯 살에 소위로 임관하고 스물네 살에 베를린 전쟁학교를 수석으로 졸업한 뒤 프로이센의 아우구스트 왕세자 전속부관이

나폴레옹 보나파르트(장 오귀스트 도미니크 앵그르, 1804년 작).

됐다. 이 시기에 나폴레옹은 군사적 천재로서 욱일승천해 황제의 권좌에 올랐다. 1806년 나폴레옹이 예나―아우어슈테트 전투에서 프로이센군을 격파했을 때, 클라우제비츠는 아우구스트 왕세자와 함께 포로가 돼 1년 동안 억류되는 수모를 겪었다.

1812년 나폴레옹이 러시아를 침공하자 프로이센군은 나폴레옹의 종속 부대로 러시아 원정을 뒤따랐다. 클라우제비츠는 프로이센군을 탈출해 러시아군으로 들어가 침략군에 맞서 싸웠다. 조국의 군대를 배반함으로써 조국을 해방하는 일을 한 것인데, 전쟁 막바지에는 프로이센 군대와 러시아 군대의 화해를 끌어내는 중재자 노릇을 함으로써 나폴레옹군에 마지막 타격을 입히기도 했다. 클라우제비츠는 전쟁이 끝난 뒤 조국으로 돌아왔으나 프로이센 군부에 배신자로 낙인찍혀 한직을 맴돌았다. 이 군사이론가는 응어리진 마음을 안고 12년 동안 《전쟁론》 집필에 몰두했다.

《전쟁론》 속 클라우제비츠의 관심은 온통 나폴레옹 전쟁에 쏠려 있다. 나폴레옹은 이 전략서의 처음과 끝을 관통하는 사실상 주인공이다. 클라우제비츠는 나폴레옹을 단 한 번도 '황제'로 칭하지 않고 '보나파르트'라고 부른다. 원한과 증오의 감정이 행간에 흐른다. 동시에 이 책의 저자는 나폴레옹의 군사적 재능에 매혹된 마음을 감추지 않는다. 《전쟁론》에는 전쟁을 지휘하는 최고사령관이 얼마나 정교하게 수를 읽어야 하는지 힘주어 말하는 대목이 있다. 최고사령관은 아군과 적군의 모든 측면을 알아야 하며, 국제관계의 미세한 변화를 포착해야 하고, 상대국 정부와 국민의 성격과 능력을 꿰뚫어 보아야 한다.

"이렇게 복잡하게 얽힌 온갖 문제들을 신중하게 고려하여 재빨리 올바른 방법을 찾아내는 일은 천재의 혜안으로만 할 수 있다."

클라우제비츠는 나폴레옹을 끌어들인다.

"그런 일은 뉴턴과 같은 수학자도 놀라 주춤할 만한 대수학의 문제라고 한 보나파르트의 말은 전적으로 옳다."

그런 능력을 지닌 사람을 클라우제비츠는 "위대한 정신의 소유자"라고 부르는데, 두말할 것 없이 나폴레옹을 가리킨다. 지라르는 클라우제비츠가 매혹과 증오의 양가감정을 동력으로 삼아 글을 쓴 최초의 근대 작가였다고 말한다.

모방적 경쟁의 짝패 관계는 학문과 예술의 영역에서도 나타난다. 그런 사례를 음악가 리하르트 바그너(Richard Wagner, 1813~1883)와 철학자 프리드리히 니체 사이에서 찾아볼 수 있다. 클라우제비츠가 죽을 때까지 나폴레옹이라는 망령과 싸웠듯이, 니체도 바그너라는 적수와 마지막 순간까지 싸웠다. 젊은 니체에게 바그너는 살아 있는 신과 같은 존재였다. 스물네 살에 스위스 바젤대학교 고전문헌학 교수가 된 니체는 루체른의 트립셴에 살던 바그너를 3년 동안 스물세 번이나 방문했다. 그 시절 니체가 친구들에게 보낸 편지는 바그너에 대한 찬사로 넘친다.

"나는 쇼펜하우어가 말한 '천재'의 상을 그대로 체현하는 사람을 발견했다. 바그너에게 가까이 다가갔을 때 나는 마치 신적인 것을 영접하는 것 같은 느낌이 들었다."

니체는 바그너의 매력에 압도당해 첫 책 《비극의 탄생》(1872)을 썼다. 그러나 머잖아 경쟁심이 발동했고, 바그너를 극복해 니체 자신이 되려는 충동이 제어할 수 없을 정도로 분출했다. 이후 니체의 거의 모든 저작은 바그너에 대한 대결 의식으로 물들었다. 니체는 정신이 온전했던 마지막 해에도 바그너 비판서를 썼다. 《바그너의 경우》(1888)

서문은 니체와 바그너의 관계가 지라르가 말하는 짝패 관계의 본보기임을 알려준다.

"어떤 사람도 나보다 더 위험하게 바그너적인 것과 하나가 돼 있지 않았고, 그 누구도 나보다 더 강하게 바그너적인 것에 저항하지 않았다."

이 서문에서 니체는 바그너를 '인간이 아니라 질병, 모든 것을 병들게 하는 질병'이라고 부른다. 그러나 그 직후에 쓴 자서전에서는 바그너 음악을 두고 이렇게 찬탄했다.

"레오나르도 다 빈치의 온갖 신비함도 〈트리스탄과 이졸데〉의 첫 음이 울리면 그 매력을 잃어버린다. 〈트리스탄과 이졸데〉는 전적으로 바그너 최고의 작품이다."

이 말년의 자서전에서 니체는 청년 시절에 쓴 〈바이로이트의 리하르트 바그너〉(1876)에 묘사된 바그너는 실은 니체 자신이라고 말한다. 젊은 니체는 바그너 내면에 꿈틀거리는 '의지'를 두고 이렇게 쓴 바 있다.

"저 밑바닥에는 강렬한 의지가 급류를 이루며 바닥을 파 엎고 있었는데, 그것은 모든 길, 동굴, 협곡을 통과해 밝은 빛으로 나아가 권력을 갈망하는 의지였다."

니체는 바그너에게서 살아 있는 권력의지를 보았고, 뒤에 그 권력의지를 자기 철학의 핵심 원리로 세웠다.

20세기 정치사가 낳은 모방적 경쟁의 극단적 사례는 이오시프 스탈린(Iosif Stalin, 1878~1953)과 아돌프 히틀러에게서 찾아볼 수 있다. 히틀러가 만든 국가사회주의독일노동자당(나치당)의 구조와 운동부터가 레닌이 세우고 스탈린이 키운 소련식 공산당의 모방이었다. 히틀러에게 일인 독재체제를 안겨준 사건은 1934년 6월 30일 일어난 '긴 칼의 밤'이었다. 이날 히틀러는 나치당 안에서 가장 강력한 경쟁자였던 돌격대 사령관 에른스트 룀(Ernst Röhm, 1887~1934)을 체포해 반역 혐의를 씌워 총살했다. 그레고어 슈트라서(Gregore Strasser, 1892~1934)를 비롯한 나치당 좌파 지도자들도 룀과 공모했다는 혐의로 엮여 한꺼번에 사라졌다. 이틀 뒤 히틀러는 '국가의 안전에 필요하다면 재판 없는 살인도 정당하다'고 규정한 법을 통과시켰다. '긴 칼의 밤' 사건으로 히틀러는 나치당의 절대권력이 됐다.

히틀러의 행동은 모스크바의 스탈린에게 깊은 감명을 주었다. 스탈린은 룀 숙청 소식을 듣고 정치국 회의에서 이렇게 말했다.

"히틀러, 얼마나 대단한 사람인가! 정적은 이렇게 다루어야 해."

히틀러가 반대파를 없애고 다섯 달이 지난 뒤 모스크바에서도 비슷한 일이 일어났다. 소련 공산당 안에서 스탈린에게 맞먹는 인기를 누리던 세르게이 키로프(Sergei Kirov, 1886~1934)가 암살당했다. 배후가 누구인지는 끝내 밝혀지지 않았다. 스탈린은 키로프의 죽음을 즉각 권력 강화에 이용했다. 테러 혐의자를 체포해 비밀 재판으로 처형하는 것을 허용하는 '키로프 법'을 만들었다. 이후 4년 동안 수많은 당원이 국가 테러에 목숨을 잃었다. 지노비예프·카메네프·부하린 같은, 한때 스탈린과 경쟁했던 공산당 지도자들이 모조리 죽임을 당했다.

똑같이 일인 체제를 구축한 히틀러와 스탈린은 머잖아 생사를 건 대결을 벌였다. 1941년부터 1945년까지 두 사람이 벌인 전쟁은 소련군 2900만 명, 독일군 1800만 명을 동원한 전대미문의 절멸전으로 치달았다. 두 사람의 대결은 히틀러가 지하 벙커에서 자살하고 스탈린이 히틀러 시신을 거두어 모스크바로 가져감으로써 끝이 났다.

한반도 현대사도 모방적 경쟁의 예외 지대가 아니었다. 박정희와 김일성이라는 짝패는 결투하듯 맞서면서 서로 모방했고, 적대의 파토스를 각자의 권력을 강화하는 수단으로 이용했다.

그러면 모방적 경쟁은 다 나쁘기만 한가. 그럴 리가 없다. 서로를 높여주는 선한 경쟁, 좋은 모방도 있다. 박정희와 김일성은 좋은 쪽을 모방하기보다는 나쁜 쪽을 모방했고 나쁜 쪽으로 경쟁했다. 그 자기 배반의 모방 경쟁이 남북 사이에 다시 벌어지고 있다. 누가 더 저열해지느냐를 두고 경쟁하는 것은 상대를 넘어서는 길이 아니라 상대 밑으로 들어가는 길이다. 지금 남과 북의 상호 모방은 서로 더 비루해지겠다고 다투는 자해적 경쟁, 한반도 전체를 수렁으로 끌고 가는 자멸적 경쟁이다. 이래서는 남이든 북이든 국제적인 노리개, 체스 판의 말 노릇에서 벗어날 수 없다. 남북의 자기 훼손 경쟁이 하루라도 빨리 끝나야 나라의 자존이 선다.

37

"교만은 파멸을 부른다"
에우리피데스 비극의 경고

프리드리히 니체가 스물일곱 살 때 쓴《비극의 탄생》은 고대 그리스 비극이 음악 정신으로부터 태어나 음악 정신의 죽음과 함께 몰락했다고 말하는 책이다. 이 비극론에서 니체는 그리스 비극의 특징을 '디오니소스적인 것'과 '아폴론적인 것'이라는 쌍개념으로 서술했다. '디오니소스적인 것'은 그리스 비극의 바탕에 흐르는 격렬한 삶의 충동을 가리키며, 이 충동은 음악으로 나타난다. 반면에 '아폴론적인 것'은 이 삶의 충동을 제어하여 질서를 부여하는 힘이다. 그리스 비극은 디오니소스적인 거대한 에너지를 아폴론적인 엄격한 형식으로 통제함으로써, 다시 말해 창조적 생명력을 미학적 규율로 장악함으로써 예술의 신기원을 열었다.

《비극의 탄생》에서 니체가 구사하는 쌍개념은 이것만이 아니다. 니체는 '디오니소스적인 것'과 '소크라테스적인 것'이라는 또 다른 쌍개념도 제시한다. '디오니소스적인 것'과 '아폴론적인 것'의 결합이 비극을 예술의 정점으로 끌어올렸다면, '디오니소스적인 것'과 '소크라테스적인 것'의 대립은 그리스 비극을 몰락으로 이끌었다. '소크라테스적인 것'이란 철인 소크라테스가 보여준 앎의 의지를 뜻한다. 소크라테스는 날카로운 사유의 힘으로 존재의 심연으로 들어가 그 모든 비밀을 밝혀내려 한 사람이었다. 소크라테스적인 차가운 논리가 비합리적인 어두운 충동의 세계를 해부함으로써 디오니소스적인 원초적 생명력을 동력으로 삼는 비극 정신을 죽이고 말았다는 것이 니체의 진단이다.

그 '소크라테스적인 것'의 구현자로 니체가 지목하는 사람이 그리스 비극 3대 작가 가운데 막내인 에우리피데스(Euripides, 기원전 484?~기원전 406?)다. 에우리피데스야말로 소크라테스적 정신으로 무장하고 삶의 비밀스러운 어둠을 들여다봤을 뿐 아니라 그 어둠에 빛을 비춤으로써 비극을 자살로 몰고 간 사람이었다. 니체는 말한다.

"디오니소스는 이미 비극 무대로부터 쫓겨났고, 그것도 에우리피데스를 통해서 말하는 악마적인 힘에 쫓겨났다. 에우리피데스조차도 어떤 의미에서는 가면에 지나지 않았다. 에우리피데스를 통해서 말하고 있는 신은 디오니소스도 아폴론도 아니었다. 그것은 새로 태어난 마신 소크라테스였다."

그리스 비극의 출현과 쇠락의 역사를 놓고 보면, 니체의 설명은 절묘한 데가 있다. 니체의 말대로 그리스 비극은 디오니소스적인 음악 정신에서 태어났다. 아리스토텔레스는 《시학》에서 비극이 '디티람보스'에서 기원했다고 말했는데, 디티람보스는 디오니소스에게 바치는 합창서정시다. 이 합창서정시가 변형돼 비극이 됐다. 그 비극은 아테네 디오니소스 제전에서 상연됐다. 디오니소스는 포도주의 신이자 재생과 풍요의 신이었기에 농민의 숭배를 받았다. 기원전 6세기에 아테네의 참주가 된 페이시스트라토스(Peisistratos, 기원전 600?~기원전 527)는 디오니소스 축제를 국가 제전으로 만듦으로써 대중의 지지를 끌어모으려 했다.

비극은 디오니소스에게 바치는 음악에서 태어나 디오니소스 제전과 함께 비극으로 자립했다. 그 비극은 아이스킬로스(Aeschylos, 기원전 525?~기원전 456) 작품으로 위엄을 갖춘 예술이 됐고 소포클레스를 통해 승리의 팡파르를 울리다가 에우리피데스 시기에 이르러 밤하늘의 불꽃처럼 타올라 스러졌다. 흥미롭게도 에우리피데스가 지상에 남긴 마지막 작품이 디오니소스 신앙을 소재로 삼은《바코스의 여신도들》이다. 이 작품에는 디오니소스 숭배의 온갖 어두운 모습이 드러나 있어, 그 표면만 보면 디오니소스적인 것을 거부하는 비극, 그리하여 디오니소스 정신이 창출한 비극 예술의 파국을 극적으로 보여주는 비극으로 보인다.

그러나 니체의 이런 해석은《비극의 탄생》이 출간된 직후부터 반론에 부닥쳤다. 니체는 에우리피데스가 소크라테스라는 마성의 힘을 빌려 디오니소스의 목을 졸랐다고 했지만, 니체가 디오니소스적인 것의 본질로 상정하는 음악 정신이 에우리피데스에게서 사라졌다고 볼 근거는 약하다. 코로스(합창단)의 노래는 여전히 극을 떠받치고, 등장인물이 부르는 독창은 오히려 늘었다. 음악 정신은 에우리피데스 비극에서 죽지 않았다.

에우리피데스 비극을 관통하는 본질적 특징을 보려면, 니체가 말하는 '디오니소스적인 것'에 주목할 것이 아니라 아테네 사회에 대한 작가의 비판 정신에 눈을 모아야 한다. 에우리피데스는 당대의 아테네가 그리스 세계의 지배자로서 제국주의적 횡포를 저지르다 펠로폰네소스전쟁을 불러들였고, 그런 잘못을 성찰하기는커녕 오만한 정책을 오히려 더 밀어붙인다고 보았다. 기원전 416년 멜로스섬 주민들이 아테네 편을 들지 않는다는 이유로 남자들을 모두 죽이고 여자들과 아이들을 노예로 삼았을 때, 에우리피데스는 《트로이 여인들》이라는 작품으로 아테네의 멜로스 학살이 얼마나 반인륜적인 것인지 상기시켰다.

이렇게 비극을 현실 비판의 매체로 삼았기에 에우리피데스 예술은 당대 아테네인들에게 인기가 없었다. 에우리피데스는 90편이 넘는 작품을 무대에 올렸지만, 디오니소스 제전에서 우승한 것은 네 편에 지나지 않았다. 아이스킬로스가 13번, 소포클레스가 18번 우승한 것과 대비된다. 아테네의 양심을 찌르는 에우리피데스를 아테네 시민들은 외면했다. 그러나 에우리피데스 비극은 작가 정신의 탁월함으로 후대의 모범이 됐다. 아이스킬로스와 소포클레스의 작품이 각각 7편밖에 살아남지 못한 것과 달리 에우리피데스의 비극은 17편이나 온전히 전해졌다. 아리스토텔레스는 에우리피데스를 '가장 비극적인 시인'이라고 불렀다. 니체의 진단과 달리 '소크라테스적인 것'은 에우리피데스 비극을 죽이지 않았다. 반대로 에우리피데스야말로 '디오니소스적인 것'과 '소크라테스적인 것'의 결합으로 그리스 비극을 정점에 올렸다고 할 만하다.

에우리피데스의 비판 정신은 마지막 작품 《바코스의 여신도들》에서 광염과도 같이 타오른다. 이 작품은 '바코스(디오니소스) 신앙'을 부정하기는커녕, 이 신앙을 불신하고 탄압하는 권력자들의 무지와 교만을 겨냥한다. 이 비극의 무대는 도시국가 테베다. 아시아에서 자라 포도주의 신이 된 디오니소스가 자신의 신성을 드러내려고 테베로 돌아온다. 테베는 디오니소스의 어머니 세멜레의 나라이기에 디오니소스

에우리피데스의 비극《바코스의 여신도들》(그레고리오 라차리니, 1710년 작).

자신의 고향이기도 하다. 그곳 테베는 이 나라의 건설자이자 세멜레의 아버지인 카드모스가 늙어 외손자 펜테우스에게 왕좌를 물려준 상태다. 펜테우스와 펜테우스의 어머니 아가우에를 비롯한 왕궁 사람들은 디오니소스를 신으로 인정하지 않을 뿐 아니라 디오니소스 신도들을 풍속을 해치는 이들이라고 여겨 닥치는 대로 잡아들인다.

자신의 신성을 받아들이지 않는 펜테우스 일가의 태도에 분노한 디오니소스는 무서운 마법으로 왕궁을 심판한다. 먼저 펜테우스의 어머니 아가우에와 왕궁의 다른 여인들에게 광기를 내려 디오니소스 숭배자로 만든다. 신들린 아가우에 무리는 키타이론산으로 올라가 비밀 의식을 치른다. 디오니소스 신의 마력을 빌린 키타이론산의 여인들은 자신들의 비밀 의식이 발각되자 초인적인 힘으로 이웃 마을을 약탈하고 짐승들을 잡아 죽이고 커다란 나무를 뿌리째 뽑는다.

디오니소스의 심판은 이제 펜테우스로 향한다. 펜테우스는 디오니소스를 잡아 죽이겠다고 큰소리치고 키타이론산의 광란하는 무리도 쓸어버리겠다고 다짐한다. 왕궁에서 신을 두려워하는 사람은 펜테우스의 할아버지 카드모스와 눈먼 예언자 테이레시아스뿐이다. 테이레시아스는 펜테우스에게 경고한다.

"그대는 권력이 인간 만사를 지배한다고 과신하지 말고, 그대의 병든 생각을 지혜라고 착각하지 말라."

카드모스도 펜테우스를 향해 '악타이온의 운명'을 기억하라고 간청한다. 아르테미스 여신을 업신여기던 악타이온은 자기가 기르던 사냥개들에게 잡혀 찢겨 죽었다.

그러나 늙은 현자들의 경고에 아랑곳하지 않고 펜테우스는 신들린 여인들의 비밀 의식을 확인하러 갔다가 붙잡히고 만다. 변장한 펜테우스를 야수로 여긴 아가우에는 그 '야수'의 사지를 찢고 머리통을 떼어내 티르소스 지팡이에 꿰어 의기양양하게 왕궁으로 돌아온다. 아가우에는 뒤늦게 자기가 무슨 짓을 저질렀는지 깨닫는다. 가장 소중한 자식을 제 손으로 죽였으니 아가우에의 광란은 참혹한 자기 징벌이라고 할 수밖에 없다. 에우리피데스는 늙은 카드모스와 테이레시아스의 입을 빌려 이 비극의 원인이 권력자의 불경과 교만에 있음을 명확히 밝힌다. 두려움을 모르는 무절제한 권력은 스스로 파멸을 불러들인다. 에우리피데스가 이 작품을 쓰고 2년 뒤 아테네는 펠로폰네소스전쟁에서 패해 굴욕을 당하고 몰락의 길로 들어선다.

38
—
일제 부역자들의
상식과 반상식

고대인들은 우주의 크기가 얼마나 된다고 생각했을까? 로마 철학자 보에티우스가 쓴《철학의 위안》에는 이런 말이 나온다.

"네가 천문학자들의 가르침에서 배웠듯이, 지구의 크기는 우주의 크기에 비하면 한 점에 지나지 않는다. 지구는 우주 전체와 비교하면 사실상 크기가 없는 것이나 마찬가지다."

보에티우스는 서로마제국 멸망 이후에 살았던 인물이다. 476년 서로마의 마지막 황제가 게르만족 용병대장 오도아케르(Odoacer, 433?~493)에게 폐위당하고, 오도아케르도 489년 동고트족 지도자 테오도리쿠스에게 패배했다. 로마 귀족 출신이었던 보에티우스는 이 혼란기에 테오도리쿠스의 왕국에서 집정관으로 봉직했다. 그러나 곧은 성품이 화를 불렀다. 보에티우스는 반대파의 음모에 휘말려 반역죄를 뒤집어쓰고 사형 선고를 받았다.

《철학의 위안》은 사형을 당하기 전 유배지에서 쓴 마지막 저작이다. 이 글에서 보에티우스에게 지구의 크기가 얼마나 작은지 이야기해주는 이가 '철학의 여신'이다. 여신은 이 지구가 광대한 우주에 비하면 먼지만도 못한 것임을 상기시킨 뒤, 그 티끌 같은 곳에 갇혀서 명예니 영광이니 하는 것을 추구하는 삶이 얼마나 보잘것없는지 생각해보라고 말한다.

보에티우스의 이런 우주적 상상력은 긴 세월에 걸친 천문학 발전이 가져다준 것이었다. 그 1000년 전에 살았던 그리스 철학자 아낙시만드로스(Anaximandros, 기원전 610?~기원전 546?)는 신화적 우주관에서 벗어나 태양을 거대한 물질 덩어리로 보았다. 지구와 태양 사이의 거리를 처음으로 따져본 사람도 아낙시만드로스였다.

아낙시만드로스는 이런 생각도 했다.

'태양과 달과 별이 우리를 돌고 있는데, 그렇다면 이 지구 아래는 비어 있어야 할 것이다. 지구는 단단한 것 위에 놓여 있지 않고 공중에 떠 있음이 틀림없다.'

기원전 4세기에 이르면 지구가 공중에 떠 있다는 생각은 최소한 철학자들에겐 낯설지 않게 됐다. 아리스토텔레스도 지구가 둥근 물체임을 당연한 것으로 받아들였다. 아리스토텔레스의 천체론에서 달과 태양과 행성과 항성으로 이루어진 거대한 우주는 지구를 중심으로 하여 돈다.

두어 세대 뒤에 살았던 아리스타르코스(Aristarchos, 기원전 310?~기원전 230?)는 아리스토텔레스보다 한층 더 과감한 생각을 했다. 이 불세출의 천문학자는 상현달일 때 지구—달—태양이 이루는 삼각형의 내각이 직각에 가깝다는 사실을 관측해 태양이 지구로부터 까마득히 멀리 떨어져 있다고 계산했다. 그렇게 멀리 떨어져 있는데도 태양의 크기가 달의 크기와 같게 보인다면, 태양은 달과는 비교할 수 없이 클 뿐만 아니라 지구보다도 훨씬 크다. 이 추측은 다음과 같은 생각을 불러 일으켰다.

"큰 것(태양)이 작은 것(지구) 주위를 도는 것은 불합리하다."

이 생각을 밀어붙여 아리스타르코스는 태양이 지구를 도는 것이 아니라 지구가 태양을 돈다는 결론을 내렸다. 아리스타르코스의 생각은 너무나 과감한 것이어서 당대인들에게 받아들여지지 못했다. 보에티우스가 생각한 우주는 지구를 중심에 두고 천체들이 회전하는 아리스토텔레스적 우주였다.

아리스타르코스의 생각은 1700년 뒤에야 재발견됐다. 16세기 천문학자 코페르니쿠스는 아리스타르코스의 생각을 이어받아 지구가 태양 주위를 돈다는 태양중심설을 내놓았다. 100년 뒤 갈릴레오 갈릴레이(Galileo Galilei, 1564~1642)는 정교한 논리와 언어로 코페르니쿠스의 태양중심설을 우주의 법칙으로 세웠고, 이어 아이작 뉴턴은 천체 사이에 작용하는 인력이 이 모든 우주의 질서를 이끄는 원리임을 증명했다. 아리스타르코스의 천문학적 세계관은 마침내 계몽 이성의 상식이 됐다.

그러면 상식(common sense)이라는 말은 어디서 왔을까. 이 말의 뿌리를 캐 들어가 보면 다시 아리스토텔레스 철학에 이른다. 아리스토텔레스는《영혼론》에서 시각·청각·촉각·후각·미각의 다섯 가지 감각을 통합해 사물을 인식하는 능력을 가리켜 '공통감각'(koine aisthesis, 코이네 아이스테시스)이라고 불렀다. 감각은 따로따로 작용하기도 하지만 힘을 모아 함께 작용하기도 한다. 아리스토텔레스는 쓸개즙을 사례로 든다. 우리는 쓸개즙을 보고 '맛이 쓰고 색이 노랗다'고 말한다. 미각과 시각이 함께 작용해 쓸개즙을 쓰고 노란 것으로 인식하는 것이다.

아리스토텔레스는 공통감각이 발달하는 이유를 사물을 있는 그대로 파악하려는 우리의 본성에서 찾았다. 만약 우리에게 미각이 없다면 설탕과 소금을 구분하기 어렵다. 시각이나 촉각만으로는 눈앞에 있는 하얀 것이 설탕인지 소금인지 알 수 없는 것이다. 공통감각을 통해 우리는 사물의 실상을 제대로 알 수 있다.

3세기 뒤 로마 철학자 키케로는 아리스토텔레스의 공통감각 곧 '코이네 아이스테시스'를 라틴어 '센수스 코무니스'(sensus communis)로 옮기면서 여기에 '공동체 감각'이라는 의미를 더했다. 이 '센수스 코무니스'에서 근대의 상식(common sense)이 나왔다. 상식이란 공동체 안에서 통용되는 공통의 감각이며, 공동체가 공유하는 공동의 의견이고, 공동체가 함께하는 윤리적 판단력이다. 공동체의 윤리적 판단력이라는 이 상식의 의미가 18세기에 이르러 스코틀랜드 상식학파를 낳았다.

바로 이 '상식'을 손에 쥐고 정치적 변혁을 주장한 사람이 18세기 영국 출신 사상가 토머스 페인(Thomas Paine, 1737~1809)이다. 자유·평등·독립의 근대 이념을 신봉한 페인은 1776년 《상식》이라는 소책자를 써 미국 독립전쟁에 불을 질렀다. 《상식》을 출판하고 여섯 달 뒤에 나온 '독립선언'은 페인이 이 소책자에서 주장한 것을 그대로 옮겨놓은 것이나 다를 바 없다.

페인이 말하는 '상식'은 인간이 이성으로 인식한 세상의 보편적 질서를 뜻하며, 더 좁혀서 말하면 인류가 수천 년에 걸쳐 축적하고 갈릴레오와 뉴턴이 확고한 법칙으로 세운 자연의 원리를 가리킨다. 페인은 말한다.

"나는 국가의 형태에 대한 내 생각을 자연의 원리에서 끌어냈다."

아메리카 독립의 당위와 필연을 역설하면서는 이런 비유를 끌어들인다.

"대륙이 영구히 섬의 지배를 받아야 한다고 가정하는 것은 너무나 불합리하다. 자연을 보라. 위성이 그 행성보다 큰 경우는 어디에도 없다. 영국과 아메리카의 관계도 그런 자연의 질서를 뒤집을 수는 없다."

여기서 저 고대 아리스타르코스의 천체론이 페인의 '상식'이 돼 정치적 주장을 떠받치는 토대 구실을 하고 있음을 확인할 수 있다. 그 자연의 원리 곧 상식의 이름으로 페인은 단언한다.

"자연이 용서할 수 없는 침해 행위가 있다. 그런 침해 행위를 용서한다면 그것은 자연일 리가 없다. 사람이 자신의 연인을 강탈한 자를 용서할 수 없듯이, 대륙은 영국의 살인자들을 용서할 수 없다."

페인의 상식론은 대륙이라는 커다란 위성이 섬이라는 작은 행성에서 떨어져 나가 독립하는 데 결정적으로 이바지했다.

페인의 이 상식론을 받아들인다면 인도와 같은 거대한 땅이 영국이라는 작은 섬의 지배를 받는 것도 상식의 이름으로 반대해야 할 것이다. 그러나 19세기 이후 영국인 대다수는 그런 생각을 상식으로 받아들이지 않았다. 어떤 사람들에게 상식인 것이 다른 어떤 사람들에게는 상식이 아닐 수도 있다. 인도인들에게 '독립'은 상식이었지만, 영국의 식민주의자들에게는 '지배'가 상식이었다.

일제강점기 한반도의 경우도 다르지 않다. 나라를 팔아 권세를 얻은 자들에게는 일본의 지배가 상식이었지만, 일제의 강압적 침탈을 견딜 수 없었던 한반도 민중과 항일 운동가들에게는 일본의 패망과 조선의 독립이 상식이었다. 부역자 무리에 속해 있느냐 저항자 집단에 속해 있느냐에 따라 세상을 보는 감각이 달라진다.

《상식》이라는 소책자로 미국 독립전쟁에 불을 지른 토머스 페인(로랑 다보스, 1791년경 작).

상식은 분명히 공동체가 공유하는 공동의 판단력이다. 그러나 일제 부역자들의 상식은 부역자 내부의 공통감각일 수는 있지만 공동체 전체의 윤리적 공통감각일 수는 없다. 부역자들의 감각은 공동체 전체로 보면 반공동체적 감각이고 반윤리적 감각이며 반상식이다.

그러므로 모든 센스, 모든 판단, 모든 의견이 다 존중받을 수는 없다. 몸을 파괴하는 암세포도 암세포로서 의견이 있다. 그러나 암세포의 의견을 그대로 두면 몸 전체가 암세포에 잡아먹힌다. 그 암세포 같은 반상식이 권력의 위세를 업고 발호한다. 일제 부역자의 후예들이 선조들을 대신해 제2의 반역에 나선 꼴이다. 반상식이 상식 노릇을 하면 공동체의 윤리성은 존립의 토대를 잃는다. 윤리가 죽은 공동체는 공동체로서도 죽는다. 상식을 희롱하고 공동체를 모욕하는 반공동체 세력을 공적 공간에서 퇴출하는 것이야말로 이 시대의 상식이다.

39
-
윤리학 없는 논리학은
민주주의의 적이다

문화사학자 요한 하위징아(Johan Huizinga, 1872~1945)의 《호모 루덴스》 (1938)는 인류의 모든 문화가 놀이(play)에서 태어나 자라났다고 말한다. 이 저작에서 하위징아는 인간을 규정하는 말로 '호모 사피엔스'(homo sapiens, 지혜로운 인간), '호모 파베르'(homo faber, 공작하는 인간)와 나란히 '호모 루덴스'(homo ludens, 놀이하는 인간)를 세운다. 하위징아의 말을 더 들어보면 '호모 루덴스'는 '호모 사피엔스'와 '호모 파베르'를 아우르는 더 높은 개념인 듯하다. '놀이하는 인간'에서 '사유하는 인간'과 '공작하는 인간'이 나왔다. 지혜를 닦는 것도 놀이이고 물건을 만드는 것도 놀이다. 그런 놀이의 가장 원시적인 형태가 춤과 노래다. 신령한 존재를 향해 노래하고 춤추는 의례에서 종교가 출현했고 예술이 탄생했다. 정치와 전쟁도 놀이에서 나왔다. 문명은 놀이의 변용이다.

하위징아는 이런 놀이의 가장 본질적인 특성으로 '아곤'(agon)을 든다. 그리스어 '아곤'은 사람들의 '모임', 사람들이 모이는 '장소', 그곳에서 벌어지는 '경쟁'을 뜻한다. 공공장소에 모인 사람들을 앞에 두고 벌이는 경쟁이 아곤이다. 아곤이야말로 놀이의 본질이다. 이 아곤의 관점에서 보면 정치와 전쟁이 놀이의 한 양상이라는 하위징아의 주장이 이해된다. '아곤으로서 놀이'를 보여주는 전형이 1200년 동안 지속된 고대 그리스의 '올림피아 제전'이다. 현대 올림픽의 기원이 되는 올림피아 제전이야말로 놀이와 경쟁이 하나를 이룬 '호모 루덴스'의 전시장이었다.

하위징아는 철학적 논쟁도 아곤의 한 모습이라고 말한다. 초기의 철학적 논쟁은 '수수께끼 풀기' 형식을 띠었다. 고대 인도 아리아인들의 《베다》가 그 양상을 뚜렷하게 보여준다. 이 옛 문헌에는 '지구의 끝은 어디인가' '지구의 배꼽은 어디인가' 같은 우주론적인 수수께끼가 등장한다. 이런 물음에 답하지 못하면 바로 패배한다. 이기려고만 들다 목숨을 잃는 수도 있다. 자기도 답을 모르는 수수께끼를 냈다가 들통나면 그 자리에서 머리통이 깨진다. 아무도 풀 수 없는 수수께끼를 내놓은 자가 가장 높은 지혜에 이른 자로 인정받는다. 수수께끼 풀기 형식으로 벌어지는 우주론적 논쟁은 목숨을 걸고 궁극의 실재를 찾아가는 사유의 전투였다.

하위징아는 철학적 논쟁의 사례로 《밀린다팡하》(미란타왕문경)라는 불교 경전도 거론한다. 기원전 2세기에 그리스어로 쓰인 이 경전은 뒤에 팔리어로 번역됐고 다시 한문으로 번역돼 널리 퍼졌다. 이 경전에 등장하는 밀린다 왕은 알렉산드로스 동방 정복으로 세워진 박트리아의 그리스계 왕 메난드로스(Menandros, 기원전 180?~기원전 130)다. 이 경전에서 메난드로스는 이름난 불교 고승 나가세나(Nagasena)와 문답한다. 문답의 내용은 철학적이지만 그 형식은 수수께끼 시합에 가깝다.

메난드로스와 나가세나의 논쟁(19세기 그림).

두 사람의 문답에 궁정의 현자들뿐 아니라 500명의 그리스인과 수많은 불교 승려가 청중으로 참여했다고 경전은 전한다. 흥미로운 것은 두 사람이 문답에 앞서 관계를 재조정한다는 사실이다.

메난드로스가 말한다.

"존경하는 나가세나, 당신은 나와 대담을 할 생각입니까?"

나가세나가 답한다.

"폐하께서 현명한 사람의 자격으로 대화할 생각이라면 응하겠습니다."

왕이 묻는다.

"현명한 사람의 자격으로 대화하려면 어떻게 해야 합니까?"

나가세나가 답한다.

"현명한 사람은 궁지에 몰려도 화를 내지 않지만, 왕들은 화를 냅니다."

왕이 동등한 지위에서 문답하는 데 동의하자, 나가세나는 왕에게 대답하기 어려운 물음을 던진다.

"폐하, 이 난관을 한번 빠져나가 보소서."

당황하는 왕과 여유로운 고승 사이 문답을 통해 '무아'와 '윤회' 같은 불교의 근본 교리가 풀려나온다. 나가세나와 메난드로스의 문답은 철학적 토론이 놀이이자 아곤임을 분명히 보여준다. 인류의 지혜는 아곤과 함께 자라났다.

하위징아는 이런 철학적 아곤의 중심에 있던 사람으로 고대 그리스의 소피스트를 지목한다. 하위징아가 보기에 소피스트는 놀라운 지식과 기술로 논적을 쓰러뜨리는 지혜의 검투사였다. 하위징아의 설명은 역사적 사실과 부합하는 데가 있다. 그리스 시민들의 즐거움 가운데 하나는 소피스트 논전을 보는 것이었다. 보통 두 사람이 질문자와 답변자로 나뉘어 '해가 질 때까지'로 시간을 정해놓고 논쟁을 벌였다. 답변자가 애초의 주장을 철회하거나 대답할 말을 잃고 침묵하거나 욕설을 내뱉고 신경질을 부리면 질문자가 승리했다. 반대로 질문자가 정해진 시한까지 답변자를 무너뜨리지 못하면 승리는 답변자에게 돌아갔다. 이렇게 등장한 소피스트들이 고대 그리스의 교육과 문화의 터를 닦았다고 하위징아는 말한다.

그러나 그 소피스트들과 동시대를 살았던 아리스토텔레스는 후대의 하위징아와는 아주 다른 평가를 내렸다. 아리스토텔레스에게 소피스트는 '겉으로만 지혜를 추구하는 사이비 지식인'이었다. 아리스토텔레스가 소피스트의 논쟁술을 철저히 검토하는 곳이《소피스트적 논박》이라는 저작이다. 소피스트들은 참된 논리와 거짓 논리를 구별하지 못하는 '보통 사람들의 무지'를 이용해 '지혜로운 사람'이라는 평판을 얻고 그 평판으로 돈을 버는 사람들이다. 소피스트들이 목표로 삼는 것은 진리가 아니라 명성과 재화다.

소피스트를 낳은 것은 그리스 민주주의였다. 당시 민회나 법정은 설득과 논박의 기술을 익힌 사람들이 재능을 과시할 수 있는 공간이었다. 출세욕에 불타는 이들은 큰돈을 들여 소피스트 기술을 배웠다. 궤변이든 사기든 이기게만 해주면 된다는 것이 소피스트들의 태도였다. 플라톤의 저작《국가》에서 "강자의 이익이 정의다"라고 주장하는 트라시마코스(Thrasymachos, 기원전 459?~기원전 400?)가 소피스트의 전형이었다. 그리스 민주주의와 함께 태어난 소피스트는 그 민주주의가 어지러워지는 데 한몫한 지식 장사꾼이었다.

그러면 왜 아리스토텔레스는 소피스트 논쟁술을 분석하는 책을 썼을까? '참된 앎을 찾는 자가 자기 논리를 검토하는 데 유용하다'는 것이 아리스토텔레스의 답이다. 다른 사람의 오류를 보지 못하는 사람은 자신이 저지르는 오류도 깨닫지 못한다. 남을 잘 알아야 나를 알수 있다. 이 책은 소피스트가 논쟁에서 범하는 잘못을 열거하고 그 잘못을 제거하는 길을 보여준다. 문제는 논의가 여기서 끝나지 않는다는 데 있다. 아리스토텔레스의 이 책은 어떻게 하면 소피스트의 기만술을 더 잘 쓸 수 있는지 알려주기도 한다. '소피스트적 논박'은 '소피스트에 대한 논박'을 뜻하기도 하지만 '소피스트식 논박'을 뜻하기도 한다.

그런 이유로 이 책은 오랫동안 소피스트 기술을 가르치는 책으로 알려졌다. 19세기 독일 철학자 쇼펜하우어(Arthur Schopenhauer, 1788~1860)도 이 저술을 바탕으로 삼아 《논쟁술》(1831)이라는 책을 썼다. 쇼펜하우어는 아리스토텔레스의 논의를 간명하게 정리해 '상대의 주장을 확대해석하라', '은폐된 순환논증을 사용하라', '거짓 추론으로 억지 결론을 이끌어내라'고 권하고, 마지막에는 '논리로 안 되면 인신을 공격하라'고 썼다. 쇼펜하우어는 아리스토텔레스 책의 일부를 확대하고 과장했다.

아리스토텔레스의 목표는 '참된 앎을 찾는 방법'을 구하는 것이었지 소피스트의 논박술을 익혀 써먹는 것이 아니었다. 아리스토텔레스는 주저 《형이상학》 첫머리에서 인간은 본성적으로 알고자 한다고 썼다. 앎은 인간의 타고난 욕구다. 《영혼론》에서는 '감각을 통해 얻은 앎'과 '사유를 통해 얻은 앎'을 비교하기도 한다.

"감각이 과도해지면 우리는 감각 능력을 잃어버리지만, 지성은 아무리 큰 것을 사유해도 그 능력을 잃어버리지 않는다."

지나치게 큰 소리는 다른 소리를 듣지 못하게 한다. 빛이 너무 강하면 눈이 멀어버린다. 그러나 지성에서는 이런 일이 일어나지 않는다. 지적으로 더 큰 사유를 한다고 해서 더 작은 사유를 못 하는 것이 아니다. 더 크게 알수록 우리는 더 잘 생각할 수 있다. 아리스토텔레스는 이런 말로써 우리가 왜 지성을 훈련해야 하며 더 많이 배워야 하는지 납득시킨다.

그러나 지성의 연마가 모두 좋기만 한 것은 아니다. 소피스트식 궤변을 익혀 진실을 거짓으로, 거짓을 진실로 만드는 데 써먹는다면, 그런 배움은 참된 앎을 낳지도 않고 정의를 불러오지도 않는다. 소피스트식 가짜 논리는 옛적 아테네만 휩쓸고 다닌 게 아니다. 이 나라에서도 거짓 논리가 공기처럼 떠돌며 사람들을 감염시킨다. 언론답지 않은 언론의 보도와 논평에서, 사이비 지식인들의 역사 왜곡에서, 정치 검찰의 파렴치한 기소장에서 거짓 논리는 어김없이 등장한다. 정의를 잃은 논리는 우리의 앎과 삶을 파괴한다. 윤리학 없는 논리학은 민주주의의 적이다.

40
–
정의가 무너진 곳에서는
싸우는 것이 정의다

아리스토텔레스는《철학에 관하여》라는 저작에서 고대 그리스판 '대홍수 신화'를 이야기한다. 세상이 사악한 인간으로 넘쳐나자 제우스가 홍수를 일으켜 인간 세상을 쓸어버리려 마음먹었다. 제우스의 뜻을 안 프로메테우스가 심성 바른 아들 데우칼리온에게 커다란 배를 만들라고 일렀다. 데우칼리온은 방주를 지어 아내 피라와 함께 탔다. 아흐레 밤낮을 홍수에 떠밀려 다니던 데우칼리온 부부는 파르나소스 산에 다다랐고 이곳에 내려 살아남은 데 감사하는 제사를 지냈다.

거기서 두 사람은 '어머니의 뼈를 어깨 너머로 던지라'는 신탁을 받았다. 데우칼리온은 신탁을 옳게 해석해 '어머니 대지의 돌'을 집어 던졌다. 그 돌(laas)에서 사람들(laos)이 나왔다. 새 인류의 조상이 된 사람들은 먼저 생활에 도움이 되는 기술을 재발명하고 이어 나라(폴리스)를 이끄는 데 필요한 법을 만들어냈다. 사람들은 이 법의 창안을 '지혜'라고 불렀는데, 아리스토텔레스는 '그리스 일곱 현인'이 시민에게 나누어준 지혜가 바로 그 지혜라고 말한다.

고대 그리스 자연철학자 아낙시만드로스.

그 일곱 현인 중 한 사람이 그리스 최초의 자연철학자로 불리는 탈레스다. 탈레스는 소아시아 이오니아 지방 밀레토스 사람이었다. 밀레토스는 그리스 본토 사람들이 기원전 10~8세기에 이주해 세운 자유도시의 하나였다. 탈레스가 나라의 법을 창안한 현인에 속한다는 아리스토텔레스의 말을 생각하면, 탈레스를 시조로 하는 자연철학이 자연에 관한 철학만은 아님을 짐작할 수 있다. 자연철학의 '자연'은 인간과 사회를 포함한 모든 것의 '본성'을 뜻한다. 그 탈레스 밑에서 밀레토스 학파가 나왔는데, 이 학파 사람들 중에 가장 주목받는 이가 탈레스의 제자 아낙시만드로스다. 아낙시만드로스는 그리스인 가운데 처음으로 책을 써서 자신의 생각을 대중에게 알렸는데,《자연에 관하여》라는 책도 그중 하나다.

탈레스는 우주의 바탕이 되는 시원 물질을 '물'이라고 생각했고 아낙시만드로스의 제자 아낙시메네스(Anaximenes, 기원전 586?~기원전 526?)는 시원 물질을 '공기'라고 생각했다. 스승과 제자의 생각에 반대해 아낙시만드로스는 만물의 기원이 되는 것을 '아페이론'(apeiron)이라고 주장했다. 아페이론이란 '규정되지 않은 것, 한정되지 않은 것'이라는 뜻이다. 시원 물질은 물이라든가 공기라든가 하는 특정하게 규정된 물질이 아니라, 그렇게 규정되고 한정되기 이전의 어떤 무규정적인 것이다. 이 규정할 수 없는 물질이 소용돌이치면 거기서 축축한 것(물)과 메마른 것(흙), 뜨거운 것(불)과 차가운 것(공기)이 나온다. 이 네 가지 원소가 얽히고설켜 우주 만상이 펼쳐진다. 아낙시만드로스는 이렇게 펼쳐지는 만상을 다음과 같은 은유로 묘사했다.

"사물은 자신이 생겨났던 곳으로 돌아가 소멸해야 한다. 왜냐하면 사물은 자신이 저지른 불의(adikia)에 대해 시간의 질서에 따라 처벌(정의, dike)을 받고 대가를 치르지 않으면 안 되기 때문이다."

만물은 아페이론에서 태어난 원소들, 곧 물·불·공기·흙으로 이루어져 있는데, 이 원소들 가운데 어느 하나가 헤게모니를 장악해 다른 것을 제압할 때 사물이 생겨난다. 그렇게 생겨난 사물은 시간이 지나면 해체될 수밖에 없다. 이런 자연의 과정을 아낙시만드로스는 '불의'와 '정의'라는 윤리적 언어로 설명한다. 특정한 원소가 다른 원소들을 일방적으로 지배하는 것은 정의롭지 못한 일이기에 마침내 해체됨으로써 벌을 받는다는 것이다.

아낙시만드로스는 이런 생각을 어디서 얻었을까? 이 독특한 발상의 출처를 보려면 밀레토스의 정치적 경험을 살펴야 한다. 아낙시만드로스의 고향 밀레토스는 이주자들이 모여 세운 평등한 폴리스였다. 그곳의 정치체제는 왕과 같은 지배자가 민중 위에 군림하는 '모나르키아'(monarchia, 군주체제)가 아니라, 모든 사람이 동등한 시민으로 나랏일에 참여하는 '이소노미아'(isonomia, 평등체제)였다. 이소노미아는 모나르키아를 용납하지 않는다. 만약 모나르키아가 들어선다면 그 체제는 조만간 해체되지 않으면 안 된다. 이런 윤리적·정치적 감각으로 아낙시만드로스는 자연의 질서를 해석한 것이다.

모나르키아에 대한 거부는 아낙시만드로스의 우주론에서도 확인할 수 있다. 탈레스는 땅(지구)이 드넓은 물 위에 떠 있다고 생각했다. 아낙시만드로스는 스승의 생각을 거부하고, 지구를 떠받치는 데 물 같은 것은 필요 없다고 주장했다. 아낙시만드로스의 우주론에서 지구는 우주 한가운데 서 있고 그 주위를 태양과 달과 별이 돌고 있다. 커다란 동심원들의 중심에 지구가 놓여 있는 꼴이다. 이렇게 한가운데에 있기에 지구는 어디로도 쏠리지 않고 제자리를 지킬 수 있다. 이 기하학적 '균형'을 가리키는 말이 또한 '이소노미아'다.

여기에도 밀레토스의 정치적 경험이 배어 있다. 밀레토스의 이소노미아 체제는 구성원들의 평등성이 깨지지 않는 정치적 균형을 바탕으로 한 것이었다. 그것을 상징하는 것이 도시 한가운데 있는 광장 아고라와 아고라에 세워진 신성한 건물이다. 이 건물 안에는 '공공의 화덕'(헤스티아 코이네, hestia koine)이 들어서 있었다. 집 안의 중심에 화덕이 있어 가족의 평화와 번영을 상징했듯이, 도시의 중앙에 공공성의 불이 타오르는 화덕이 놓여 도시의 질서와 통합을 상징했던 것이다. 아고라의 화덕은 이소노미아라는 평등체제를 지탱하는 힘의 균형을 뜻했다.

헤겔은 철학사를 두고 "미네르바의 올빼미는 황혼에야 날개를 편다"고 말했다. 철학은 시대가 저문 뒤에야 일어난다. 자연철학이 탄생한 밀레토스야말로 이 말이 딱 들어맞는 곳이다. 아낙시만드로스를 비롯한 밀레토스 사람들이 우주를 철학적으로 사유하기 시작한 시기는 이오니아가 이웃의 큰 나라에 먹혀 체제가 무너지던 때였다. 먼저는 리디아의 크로이소스 왕이 기원전 561년 이오니아를 정복했고, 15년 뒤에는 페르시아의 키로스 대왕이 리디아를 무너뜨리고 이오니아를 복속했다. 이렇게 정복된 폴리스에는 참주가 들어섰다.

철학자 피타고라스(Pythagoras, 기원전 570?~기원전 495?)도 고향 사모스 섬에서 친구 폴리크라테스(Polycrates)와 함께 정치개혁에 힘쓰다 친구가 참주가 되자 배신감을 안고 국외로 망명한 사람이었다. 피타고라스는 이탈리아 남부로 가 피타고라스학파를 세웠다. 그러나 피타고라스학파는 그곳에서도 지배자에 맞서 정치투쟁을 멈추지 않았다. 그 피타고라스학파의 일원이었던 기원전 5세기 의학자 알크마이온

(Alkmaion)은 아낙시만드로스의 우주론을 인간이라는 소우주에 적용해 이렇게 말했다.

"건강은 축축한 것과 메마른 것, 뜨거운 것과 차가운 것의 균형(이소노미아)에 있다."

질병이란 이 균형이 무너져 어느 하나가 참주 노릇을 하는 것을 가리키는 말이다.

요컨대 이오니아의 자연철학은 자연철학인 동시에 사회철학이었다. 이오니아 철학자들은 사회를 보는 눈으로 우주를 보았다. 이런 사실을 또 다른 이오니아 철학자 헤라클레이토스(Herakleitos, 기원전 540?~기원전 480?)의 사상에서도 볼 수 있다. 헤라클레이토스는 '투쟁'과 '불화'가 우주 만물을 형성시키는 힘이라고 말했다. 아낙시만드로스가 균형과 질서를 강조했기에 언뜻 보면 둘은 서로 반대되는 견해를 보이는 것 같다. 그러나 실상 두 견해는 다르지 않다. 아낙시만드로스는 이소노미아의 평등한 질서를 자연의 본성으로 제시함으로써 그 질서를 옹호했던 것이고, 페르시아의 지배가 굳어진 뒤에 태어난 헤라클레이토스는 투쟁만이 자유롭고 평등한 이소노미아 체제를 되찾는 길이라고 보았던 것이다. 두 사람은 같은 이야기를 다른 말로 했다. 정의가 무너진 곳에서는 정의를 되찾으려고 싸우는 것이 정의다.

아리스토텔레스는《정치학》에서 혁명이 일어나는 원인을 '권력의 독점'이라는 '불균형'에서 찾았다. 그러면서 혁명을 막으려면 첫째, 사소한 일에서도 법을 지킬 것, 둘째, 술수로 사람들을 속이지 말 것을 요구했다. 마지막으로 아리스토텔레스가 강조한 것이 공직을 이용해 재산을 불리지 말라는 것이다. 이 금기를 저버리면 혁명의 파도가 덮친다. 플라톤도《법률》이라는 저작에서 혁명이 일어나는 원인을 '불균형'에서 찾았는데, 이때의 불균형은 통치자의 '능력'과 '지위' 사이의 불균형이다. 작은 배가 큰 돛을 달면 뒤집히고 말듯이, 작은 인물이 큰 공직을 맡으면 모든 것이 뒤집히고 만다. 지금 이 나라를 두고 하는 말 같다. 알크마이온식으로 말하면 무능한 참주가 멋대로 헤집고 다닌 탓에 몸에 큰 병이 든 꼴이다. 이대로 가면 나라 전체가 주저앉게 생겼다.

41
-
우리는 역사 안에서
현재를 이겨내며 미래로 간다

플라톤의 중기 대화편 《파이돈》 끄트머리에서 독약을 마시고 죽어가는 소크라테스는 친구 크리톤에게 당부한다.

"크리톤! 우리는 아스클레피오스에게 닭 한 마리를 빚졌네. 잊지 말고 갚아주게."

소크라테스의 마지막 말은 무얼 뜻하는 걸까? 아스클레피오스는 의술과 치유의 신이었다. 그 시절 아픈 사람이 아스클레피오스 신전에 들어가 하룻밤을 자고 나면 병이 낫는 경우가 있었다. 치유된 사람은 닭 한 마리를 신에게 제물로 바쳤다. 소크라테스는 지금 자신이 죽음을 통과하여 삶이라는 질병에서 해방된다고 말하는 것이다. 몸은 영혼의 감옥이다. 몸이 죽음으로써 영혼이 감옥에서 벗어나 천상으로 돌아간다. 《파이돈》 전편에 걸쳐 소크라테스는 죽음을 통해 영혼이 치유되고 구원받는다는 확신을 열정적으로 이야기한다.

그런데 플라톤의 초기 대화편 《소크라테스의 변론》의 분위기는 《파이돈》과는 사뭇 다르다. 법정에 선 소크라테스는 죽음이 삶보다 나은 것 같긴 하지만 정말로 그런지는 죽어봐야 안다고 말한다. 그사이에 무슨 일이 벌어졌기에 법정의 소크라테스와 감옥의 소크라테스는 다른 말을 하는 것일까? 플라톤은 초기 대화편을 쓴 뒤 기원전 390년 무렵 이탈리아 남부로 긴 여행을 떠났다. 그곳 크로톤에 피타고라스학파 공동체가 있었다. 플라톤은 피타고라스주의자들을 만나 깊은 감화를 받고 '종교적 회심'을 겪었다.

피타고라스는 '철학'(필로소피아, philsophia)과 '철학자'(필로소포스, philosophos)라는 말을 처음으로 쓴 사람으로 알려져 있다. 필로소피아란 '지혜를 추구함'을 뜻하고 필로소포스는 '지혜를 추구하는 사람'을 뜻한다. 이때 피타고라스가 '지혜'라고 부른 것의 핵심에 있는 것이 '수'(수학)였다. 피타고라스에게는 수야말로 만물의 아르케(arche), 곧 시원이자 지배자였다. 그렇다면 피타고라스는 어떤 경로를 거쳐 수를 아르케로 발견했을까? 거두절미하면 '음악'이 피타고라스에게 수의 신비를 가르쳐주었다. 음악 속에 수학이 들어 있었다.

줄이 하나인 '일현금'으로 연주를 한다고 해보자. 그 줄에서 나는 기본음을 '도'라고 하면, 그 줄을 절반으로 나누어 짚었을 때 나는 소리가 한 옥타브 높은 '도'다. 그 절반을 다시 반으로 나누어 짚으면 한 옥타브 더 높은 소리가 난다. '2 대 1'의 비율로 옥타브가 결정되는 것이다. 마찬가지로 음악의 모든 화음은 수학적 비례로 이루어져 있다. 이 비례는 악기가 바뀐다고 해서 달라지지 않는다. 리라를 연주하든 피리를 연주하든 화음의 수학적 비례는 똑같다. 그렇다면 소리를 아름다운 음악으로 만드는 것은 소리 자체가 아니라 소리와 소리 사이의 비례임이 틀림없다.

피타고라스는 천문학도 연구했는데, 거기서 발견한 것이 음악과 유

'수의 신비' 속에서 천상 세계를 본 그리스 철학자 피타고라스(라파엘로의 〈아테네 학당〉 부분).

사한 수학적 질서였다. 태양과 달과 별의 운행을 보면 시간의 흐름에 따라 예외 없이 똑같은 방식으로 똑같은 궤도를 돈다. 하늘의 별들은 수학적 질서를 이루며 운행한다. 피타고라스는 그 보이지 않는 질서를 따르는 천체들이 '천상의 음악'을 연주한다고 생각했다. 현악기에서 나는 소리는 몇 옥타브 올라가면 가청권에서 벗어나 들리지 않게 된다. 그러나 들리지 않는다고 해서 그 소리가 존재하지 않는 것은 아니다. 천체의 음악도 우리의 가청권 밖에 있기에 들리지 않는 것뿐이다. 여기서 피타고라스가 찾아낸 것이 눈에 보이는 '감성적 세계'와 눈에 보이지 않는 '초감성적 세계'라는 이중 세계였다. 초감성적 세계가 감성적 세계를 산출하고 지배한다.

수학적 질서는 우리 인간 내부에도 있다. 그 질서를 관장하는 것이 '영혼'이다. 피타고라스는 영혼이 천상 세계에서 지상으로 떨어져 육체라는 감옥에 갇혀 있다고 생각했다. 죄수 신세인 영혼은 천상을 그리워한다. 하지만 천상으로 돌아가려면 먼저 영혼을 다시 정화해야 한다. 이때 영혼의 더러움을 씻어주는 것이 음악과 수학이다. 음악은 비례가 만드는 아름다운 선율로 영혼을 맑게 한다. 수학을 탐구하는 것은 보이지 않는 수적 질서를 깨닫게 해줌으로써 천상으로 눈을 돌리게 한다.

그러나 육체에 사로잡힌 영혼이 더러움을 다 씻어내는 것은 쉬운 일이 아니다. 정화를 완수하지 못한 영혼은 지상 세계를 윤회해야 한다. 피타고라스의 이런 믿음을 알려주는 일화 하나가 전해온다. 어느 날 개 한 마리가 매를 맞고 있는 것을 보고 피타고라스가 소리쳤다.

"때리지 마라. 그 개의 영혼은 내 친구의 영혼이다. 개가 울부짖는 소리를 듣고 그 영혼을 알아보았다."

영혼은 정화를 마칠 때까지 몇 번이고 육체라는 감옥을 옮겨 다니며 다시 태어나지 않으면 안 된다.

플라톤이 이탈리아 여행에서 만난 것이 이 이중 세계와 윤회 사상이었다. 이 만남과 함께 플라톤의 '중기 사상'이 시작된다. 그 중기 사상에 등장하는 것이 '이데아 이론'이다. 이 세상 사물이 가치 있는 것은 그 사물들이 이데아를 본받기 때문이다. 피타고라스가 천상의 수적 질서가 만물을 관장한다고 보았듯이, 플라톤은 천상의 이데아들이 지상의 모든 것을 다스린다고 보았다. 플라톤에게 이데아가 있음을 확신하게 해준 것이 수학이었다. 수학의 진리는 보이지 않지만 어김이 없고 틀림이 없다. 플라톤은 자신이 세운 학교 입구에 "기하학을 배우지 않은 사람은 들어올 수 없다"라고 새겨놓았다. 우리 영혼은 그 이데아 세계에서 떨어져 나온 것이어서 이데아 세계로 돌아가기를 열망한다. 죽음이란 육신의 무덤을 탈출해 영원한 진짜 세계로 되돌아감이다.

지상의 세계와 천상의 세계라는 플라톤의 이중 세계는 머잖아 기독교와 결합해 2000년 동안 서양 세계를 지배했다. 지상의 세계는 거짓된 가상 세계고 천상의 세계야말로 참된 실재 세계다. 그 기독교 이중 세계에 맞서 일생일대의 철학적 전쟁을 벌인 사람이 19세기 철학자 프리드리히 니체다. 루터파 목사의 아들이었던 니체는 플라톤─기독교의 가르침이 지상 세계를 부정하고 천상 세계를 숭배함으로써 우리의 몸과 삶을 병들게 했다고 생각했다. 그 질병에서 해방되려면 플라톤의 길과 정반대로 난 길을 걸어야 한다. 천상의 세계로 향하던 눈을 지상의 세계로 돌려야 한다.

니체는 정신이 온전했던 마지막 해(1888년)에 《우상의 황혼》이라는 책을 썼다. 그 책에서 '어떻게 참된 세계가 꾸며낸 이야기가 되고 말았는가'라는 제목으로 서양의 2000년 정신사를 여섯 단계로 요약했다. 첫 단계. '지혜로운 자, 경건한 자, 덕 있는 자는 참된 세계에 이를 수 있다.' 이 말은 플라톤의 이데아론을 가리킨다. 둘째 단계. '참된 세계는 지금은 이를 수 없지만 회개하는 죄인에게는 약속돼 있다.' 플라톤이 기독교로 번역됐다는 얘기다.

셋째 단계. '참된 세계는 볼 수도 없고 증명할 수도 없지만, 위안으로서, 의무로서 요청된다.' 이것은 18세기 칸트 사상을 가리킨다. 칸트는 현상 세계 너머에 '사물 자체'라는 미지의 세계를 상정하고, 그 세계에 도덕의 왕국을 세웠다. 우리가 도덕적으로 살려면 참된 세계가 있다고 믿어야 한다. 이어 '참된 세계라는 건 알 수도 없고 도달할 수도 없고 쓸모도 없으니 없애버리는 게 낫다'는 실증주의─유물론의 시대가 등장한다. 저세상은 없다!

마지막으로 니체는 참된 세계를 없애버린 뒤에 무엇이 남는지 묻는다. '참된 세계가 사라지면 이 가상 세계만 남는가? 아니다. 우리는 참된 세계와 함께 가상 세계도 없애버렸다.' 천상의 참된 세계, 기독교 신의 세계가 이 지상의 삶에 의미와 가치를 주었는데, 그 세계가 사라짐으로써 이 세계의 의미도 가치도 함께 사라져버렸다는 얘기다. 이제 남은 것은 모든 의미가 증발한 폐허의 세계뿐이다. 니체는 이 황량한 세계에서 우리 스스로 모든 의미와 가치를 처음부터 새로 창출하는 수밖에 없다고 말한다.

니체의 철학적 투쟁은 영웅적인 데가 있다. 그러나 영웅적이라고 해서 꼭 옳은 것은 아니다. 니체는 하나를 빠뜨렸다. 우리는 아무것도 없는 폐허 위에 세계를 건설하는 것이 아니다. 우리에게는 살아온 땅이 있고 그 땅에서 만들어온 역사가 있다. 그 역사의 지평을 우리 마음대로 초월할 수 없다. 역사는 우리를 제약한다. 우리의 자유는 니체식의 무역사적 반항에 있는 것이 아니라, 역사적 제약을 우리의 조건으로 수락하는 데 있다. 역사 안에서, 다시 말해 '과거가 만든 현재' 안에서 현재를 이겨내며 우리는 미래로 나아간다. 그 미래를 열려면 가짜 권력자들이 날뛰는 이 끔찍한 현실부터 뚫고 나가야 한다.

제4부

카이로스의 빛

2025년

42

내란 수괴의 무사유와
아이히만의 무사유

그리스 비극 작가 아이스킬로스의 3부작《오레스테이아》는 오레스테스 가문의 피비린내 나는 혈족 살해를 그린다. 비극의 시작은 트로이 전쟁이다. 그리스 연합 함대가 트로이를 정벌하려고 아울리스 항구에 모인다. 그러나 역풍이 불어 배는 떠날 줄 모른다. 그리스군 총사령관 아가멤논에게 진중의 예언자 칼카스가 처녀의 피를 제물로 바쳐야 폭풍이 멈출 것이라고 말한다. 고뇌를 거듭하던 아가멤논은 제 딸 이피게네이아를 죽여 제단에 올린다. 함대가 항구를 떠나려면 다른 수가 없다.

이피게네이아의 죽음은 딸의 어머니이자 아가멤논의 아내인 클리타임네스트라의 분노를 격발한다. 트로이 전쟁을 승리로 이끈 아가멤논은 10년 만에 고향으로 돌아온다. 딸의 죽음을 잊지 않은 클리타임네스트라는 돌아온 남편을 정부 아이기스토스와 공모해 잔혹하게 죽인다. 복수는 복수를 부른다.《오레스테이아》제2부는 멀리 쫓겨나 있던 아가멤논의 아들 오레스테스가 아버지의 원수를 갚으려고 고향으로 돌아오는 데서 시작한다. 아버지의 원한을 씻으려면 어머니의 피를 뿌려야 한다. 아버지의 혼을 달래려 어머니를 죽여야 하는 딜레마 앞에서 오레스테스의 마음은 두려움과 괴로움으로 흔들린다.

마음을 다잡은 오레스테스는 어머니의 정부 아이기스토스를 응징하고 이어 클리타임네스트라 앞에 선다. 클리타임네스트라가 말한다.

"어머니의 저주가 두렵지 않으냐, 아들아?"

오레스테스가 답한다.

"어머니라니요? 당신은 나를 낳아 불행 속으로 내던졌어요."

클리타임네스트라가 다시 호소한다.

"아들아, 너는 이 어미를 꼭 죽이겠다는 거냐?"

오레스테스의 답은 단호하다.

"내가 아니라 당신이 당신을 죽이는 거요."

어머니가 스스로 자신의 악행을 처벌한다는 논리로써 오레스테스는 자신에게 모친 살해의 죄가 없다고 항변한다. 그러나 그런 논리가 내면의 두려움을 억누르지는 못한다.

어머니의 주검 앞에서 오레스테스가 토로하는 말은 영혼을 파먹어 가는 무서운 죄책감을 보여준다.

"내 마음은 걷잡을 수 없이 소용돌이치고 벌써 공포가 노래 부르며 격렬한 춤을 추려 한다."

어머니를 죽인 오레스테스는 '복수의 여신들'에게 쫓기는 신세가 된다. 복수의 여신들은 오레스테스 안에서 오레스테스를 뒤쫓는 또 다른 오레스테스다. 아버지의 원수를 갚았다는 정당한 믿음과 어머니를 제 손으로 죽였다는 양심의 가책 사이 대립과 충돌이 비극을 마지막까지 이끌고 간다. 이 비극과 함께 인간 내면의 거대한 분열이 처음으로 인류 앞에 나타났다고 독일 고전학자 브루노 스넬(Bruno Snell, 1896~1986)은 말한다.

한 세대 뒤 에우리피데스 비극에 이르러 내면의 분열은 한층 더 직접적이고 격렬한 것이 된다. 에우리피데스 비극은 분열된 두 인격이 다투는 내적 대결의 장이다. 《메데이아》의 주인공이 그 분열의 극한을 보여준다. 콜키스의 공주 메데이아는 영웅 이아손을 도와 황금 양털을 얻게 해준 뒤 이아손과 함께 고향을 떠난다. 메데이아와 이아손은 코린토스에 정착해 두 아들을 낳아 기른다. 어느 날 맑은 하늘에 날벼락이 친다. 이아손이 코린토스의 공주와 결혼하겠다고 메데이아에게 통보한 것이다.

버림받은 신세가 된 메데이아는 모욕감을 견딜 수 없어 복수할 길을 찾는다. 가장 큰 복수는 상대가 가장 사랑하는 것을 없애버리는 것이다. 메데이아는 마법의 옷을 입혀 코린토스의 공주를 불에 타 죽게 하고, 이어 이아손이 끔찍이도 사랑하는 두 아들의 목숨을 거두려 한다. 그러나 아이들은 메데이아 자신이 낳아 기른, 제 분신 같은 존재 아닌가. 메데이아 내면은 분열된 인격의 난투장이 된다. 에우리피데스는 그 난투를 메데이아의 독백으로 보여준다.

메데이아가 탄식한다.

"아아! 어떡하지? 아이들의 반짝이는 눈을 보니 나는 도무지 용기가 나지 않는다. 나는 차마 못 하겠어. 내 이전의 계획들은 다 사라져 버려라! 나는 내 자식들을 이 나라에서 데리고 나갈 거야. 아이들의 불행으로 아이들 아버지에게 고통을 주려다가 왜 나 자신이 두 배의 고통을 당해야 하지? 그건 안 돼!"

내면의 다른 메데이아가 말한다.

"내가 잘못된 것 아냐? 원수들을 응징하지 않고 놔두어 웃음거리가 되겠다는 거야? 해치워야 해! 부드러운 말에 마음이 솔깃해지다니 나야말로 얼마나 비겁한가!"

그러다 다시 마음이 뒤집힌다.

"내 마음이여, 너는 절대로 그런 짓을 해서는 안 돼! 가련한 마음이여, 아이들을 살려줘!"

마지막에 메데이아는 마음을 한 번 더 뒤집는다.

"아니야! 복수의 악령들의 이름으로 맹세하노니, 내가 내 자식들을 원수들에게 넘겨주어 웃음거리가 되게 하는 일은 결단코 없을 거야. 아이들은 무조건 죽어야 해! 그건 정해진 운명이고 피할 도리가 없어."

메데이아를 끌고 가는 것은 복수심이다. 그러나 복수심에 지배당하는 동안에도 메데이아는 자신이 하려는 일이 자신을 부수는 일이라는 것을 알고 있다.

"내가 얼마나 끔찍한 짓을 저지르려는지 나는 잘 알고 있어. 하지만 내 격분이 내 이성보다 더 강력하니, 격분이야말로 인간들에게 가장 큰 재앙을 안기는 법!"

에우리피데스의 비극은 인간 영혼이 겪는 도덕적 갈등의 전시장이다. 복수심은 죄책감과 뗄 수 없이 얽혀 있고, 정의는 불의와 한 몸처럼 붙어 있다. 에우리피데스 비극은 이 내적 모순의 드라마를 보는 관객에게 촉구한다. '자기 내면으로 들어가 그 내면에서 벌어지는 일들을 사유하라.' 그 사유가 인간을 바꾼다. 인간은 사유함을 통해 더 높은 차원으로 올라가 인간다운 인간, 윤리적 인간이 된다.

20세기 정치철학자 한나 아렌트는 '사유를 촉구하는 내면의 목소리'를 거부하는 사태를 가리켜 '무사유'라고 불렀다. 사유하지 않는다

1961년 예루살렘에서 열린 전범 재판에서 이스라엘 법원의 선고를 듣고 있는 아이히만.

는 것은 아무 생각이 없다는 뜻이 아니다. 마르틴 하이데거의 구분을 빌려 말하면, 사유에는 '계산하는 사유'가 있고 '숙고하는 사유'가 있다. 사유하지 않는다는 것은 계산함을 넘어선 차원, 곧 숙고함이 빠져 있다는 뜻이다. 아렌트는 그런 사람의 전형을 '예루살렘의 아이히만'에게서 보았다. 히틀러의 하수인이었던 오토 아돌프 아이히만(Otto Adolf Eichmann, 1906~1962)은 치밀하게 계산할 줄은 알았지만, 홀로코스트라는 죄악 앞에서 '숙고하는 사유'를 감행할 줄은 몰랐다. 다시 말해 자기 행위의 윤리적인 차원을 사유할 줄 몰랐다.

그렇다면 아이히만은 '악의 화신'이었던가. 아렌트는 아이히만이 셰익스피어 비극에 등장하는 이아고나 맥베스나 리처드 3세처럼 '자신이 악인임을 입증하려고 결심한 악인'은 아니었다고 말한다. 아렌트가 전해주는 일화 한 토막은 아이히만이 자신이 저지른 작은 잘못 하나를 두고 평생 괴로워했음을 알려준다. 젊은 날 아이히만은 유대인을 모아 수용소로 보내는 일을 하던 중에 오스트리아 유대인 공동체 지도자 요제프 뢰벤헤르츠(Josef Löwenherz, 1884~1960)의 뺨을 때린 일이 있었다. 아렌트는 그 일을 이렇게 이야기한다.

"아이히만은 자신이 유대인 전체에 저지른 그 어떤 일에도 괴로워하지 않았다. 하지만 그런 아이히만도 한 가지 사소한 사건에는 괴로워했다. 빈에서 유대 공동체 의장을 심문하다가 그 사람 뺨을 갈긴 일이었다. 뺨을 맞는 일보다 훨씬 더 나쁜 일이 유대인에게 일어나고 있는데, 아이히만은 뺨을 때린 자기 자신을 결코 묵과하지 않았다."

그 일이 있고 나서 뢰벤헤르츠는 아이히만과 함께 유대인을 강제수용소에 보내는 일을 했다. 아이히만은 보답으로 뢰벤헤르츠가 빈에서 계속 살 수 있도록 보호해주었다. 그러고도 뺨 때린 일은 아이히만의 기억에서 사라지지 않았다. 작은 잘못은 잊지 않는데 큰 잘못은 볼 줄 모르는 사람이 아이히만이었다.

12·3 내란의 수괴를 아이히만에 빗대는 이야기들이 있다. 계산은 할 줄 알되 숙고할 줄은 모르는 사유의 무능력을 지적하는 것이라면 그 비유는 적실하다. 그러나 내란 수괴와 핵심 공범에게서는 아이히만에게 있었던 것, 누군가의 뺨을 때린 일에 대한 자책감조차 찾아볼 수 없다. 윤리적 사유를 촉구하는 모든 기억을 제 편한 대로 망각하는 소시오패스, 극단적으로 이기적이고 자기만 아는 반사회적 인격장애 말고 이 우두머리를 설명할 말이 없다. 이런 파탄 난 인격을 비호하는 내란 동조 세력도 다르지 않다. 시인 김수영의 말대로 "곰팡이 곰팡을 반성하지 않는 것처럼, 졸렬과 수치가 그들 자신을 반성하지 않는 것처럼" 민주공화국의 적들은 반성하지 않는다. 공화국이 더 썩지 않으려면 곰팡이를 도려내는 수밖에 없다.

43

'영혼의 눈'이 썩으면
뇌도 썩는다

플라톤은 《국가》 제4권에서 '자기 자신을 이긴다'라는 말에 대해 궁리한다. 자기가 자기를 이긴다는 것은 자기가 자기에게 진다는 것과 같다. 자기가 자기를 이기면서 동시에 자기에게 진다니 "이런 표현은 우습지 않은가?" 그런데 더 생각해보면 이 말은 우습지 않다. 왜 그런가? 자기가 하나가 아니라 여럿이기 때문이다. 우리의 영혼은 여러 힘이 각축하는 장이어서 '한결 나은 부분'이 '한결 못한 부분'을 제압할 때 '자기 자신을 이긴다'고 말하는 것이다. 또 상황이 반대일 때 우리는 '자기 자신에게 진다'고 말한다. 플라톤은 자기 자신을 이기는 것을 '절제'라고 부르고, 자기 자신에게 지는 것을 '무절제'라고 부른다.

플라톤은 자신이 생각하는 '아름다운 나라'(kallipolis)의 상을 그려보이는 중에 이런 이야기를 한다. 플라톤의 '아름다운 나라'는 세 집단으로 이루어져 있다. 하나가 지혜로써 나라를 다스리는 통치자 집단이다. 둘째가 용기를 발휘해 나라를 지키는 수호자 집단이다. 마지막이 욕망의 충족을 삶의 목표로 여기는 생산자 집단이다. 이 세 집단이 각자 제자리에서 자기 할 일을 충실히 함으로써 협화음을 내는 것을 플라톤은 '절제'라고 부른다. 절제가 실현되려면 '자기가 자기를 이기 듯' 나라의 더 나은 부분이 더 못한 부분을 이겨내야 한다. 이 절제가 사회적 질서로 구현돼 세 집단이 조화를 이룬 상태가 '정의'다. '아름 다운 나라'는 지혜와 용기와 욕망이 절제 속에 어우러지는 정의로운 나라다.

플라톤은 이 나라의 상을 인간의 영혼에 다시 적용한다. '영혼'은 '작은 나라'와도 같다. 나라가 세 집단으로 이루어져 있듯이 영혼도 세 부분으로 이루어져 있다. 영혼에는 지혜를 관장하는 '이성'의 영역이 있고, 용기를 담당하는 '의지'의 영역이 있다. 또 쾌락을 추구하는 '욕 망'의 영역이 있다. 인간이 훌륭한 법률 아래서 훌륭한 교육을 받고 자라면 세 힘이 조화를 이루는 건강한 영혼이 된다. 그러나 영혼이 바 르게 자라지 못해 힘의 균형이 무너지면, 영혼 내부에서 불화가 끊이 지 않고 끝내 반란이 일어나 내전에 빠진다. 영혼의 병듦이란 이 반란 과 내전을 가리키는 말이다.

플라톤의 '영혼 삼분설'은 20세기에 들어와 지크문트 프로이트의 '정신 삼분설'로 재탄생했다. 초기에 인간 정신을 '의식—전의식—무 의식'으로 나누었던 프로이트는 후기에 인간 정신을 '이드—자아—초 자아'로 재분류했다. 이드는 플라톤의 욕망처럼 '쾌락원칙'을 따르는 본능적이고 충동적인 힘이다. 자아의 밑바닥에 잠복해 있는 비인격적 힘이기에 이드(Id, 그것)라고 불린다. 이드는 "부글부글 끓는 흥분으로 가득 찬 주전자"와 같다.

반면에 '초자아'는 자아 위에 군림하며 자아에게 명령하는 힘이다. 이드가 '쾌락원칙'을 따르는 것과 반대로 초자아는 '도덕원칙'을 따른다. 초자아는 아버지 혹은 아버지를 닮은 자의 모습으로 나타나 자아에게 '도덕적' 명령을 내린다. 그러나 '도덕적 명령'이 반드시 도덕적으로 올바른 명령은 아니다. 부성의 권위로 무언가를 행하라고 압박하고, 그 압박을 실행으로 옮기면 쾌감을 주지만 압박을 따르지 않으면 죄책을 안기는 것이 초자아다. 그 아버지는 훌륭한 아버지일 수도 있고, 자식을 구렁텅이로 빠트리는 파괴적인 아버지일 수도 있다.

초자아와 이드, 이 둘 사이에 있는 것이 '자아'다. 이드가 쾌락원칙을 따르고 초자아가 도덕원칙을 따르는 것과 달리 자아는 '현실원칙'을 따른다. 자아는 이드와 초자아의 무분별한 요구를 다스려 중심을 잡음으로써 외부 현실의 격랑을 헤쳐 나가는 일을 한다. 자아는 외부 현실을 관찰하고 판단할 뿐 아니라 자아 자신을 관찰하고 비판하는 일도 한다. 이 자기관찰과 자기비판을 통해 자아는 정신의 온전함을 지켜나갈 수 있다. 그러나 자아가 이드의 침탈과 초자아의 압박을 이겨내지 못하면 정신의 균형이 무너지고 자아는 내전과 유사한 상황에 빠진다. 내전에서 패배한 자아가 병든 자아다.

인간은 초자아의 무게를 견디지 못하면 광기로 내달리고 이드의 침탈에 점령당하면 야수로 질주한다. 패배한 정신은 광란하는 야수성의 정글로 바뀐다. 정신분석 치료는 자아의 힘을 키워 무의식이 날뛰는 정글을 다시 자아의 공간으로 바꾸는 작업이다. 자아는 이성과 의지의 도움을 받아 이드의 충동을 제압하고 초자아의 협박을 물리친다. 내부의 적대적 힘들을 제어함으로써 자아는 자기 자신으로 돌아온다. 자아가 자기관찰과 자기비판을 통해 자율성과 주체성을 되찾을 때, 다시 말해 건강한 자아를 회복할 때 인간은 외부 현실의 파도를 이겨내는 삶의 항해자가 된다.

알렉산드로스를 가르치는 아리스토텔레스(샤를 라플랑트, 1866년 작).

프로이트가 말하는 건강한 자아의 모습을 플라톤의 제자 아리스토텔레스가 쓴 텍스트에서도 볼 수 있다. 아리스토텔레스는 현실 세계에서 탁월함(arete, 아레테)을 발휘하는 인간의 지적 능력을 '실천적 지혜'(phronesis, 프로네시스)라고 부른다. 실천적 지혜를 갖춤으로써 인간은 정의롭고 인간답고 품격 있는 삶을 살 수 있다. 그 실천적 지혜를 자세히 살피는 저작이 《니코마코스 윤리학》이다.

실천적 지혜는 '탁월한 품성'과 결부돼 있다. 탁월한 품성이란 용기, 절제, 온화함, 진실함, 부끄러워할 줄 앎 같은 덕성을 뜻한다. 이 덕성은 중간 상태, 곧 중용의 미덕이다. 용기는 만용과 비겁의 중용이고, 절제는 낭비와 인색의 중용이다. 부끄러워할 줄 앎은 파렴치와 소심함의 중용이다. 품성의 탁월성은 실천적 지혜를 요구하고, 실천적 지혜는 품성의 탁월성을 요구한다. 그러므로 진실로 지혜로운 사람이 되려면 중용의 미덕, 곧 품성의 탁월성을 갖추어야 한다.

그런데 실천적 지혜를 갖춘 사람은 지성의 능력이 뛰어나기에 곧잘 '똑똑한 사람'이라는 말을 듣는다. 집 안에서나 집 밖에서나 지혜롭게 처신하는 사람이 똑똑한 사람이다. 똑똑한 사람은 목표에 이르는 길을 잘 찾는다. 그러나 무슨 목표든 달성하기만 하면 똑똑한 사람인가. 아리스토텔레스는 한 가지 조건을 덧붙인다. '목표의 고귀함'이 그것이다.

"목표가 고귀하지 않은 똑똑함은 교활함일 뿐이다."

똑똑함이 교활함으로 떨어지지 않으려면 훌륭한 목표가 있어야 한다.

아리스토텔레스는 이 대목에서 '영혼의 눈'을 이야기한다.

"품성의 탁월성이 없다면 영혼의 눈은 고귀해질 수 없다."

여기서 '영혼의 눈'은 사태를 꿰뚫어 보는 지성의 통찰력을 뜻한다.

지성의 통찰력이 품성의 탁월성과 함께하지 않는다면, 다시 말해 훌륭한 삶의 목표와 함께하지 않는다면, 통찰력은 참다운 지혜가 될 수 없다는 것이다. 그래서 아리스토텔레스는 단언한다.

"훌륭한 것은 훌륭한 사람에게만 보인다. 훌륭한 사람이 아니고서는 실천적 지혜를 지닌 사람이 될 수 없다."

훌륭한 목표, 아름다운 목표가 없는 '영혼의 눈'은 품성의 탁월성이 빠진 눈이고 교활함으로 물든 눈이다.

플라톤의 '영혼'이 '국가'로 이어져 있듯이, 아리스토텔레스의 '윤리학'은 '정치학'으로 이어져 있다. 아리스토텔레스가 윤리학에서 그려내는 '실천적 지혜를 지닌, 품성이 탁월한 사람'은 특히 공동체와 더불어 공동체를 이끌어가는 일을 하는 사람이다. 윤리적 탁월성이 없다면 정치적 탁월성을 기대할 수 없다. 정치는 윤리와 떨어져 있지 않다.

세간에 떠도는 말로 '장님 무사'와 '앉은뱅이 주술사'가 지난 몇 년 동안 국정을 농락하고 나라를 만신창이로 만들었다. '장님 무사'가 내키는 대로 칼을 휘두를 수 있었던 건 '앉은뱅이 주술사'의 눈이 있었기 때문이다. 그 눈이 문제였다. 목표의 고귀함이 없는 똑똑함이 교활함이 되고 말듯이, 고귀한 것을 볼 줄 모르는 눈은 탐욕의 눈이 되고 만다. 눈이 썩으면 뇌도 썩는다.

이드의 무분별한 충동은 법도 윤리도 논리도 모른다. 이드의 눈은 욕망 충족이라는 저급한 목표밖에 볼 줄 모른다. 12·3 내란은 이드가 초자아의 탈을 쓰고 나와 무법적인 명령을 내린 것과도 같았다. 부끄러움을 모르는 탐욕이 나라의 절도를 무너뜨렸고, 파렴치의 명령을 받은 폭도가 사람 사는 세상을 광기 어린 야수의 정글로 바꾸어놓았다. 정당의 간판을 단 내란 동조 세력이 야수들을 부추겨 혼란을 키움으로써 살길을 찾으려 몸부림쳤다. 이드의 탐욕을 뒤쫓는 보수, 지켜야 할 것을 지키지 않는 보수는 보수가 아니다. 지혜와 절제가 다스리는 나라로 가려면 보수의 탈을 쓴 반헌법 세력부터 퇴출해야 한다.

44
-
유사 파시즘 불러내는
내란 세력의 기괴한 믿음

1517년 마르틴 루터가 비텐베르크 성당 정문에 '95가지 논제'를 내걺으로써 시작된 종교개혁은 머잖아 가톨릭교회의 자기 정화 운동을 불렀다. 그 운동의 구심이 된 사람이 스페인 바스크 출신 영성가 이냐시오 데 로욜라(Ignacio de Loyola, 1491~1556)다. 로욜라가 세운 예수회는 루터─칼뱅의 혁신을 이어받은 청교도와 함께 종교적 삶의 새 시대를 열었다.

　젊은 날 로욜라의 꿈은 전장에서 무훈을 세워 공주의 사랑을 받는 것이었다. 중세 기사들이 뒤쫓던 세속적 성공이 로욜라의 꿈이었다. 서른 살이 되던 해 이 꿈이 깨졌다. 1521년 로욜라는 프랑스군 포탄에 맞아 다리뼈가 부러지는 큰 부상을 입었다. 이때 병상의 지루함을 달래려 손에 잡은 것이 성인들의 전기였다. 자신과 비슷한 젊은 시절을 보낸 프란치스코 성인의 삶이 가슴 깊은 곳을 찔렀다. 이 독서가 싸움꾼의 삶을 바꾸었다. 로욜라는 귀족의 표시가 나는 모든 것을 버렸다. 걸인의 옷을 얻어 입고 구걸을 하며 지난 삶을 참회했다. 다시 태어난 기사는 뒤늦게 공부를 시작해 마흔여섯에 사제 서품을 받았다. 서품을 받은 직후 동지 여섯 명과 함께 예수회를 결성했다.

로욜라가 예수회를 창설하고서 먼저 한 일이 대학을 세우는 것이었다. 늦공부가 낳은 열정이었다. 이어 로욜라를 사로잡은 것이 땅끝까지 그리스도 말씀을 전하는 일이었다. 이때 선교사로 뽑힌 사람이 학업 시절 로욜라와 기숙사 방을 함께 쓴 프란치스코 하비에르(Francisco Javier, 1506~1552)였다. 하비에르는 막 열린 대항해의 길을 따라 동쪽으로 갔다. 희망봉을 돌아 인도양을 건너 1549년 일본 규슈 남단 가고시마에 도달했다. 하비에르는 가고시마 영주의 허락을 받아 2년여 동안 수천 명의 일본인에게 세례를 주었다. 16세기 말엽에는 기리시탄(그리스도인)이 수십만 명에 이르렀다. 천민·빈민만이 아니라 유력 영주까지 가톨릭으로 개종했다. 전국시대 패자 오다 노부나가(織田信長, 1534~1582)가 가톨릭의 확산을 도왔다. 수도 교토에 신학교가 세워졌다.

그러나 바람은 오래 가지 않았다. 노부나가가 죽고 실권을 잡은 도요토미 히데요시(豊臣秀吉, 1537~1598)는 규슈 지방 영주들이 서양 세력과 공모해 반란을 일으킬까 두려워 탄압으로 돌아섰다. 스페인과 포르투갈에서 온 사제들이 죽임을 당하거나 나라 밖으로 쫓겨났다. 히데요시 사후 전국을 통일한 도쿠가와 막부는 탄압 정책을 더 밀어붙였다. 3대 쇼군 도쿠가와 이에미쓰(德川家光, 1604~1651) 시대에 이르러 규슈 지역 가톨릭 농민들이 '시마바라 반란'(1637)을 일으키자 탄압은 극에 이르렀다. 막부는 성모상이나 예수상을 밟고 지나가는 '후미에'를 강요해 기리시탄을 색출하고, 배교를 거부하는 신자를 구덩이 속에 거꾸로 매달아 죽이는 극악한 고문을 했다. 가톨릭교도는 지하로 숨어들었다.

일본 작가 엔도 슈사쿠(遠藤周作, 1923~1996)의 소설《침묵》(1966)이 시작하는 곳이 여기다. 포르투갈 예수회 신부가 금단의 땅에 도착한다. 관의 눈을 피해 신자들을 만나던 신부는 끝내 붙잡혀 나가사키로 압송된다. 죽음의 그림자가 엄습한다. 순교라면 처음부터 각오한 일이다. 그러나 신부가 걸려든 시험은 순교의 차원을 넘어선다. 관헌은 신부가 아니라 신자들을 구덩이 속에 거꾸로 매달아놓고 신부가 배교할 때까지 고문한다. 신자들은 신부가 가톨릭을 버리지 않는 한 참혹한 고통 속에서 죽어갈 수밖에 없다.

이 시험이 신부의 갈등을 극한으로 몰고 간다. 그리스도가 똑같은 시험에 들었다면 어떻게 했을까. 신부의 내면에서 두 목소리가 싸운다.

"그리스도는 사람들을 위해 틀림없이 배교했을 것이다."

"그럴 리가 없다. 그런 일은 있을 수 없다."

괴로워하던 신부는 마지막 순간에 배교를 선택하고 십자가의 그리스도 얼굴을 밟는다. 배교야말로 "가장 괴로운 사랑의 행위"다.

소설 속 신부가 배교하고 난 뒤에도 일본의 가톨릭교도는 규슈 지역 여러 섬에 숨어 신앙을 지켰다. 이 사람들을 부르는 말이 가쿠레키리시탄(숨은 그리스도인)이다. 사제도 없고 성경도 없이 가쿠레키리시탄은 불교도로 위장해 관음보살 가슴에 흐릿한 십자가를 새겨 넣은 성모상('마리아 관음')을 만들어 섬겼다. 숨은 기독교인들은 250년 뒤 메이지유신으로 금교령이 풀린 뒤에야 세상에 모습을 드러냈다.

엔도의 소설 속 사건이 벌어지던 17세기 중엽, 지중해 동쪽 이스탄불에서 한층 더 기이한 배교 사건이 일어났다. 유대인 샤베타이 체비(Sabbatai Zevi, 1626~1676)가 주인공이었다. 오스만제국의 스미르나에서 태어난 샤베타이는 어느 날 신비체험을 하고 유대인의 메시아로 자처하기 시작했다. 메시아가 도래해 세상이 바뀌었으니 옛 율법이 낡은 것이 됐다. 샤베타이는 율법이 금한 음식을 먹고 신의 이름을 함부로 불렀다.

보다 못한 유대 랍비들이 샤베타이를 추방했다. 샤베타이는 이집트를 거쳐 1665년 팔레스타인 가자의 유대인 공동체로 갔다. 그곳에서 샤베타이는 나탄이라는 젊은 랍비를 만났다. 나탄은 샤베타이가 유대인을 구원할 메시아임을 '알아보고' 근동과 유럽 전역의 유대인 공동체에 메시아가 왔음을 알리는 편지를 썼다. 나탄의 편지는 박해 속에 살아온 유대인들 사이에 희망의 불꽃을 피워 올렸다. 메시아 숭배가 삽시간에 번져나갔다.

샤베타이는 1666년 1월 오스만제국 수도 이스탄불에 도착해 유대인의 열광적인 환영을 받았다. 제국은 샤베타이를 반역죄로 붙잡아 갈리폴리 감옥에 가두었다. 샤베타이는 옥중에서 편지를 써 "나는 구세주, 너희의 신"이라고 선포했다. 유대 세계의 모든 시선이 갈리폴리로 모였다. 여섯 달 뒤 샤베타이는 재판을 받으러 이스탄불로 불려 갔다. 제국의 술탄은 샤베타이에게 이슬람교로 개종하든가 아니면 사형을 받으라고 명령했다. 그 자리에서 샤베타이는 개종을 선택하고 머리에 터번을 둘렀다. 석방된 샤베타이는 제국의 연금을 받으며 충직한 무슬림으로 살다 죽었다.

유대 사회는 메시아가 배교했다는 소식에 거대한 충격을 받았다. 랍비들은 즉각 가짜 메시아를 지워버렸다. 그러나 어떤 유대인들은 메시아 환상을 빼앗기느니 현실을 왜곡하는 편을 택했다. 샤베타이를 메시아로 알아보았던 가자의 나탄이 그런 사람이었다. 나탄은 샤베타이의 배교를 '합리적으로' 설명하는 데 남은 삶을 바쳤다.

유대 메시아를 자처했다가 이슬람교로 개종한 샤베타이 체비.

'악의 세력과 싸우려면 악의 세력 안으로 들어가야 한다. 그러려면 유대 민족의 신성한 의무를 배반하지 않을 수 없다.'

악의 심연으로 들어가 악을 무찌르는 트로이 목마가 샤베타이라는 얘기였다. 나탄의 말에 설득된 유대인 수천 명이 이슬람교로 개종해 터번을 두르고 메카를 향해 기도했다. 샤베타이의 배교를 메시아의 표시로 받든 유대인들은 이후 150년 동안 유럽 곳곳에서 출몰했다. 추종자들은 샤베타이를 따라 전통 율법을 부정했다.

18세기 폴란드의 유대인 예언자 야쿠프 프랑크(Jakub Frank, 1726~1791)는 샤베타이 추종자 중에서도 가장 과격한 사람이었다. 프랑크는 자신이 샤베타이의 환생이라며 메시아가 왔으니 옛 율법이 모두 폐기됐다고 선언했다.

"율법을 부정하는 것이 율법을 준수한다는 진정한 표현이다."

프랑크는 극단적인 허무주의 발언도 마다하지 않았다.

"내 발길이 닿는 모든 곳이 파괴될지니, 그것은 내가 세상을 파괴하고 멸망시키러 왔기 때문이다."

마지막에 프랑크는 추종자 수천 명을 데리고 폴란드 가톨릭으로 개종함으로써 샤베타이의 배교 행위를 반복했다.

배교는 숭고할 수도 있고 기괴할 수도 있다. 샤베타이 추종자들의 배교는 믿음이 한계를 넘어 망상으로 치달은 경우였다. 사람의 마음은 기묘한 것이어서 어떤 대상에 정신의 에너지를 집중하면 그 대상에 대한 애착이 거의 자동으로 생겨난다. 한번 생겨난 애착은 어떻게든 관성을 유지하려 하고 방해를 받으면 오히려 강도가 커진다. 그래서 애착 대상을 잃어버릴 상황에 부닥친 사람은 극심한 타격과 혼란을 겪을 수밖에 없고, 애착하는 대상을 더 강하게 붙잡음으로써 상실의 두려움을 이겨내려 한다. 샤베타이 추종자들이 보여주듯, 애착으로 옹어리진 믿음은 없는 것을 있는 것으로, 가짜 메시아를 진짜 메시아로 바꾸기도 한다. 법을 파괴해놓고는 법을 지킨다고 자부하기도 한다.

정치 영역에서도 똑같은 착란이 어김없이 반복된다. 특히 비이성의 맹신을 이용하는 세력이 배후에 있을 때, 맹신의 열광은 끄기 힘든 불길이 된다. 토머스 홉스는 오늘을 예견한 듯《리바이어던》에 썼다.

"권력의 이익에 반한다면, 인간은 삼각형 내각의 합이 180도라는 기하학의 진리마저 부정할 것이다."

권력자의 욕망은 그토록 집요하다. 맹신의 광기가 이 권력 집착과 결합할 때, 거기서 유사 파시즘이라고 할 정치적 광풍이 인다. 광풍을 잠재우는 것은 예나 지금이나 건전한 이성의 단단한 연대와 단호한 대응이다. 망상을 치료할 시기를 놓치면 광풍은 태풍이 된다.

45
-
에로스의 힘이 세상을 바꾼다

20세기 영국 소설가 데이비드 허버트 로런스(David Herbert Lawrence, 1885~1930)는 자신이 장편소설(노블)을 쓰는 작가라는 데 대해 특별한 자부심을 밝힌 바 있다.

"소설가인 까닭에 나는 내가 성자·과학자·철학자·시인보다 우월하다고 생각한다."

장편소설만이 인간 삶의 '부분'이 아니라 '전체'를 포착한다는 것이 로런스 자부심의 근거다. 장편소설은 "둘도 없이 빛나는 생명의 책"이다. 로런스는 그런 장편소설을 쓴 작가에 철학자 플라톤을 포함하고 플라톤의 대화편들을 "기이한 작은 장편"이라고 불렀다.

플라톤의 《향연》은 로런스의 평가가 틀리지 않았음을 보여준다. 이 대화편에는 철학의 고전에 대한 우리의 선입견에는 전혀 어울리지 않는 우스꽝스러운 삽화가 여럿 등장한다. 시인 아가톤의 비극 경연 우승을 축하하는 연회에 소크라테스를 비롯해 여러 사람이 모인다. 의사 에릭시마코스가 사랑의 신 에로스를 찬미하는 이야기를 돌아가면서 하자고 제안하자 좌중이 동의한다. 몇 사람의 연설이 끝나고 희극 작가 아리스토파네스(Aristophanes, 기원전 446?~기원전 386?) 차례가 왔을 때 갑자기 딸꾹질이 일어나 멈추지 않는다.

아리스토파네스는 옆자리의 에릭시마코스에게 기회를 넘기면서, 딸꾹질 멈추는 법을 알려달라고 말한다. 에릭시마코스가 세 가지 처방을 내준다.

'먼저 숨을 들이마시고 참을 것. 그래도 안 멈추면 입안에 물을 머금고 가글을 할 것. 그 방법으로도 효과가 없으면 깃털 같은 것으로 콧속을 간질여 재채기를 할 것.'

로런스 말대로 이 대화편이 '소설'이 아니라면, 한없이 진지한 책에 왜 이런 이야기가 들어가 있는지 알 수 없다. 세 번째 방법까지 쓰고 야 재채기가 멈춘 아리스토파네스가 에릭시마코스에 이어 연설을 시작한다.

아리스토파네스는 신화를 끌어들여 인간이라는 종족의 애초 모습이 어땠는지부터 이야기한다. 처음에 인간은 남자와 남자, 여자와 여자, 남자와 여자가 각각 한 몸을 이룬 세 종류였다. 그런데 이렇게 둘이 붙어 하나가 된 인간들은 힘이 무척 세고 자만심이 넘쳐 신들에게 덤벼들기까지 했다. 보다 못한 제우스가 벼락을 내리쳐 인간들을 두쪽으로 나누어버렸다. 반쪽이 된 인간은 그때부터 본디 한 몸이었던 다른 반쪽을 찾아 헤매게 됐다.

"우리는 처음에 온전한 전체였다. 사랑(에로스)이란 전체가 되고 싶어 하는 우리의 갈망에 붙여진 이름이다."

아리스토파네스의 연설이 끝나자 잔치의 주인공인 아가톤이 말을 받아 에로스가 어떤 신인지 이야기한다. 에로스는 가장 젊은 신이며 꽃이 만발한 향기로운 곳에 머무는 우아한 신이다. 에로스는 가장 아름다운 신이고 가장 훌륭한 신이며 가장 행복한 신이다. 에로스는 정의롭고 절제 있으며 용감하다. 에로스는 지혜롭기도 하다. 사랑에 빠지면 모두 시인이 되니 에로스야말로 창작의 비밀을 가르쳐주는 지혜로운 신 아닌가. 흥이 오른 아가톤은 에로스 찬양을 운문으로 끝낸다. 에로스는 "인간들 사이에 평화를, 바다에는 바람 한 점 없는 잔잔함을, 바람에는 휴식을, 근심에 시달리는 이에게는 단잠을" 선사한다.

"괴로울 때, 두려울 때, 그리울 때, 말할 때 에로스는 가장 믿음직한 키잡이요 보호자요 전우요 구원자다."

아가톤이 말을 마치자 박수가 쏟아진다.

이제 남은 사람은 소크라테스뿐이다. 소크라테스는 아가톤이 좋은 말을 다 해서 자기는 할 말이 없게 됐으니 에로스 찬미는 그만두고 에로스에 관한 진실을 이야기해보겠다고 말한다. 그러면서 특유의 문답법으로 아가톤에게 묻는다.

"에로스는 어떤 것에 대한 사랑인가, 아닌가?"

에로스는 사랑이고 사랑이란 어떤 대상에 대한 사랑이다. 그러니 아가톤은 아니라고 답할 수 없다.

소크라테스가 다시 묻는다.

무언가를 사랑한다는 것은 무언가를 원한다는 것인데, 무언가를 원한다는 것은 그것을 아직 소유하지 못했다는 뜻 아닌가?

이번에도 아가톤은 그렇다고 답할 수밖에 없다. 인간은 자기에게 없는 것을 욕망하고 사랑한다. 그러므로 에로스가 아름다움에 대한 사랑이라면, 에로스에게는 아름다움이 결핍돼 있음이 분명하다. 소크라테스가 아가톤에게 다시 묻는다.

소크라테스에게 에로스를 가르쳐주는 여사제 디오티마(프란츠 카우치그, 1810년 작).

"아름다움이 결핍된 자를 아름답다고 말할 수 있는가? 여전히 에로스가 아름답다고 주장할 텐가?"

소크라테스의 추궁에 아가톤이 고백한다.

"나는 아무것도 모르면서 그런 말을 한 것 같습니다."

그렇다면 에로스는 어떤 존재인가? 소크라테스는 만티네아라는 땅의 여사제 디오티마에게서 들었다며 에로스 탄생에 얽힌 신화를 들려준다. 미의 여신 아프로디테가 태어났을 때 신들이 큰 잔치를 벌였는데, 그 잔치판에 포로스(Poros)도 끼어 있었다. 식사가 끝나자 잔치 때면 나타나는 페니아(Penia)가 구걸하러 와 문간에 서성였다. 포로스는 넥타르에 취해 제우스의 정원에 들어가 잠이 들었다. 그러자 페니아가 포로스의 아이를 갖기로 작정하고서 포로스 곁에 누워 에로스를 잉태했다. 에로스가 아프로디테의 시종이 된 것은 아프로디테 생일잔치 때 잉태된 데다 아름다움을 사랑하는 본성을 지녔기 때문이다.

에로스 탄생 신화는 에로스가 어떤 존재인지 알려준다. 에로스의 어머니 페니아는 말뜻 그대로 가난과 궁핍과 결핍의 여신이다. 바로 그런 본성을 물려받은 탓에 에로스는 언제나 가난하다. 또 우아하고 아름답기는커녕 딱딱하고 거칠고 맨발인 데다 집도 없다. 대문 밖이나 길바닥에서 거적도 없이 잠을 잔다. 그러나 에로스는 아버지 포로스의 피를 이어받아 반대의 모습도 지녔다. 포로스는 길을 뜻한다. 막힌 곳을 뚫어 만든 통로가 포로스다. 그러므로 포로스는 곤경을 벗어나게 해주는 방도고 방편이다. 그렇게 아버지와 어머니의 본성을 함께 받았기에 에로스는 결핍 속에 있으면서 결핍을 뚫고 나갈 길을 찾는다. 궁지를 뜻하는 아포리아(aporia)는 '포로스 없음' 곧 길이 막혔음을 뜻한다. 에로스는 페니아의 아들이기에 길 없는 궁지에 갇혔지만,

포로스의 아들이기에 궁지에서 벗어날 길을 끝내 찾아낸다.

소크라테스는 에로스가 무지와 지혜의 중간에 있는 자임도 강조한다. 에로스가 신들처럼 지혜롭다면 궁지에 빠질 일이 없다. 그러나 에로스가 무지하기만 하다면 궁지를 빠져나갈 길을 찾을 일도 없다. 왜냐하면 "무지의 문제점은 아름답지도 훌륭하지도 지혜롭지도 않은 자가 그런 자기에게 만족하는 것"이기 때문이다. 자기가 모른다는 것을 모르는 것이야말로 가장 큰 무지다. 그런 무지에 갇힌 자는 자기에게 무엇이 결핍돼 있는지 알지 못하고, 그러기에 결핍을 뚫고 나가려는 의지를 발동하지도 않는다. 소크라테스가 디오티마의 입을 빌려 그려 보이는 에로스는 노력하는 우리 인간의 모습이다. 인간은 무지와 지혜의 중간에서 자신의 무지를 깨닫고 지혜를 향해 나아가는 존재다.

에로스는 인간 안에 깃들어 있다. 에로스를 품은 인간이 바라는 것은 무엇인가? 소크라테스는 아리스토파네스가 말한 '반쪽'을 끌어들여 이야기한다.

"반쪽이든 전체든 그것이 좋은 것이 아니라면, 사랑은 반쪽도 전체도 찾지 않는다. 사람은 병들었다 싶으면 자기 발이나 손도 절단하려 하지 않는가."

그러면 인간은 무엇을 원하는가? 소크라테스는 에로스를 품은 인간이 아름다운 것을 향해 나아가 그 아름다운 것 안에서 좋은 것, 훌륭한 것을 낳고자 한다고 말한다. 노력하는 인간은 임신 중인 인간이며 출산하고자 하는 인간이다. 출산한다는 것은 창조한다는 뜻이다. 인간이 출산하고자 하는 것, 창조하고자 하는 것 중에는 정의로운 나라도 있다고 소크라테스는 말한다. 인간 안에 있는 에로스는 불의한 나라를 폐하고 정의로운 나라를 세우고자 한다. 에로스는 세상을 바꾼다.

　돌아보면 우리는 지난 몇 달 동안, 아니 지난 몇 년 동안 그 에로스의 힘으로 무너진 나라를 다시 세우려고 온 힘을 모았다. 내란 세력이 나라를 망가뜨리는 동안 그 파괴를 보면서 분노하고 발을 굴렀다. 가난한 페니아처럼 눈발이 흩날리는 맨땅에서 농성하고 노숙했다. 그리고 우리는 마침내 길을 뚫었다. 우리 안에 있는 에로스의 힘은 생명의 힘이고 사랑의 힘이다. 사랑은 불화를 감내한다.

　그리스 신화 작가 헤시오도스(Hesiodos, 기원전 8~7세기)는《일과 날》에서 에리스(Eris, 불화·싸움)가 우리 삶을 지배한다고 말한다. 에리스에는 두 종류가 있다. 하나는 모든 것을 무너뜨리는 해로운 에리스고, 다른 하나는 세상을 전진시키는 이로운 에리스다. 해로운 에리스는 파괴하고 이로운 에리스는 창조한다. 그 창조하는 에리스의 다른 이름이 에로스다. 에로스의 힘은 자기 파괴적 증오를 이기고 멀리 간다. 에로스는 정의로운 나라를 잉태하고 출산한다.

46
-
나르시시즘적 권력정치는
민주주의의 적이다

아리스토텔레스는 역사상 가장 드넓은 학문 영역을 탐구한 철학자다. 인간이 생각할 수 있는 거의 모든 분야에 탐사의 촉수를 뻗은 이가 아리스토텔레스다. 아리스토텔레스의 눈은 높은 곳과 함께 낮은 곳에도 머물렀다. 물속에서 꼬물거리는 올챙이, 풀잎에 붙어사는 진드기도 이 철학자의 눈을 비껴가지 않았다.

아리스토텔레스는 이런 미물을 연구하는 것이 왜 필요한지를 앞 시대 철인 헤라클레이토스 일화를 들어 설명하기도 했다. 헤라클레이토스의 명성을 듣고 이방인들이 이 은둔의 철학자를 만나러 숲속 오두막을 찾아왔다. 헤라클레이토스가 아궁이 앞에 쭈그리고 앉아 불을 쬐는 모습을 보고 방문객들이 놀라 멈추어 섰다. 그토록 위대한 사람이 어떻게 저토록 초라한 모습일 수 있단 말인가. 그러자 헤라클레이토스가 말했다.

"들어오시오. 여기에도 신들이 머물고 있다오."

아궁이 같은 하찮은 곳에도 신들이 깃들어 있다. 마찬가지로 하루

살이 같은 날벌레에도 자연의 아름다움이 깃들어 있다.

아리스토텔레스는 가장 낮은 곳을 관찰하던 눈을 들어 가장 높은 곳, 하늘 저 너머에 있는 신(theos)을 탐구했다. 아리스토텔레스는 그 신을 《자연학》과 《형이상학》에서 '부동의 원동자'라고 불렀다. 아리스토텔레스에게 신은 가장 순수하고 완전한 존재다. 신이 완전한 존재라는 것은 질료 없는 형상, 곧 신체 없는 정신이라는 뜻이다. 순수하고 완전한 정신은 그 자신은 운동하지 않으면서 다른 것을 운동하게 한다. 그래서 '부동의 원동자'다. 신은 제자리에 머물러 하늘의 별들을 회전하게 한다. 그 회전과 함께 태양이 황도를 따라 돌고, 태양의 운동이 지상 만물의 생성과 변화를 낳는다.

그러면 신은 어떻게 스스로 운동하지 않으면서 다른 것을 운동하게 하는가? 그 비밀이 '사랑과 욕망'이라고 아리스토텔레스는 말한다. 별들이 신을 사랑하고 욕망해 신을 향해 나아가는데, 그 결과가 천체의 원운동이다. 별들은 신을 사랑하기에 신에게 다가가려는 열망으로 영원히 하늘을 회전한다. 신은 별들의 사랑을 받는 부동의 인격적 주체다.

아리스토텔레스는 이런 생각을 어디서 얻었을까? 플라톤의 《향연》 후반부에 등장하는 알키비아데스와 소크라테스의 관계에서 아리스토텔레스가 그리는 '천체와 신의 관계'의 원형을 볼 수 있다. 이 대화편에서 젊은 알키비아데스는 '사랑하는 사람'(erastes)으로, 스승 소크라테스는 '사랑받는 사람'(eromenos)으로 나온다. 그 시절 아테네에는 남자와 여자의 사랑보다 남자와 남자의 사랑을 더 참된 사랑으로 보는 문화가 있었다. 그 문화 속에서 나이 어린 남자와 더 성숙한 남자가 연인 관계를 맺어 애정과 우정을 함께했다. 아테네 제일의 미남 알키비아데스와 추남의 대명사라 할 소크라테스가 그런 관계였다.

프랑스의 기호학자 롤랑 바르트.

알키비아데스는 술기운을 빌려 젊은 날 자신이 소크라테스를 연모한 나머지 스승을 유혹하려고 어떤 짓을 벌였는지 털어놓는다. 소크라테스의 사랑을 받으려고 온갖 궁리를 하던 알키비아데스는 어느 날 밤늦도록 소크라테스와 이야기를 하다 나란히 침대에 누워 자기 외투를 벗어 덮어주며 소크라테스를 두 팔로 껴안는다. 그러나 날이 새도록 소크라테스는 꿈쩍도 하지 않는다. 알키비아데스의 유혹은 통하지 않는다.

"소크라테스는 내 청춘의 매력을 무시하고 조롱하고 모욕했다네."

그런 일을 당하고도 알키비아데스는 소크라테스에게 노예처럼 매여 스승의 주위를 맴돈다.

알키비아데스는 신처럼 자신을 압도하는 소크라테스를 '아토포스'(atopos)라는 말로 묘사한다. 아토포스는 '토포스(topos, 자리·장소) 없음'을 뜻한다. 자리가 없고 장소가 없는 사람이 아토포스다. 아토포스는 있어야 할 곳에 있지 않은 사람, 그래서 정체를 알아볼 수 없는 사람이다. 인간의 인식 능력으로는 다가갈 수 없고 파악할 수 없는 사람이 아토포스다. '사랑하는 자' 알키비아데스가 보기에 '사랑받는 자' 소크라테스야말로 도무지 알 수 없는 신적인 존재다. 아리스토텔레스는 '사랑받는 아토포스' 소크라테스의 모습에서 자신이 생각하는 신, 곧 '부동의 원동자'를 떠올렸음이 분명하다. 신은 알 수 없는 초월적인 곳에 머물러 하늘과 땅의 모든 것을 움직이게 한다.

20세기 프랑스 기호학자 롤랑 바르트(Roland Barthes, 1915~1980)는 《사랑의 단상》(1977)에서 알키비아데스와 소크라테스에게서 보이는 '사랑의 관계'를 분석했다. 사랑의 관계는 일종의 구조여서 누구나 그 관계에 들어서면 똑같은 패턴을 반복한다. 사랑의 관계에서는 더 많이 사랑하는 사람이 약자고 더 적게 사랑하는 사람이 강자다. 약자는 사랑하고 강자는 사랑받는다. 《젊은 베르테르의 슬픔》(1774) 속의 베르테르가 '사랑하는 사람'이라면, 연인 로테는 '사랑받는 사람'이다. 사랑하는 사람은 사랑에 매인 자, 사랑의 노예다. 반대로 사랑받는 사람은 신과 같은 자리에서 노예를 내려다본다. 사랑하는 약자는 사랑받는 강자를 중심에 두고 끝없이 돈다. 이것이 사랑의 권력관계에서 작동하는 중력 법칙이다.

능동과 수동은 사랑의 관계에서는 역설에 빠진다. 여기서는 더 많이, 더 적극적으로 사랑하는 자가 수동태로 머문다. 그러므로 사랑하는 자에게 허락된 것은 '기다림'이다. 사랑하는 자는 말한다.

"기다림은 주문(呪文)이다. 나는 움직이지 말라는 명령을 받았다."

기다림은 사랑에 빠진 자의 숙명이다. 여기에 권력의 본성이 있다. 바르트는 말한다.

"기다리게 하는 것, 그것은 모든 권력의 변함없는 특권이다."

아리스토텔레스의 신이 자족적으로 머물러 있음으로써 다른 모든 것을 돌게 하듯이, 사랑의 권력관계 안에서 사랑받는 자는 부동의 원동자처럼 사랑하는 자를 하염없이 자기 주위로 돌게 한다.

물론 아리스토텔레스의 신학에 자족적인 신의 모습만 있는 것은 아니다. 소크라테스가 사랑받는 사람이기만 했다면 소크라테스가 될 수 없었을 것이다. 소크라테스에게는 말썽꾸러기 알키비아데스를 바른 길로 이끌려는 도덕적 지도자의 모습도 있다. 마찬가지로 아리스토텔레스의 신에게는 세상이 올바른 질서 속에 있도록 그 질서를 이끄는 주재자의 모습도 있다. 그렇기는 해도 아리스토텔레스의 신학에서 먼저 두드러지는 것은 자기 안에 머물러 사랑받기만 하는 나르시시즘적인 신의 모습이다. 이 신의 자리에 있는 자가 바르트가 말하는 '사랑받는 사람'이다. 천체가 신을 욕망해 한없이 원운동을 하듯, 사랑하는 사람은 사랑의 대상에게 다가가려고 그 주위를 돌고 또 돈다.

바르트가 그려 보이는 사랑의 권력관계는 연인들의 사적인 영역에만 있지 않다. 공적인 정치 영역에서 그 권력관계는 더없이 뚜렷하게 나타난다. 신과 같이 사랑받고자 하는 나르시시스트들이 우글거리는 곳이 정치 영역이다. 정치 영역에서 나르시시즘은 상대를 유혹하여 포획하는 방식으로 작동한다. 나르시시스트 정치인은 대중을 말로써 현혹하고, 현혹으로 안 되면 안팎의 위협을 부풀려 불안을 키우고 그 불안으로 대중을 길들인다. 그렇게 길들여 권력을 쥐면 나르시시스트들은 곧바로 신과 같은 자리에 올라서서 그 자리를 지키려 모든 수단을 끌어들인다.

막스 베버는 '정치라는 직업'을 주제로 한 강연에서 이런 자기애적인 정치를 '권력정치'라고 불렀다. 권력정치인에게 정치란 위세를 즐기는 허영의 세계다. 허영심을 충족시키려고 정치를 이용하는 자들이 권력정치인이다. 권력정치인이 추구하는 것은 권력 자체, 다시 말해 권력을 휘두르는 자기 자신이다. 권력정치인의 제일 관심사는 공익이 아니라 그 자신의 위세다. 그러므로 나르시시즘적 자기만족을 뒤쫓는 권력정치인이 창궐하는 나라에서 민주주의는 본질을 잃어버린다. 권력정치인에게 민주주의 제도와 정신은 할 수만 있다면 치워버려야 할 장애물일 뿐이다. 내란 세력이 친위 쿠데타를 일으킨 것은 권력정치의 생리상 난데없는 일이 아니다. 나르시시즘적 권력정치는 민주주의의 적이다.

민주공화국이 요구하는 정치인은 사랑받기 전에 먼저 사랑하는 자,

사랑받으려면 사랑받을 만한 일을 해야 한다는 것을 알고 실천하는 자다. 사랑을 주거나 거두는 주체는 국민이지 권력자가 아니다. 정치인이 나라의 주인을 제대로 섬기지 않을 때 그 사랑을 거두어들일 수 있어야 정치가 정치다워진다. 이 나라가 참된 민주공화국이 되려면 권력정치에 중독된 자들, 자신의 허영심을 채우려고 정치하는 자들을 정치의 장에서 말끔히 퇴출해야 한다. 그 권력정치의 지배를 연장하려고 법기술을 악용하는 법비들을 법이라는 신성한 공간에서 들어내야 한다. 권력정치에 대한 눈먼 사랑이 사라질 때 국민이 주인으로서 존중받는다.

47
-
정치가는 민주주의 교육자가
될 수 있는가

니콜로 마키아벨리의 《군주론》은 '신생 군주국'의 통치자에게 주는 책이다. 새로 얻은 나라를 지키고 지위를 보전하려면 군주는 어떻게 처신하고 행동해야 하는가. 마키아벨리의 조언은 우리의 통상적인 도덕관념을 벗어난 '사악한 속삭임'으로 가득하다. 마키아벨리는 말한다.

"악덕 없이는 권력을 보존하기 어려울 때 군주는 그 악덕으로 하여 악명을 떨치는 것도 개의치 말아야 한다."

왜 그런가. 미덕으로 보이는 일을 하는 것이 군주의 파멸을 부르고, 반대로 악덕으로 보이는 일을 하는 것이 군주의 안전을 지키는 경우가 많기 때문이다. 마키아벨리의 '조언'은 이어진다.

"군주가 관대하다고 여겨지는 것은 바람직하다, 하지만 군주가 정말로 관대하다는 평판을 얻을 만큼 관대하게 행동한다면 그런 행동은 군주에게 해가 된다."

"사랑을 느끼게 하기보다는 두려움을 느끼게 하는 것이 군주에게는 훨씬 더 안전하다. 인간이란 두려움을 일으키는 자보다 사랑을 베푸

서재에 있는 마키아벨리(스테파노 우시, 1894년 작).

는 자를 해칠 때 덜 주저하기 때문이다."

마키아벨리는 '법'과 '힘'을 대비하기도 한다. 법에 의지하는 것은 인간에게 합당한 방법이고, 힘에 의지하는 것은 짐승에게 합당한 방법이다.

"군주는 모름지기 짐승의 방법과 인간의 방법을 모두 이용할 줄 알아야 한다."

그러면서 마키아벨리는 군주가 짐승의 방법을 이용하되 그중에서도 특히 여우와 사자를 모방해야 한다고 말한다. 여우의 꾀가 없으면 함정에 빠지기 쉽고 사자의 힘이 없으면 늑대를 물리칠 수 없다. 요컨대 군주가 관대한 자로 보이는 것은 필요한 일이지만, 군주의 지위를 유지하려면 마음속까지 그래서는 안 되며 오히려 짐승의 꾀와 힘으로 무장해야 한다.

이런 생각을 스스럼없이 내놓았다는 이유로 마키아벨리는 '악의 교사'라는 악명을 얻었다. 그러나 마키아벨리가 아무런 전례도 없이 이런 험악한 조언의 책을 쓴 건 아니다. 《군주론》의 배후에서 이야기하는 다른 목소리가 있다. 아리스토텔레스가 그 목소리의 주인공이다. 르네상스 시대에 널리 알려진 아리스토텔레스 《정치학》에는 '참주의 지위를 보전하는 방법'을 알려주는 독립된 장이 있다. 마키아벨리의 '군주'는 아리스토텔레스의 '참주'가 시대를 뛰어넘어 옷을 갈아입고 나온 것이라고 할 만하다. 여기서 들려오는 아리스토텔레스의 목소리는 '악의 교사'의 속삭임이 소박해 보일 정도로 우리의 도덕관념을 거스른다.

아리스토텔레스의 말을 들어보자. 참주가 자리를 지키기를 원한다면, 높은 기상을 지닌 탁월한 사람을 보이는 대로 제거해야 한다. 경쟁자가 될 만한 싹을 가차 없이 뽑아버리라는 주문이다. 참주는 정치적 토론 공간을 봉쇄해야 하며, 사람들의 심성에 신념과 자부심을 불어넣는 철학적 훈련의 장을 없애야 한다. 엿듣는 자와 소문을 퍼뜨리는 자를 심어 사람들을 감시하고, '친구와 친구를' 분열시켜 서로 싸우도록 해야 한다. 백성을 가난하게 만드는 것도 참주의 방책이다. 백성이 가난해지면 하루하루 먹고사는 데 신경 쓰느라 반란을 꿈꿀 수 없게 되기 때문이다. 참주의 마지막 방책은 전쟁을 도발하는 것이다. 그래야 지배받는 자들이 움츠러들어 참주에게 매달리게 된다. 아리스토텔레스가 그려 보이는 참주는 자신에게 이익이 된다면 공동체를 파괴하는 것조차 마다하지 않는 자다.

그러나 참주에게 조언하는 것이 아리스토텔레스 《정치학》의 목표는 아니다.《소피스트적 논박》에서 소개한 궤변가들의 논쟁술이 아리스토텔레스 논리학의 목표가 아니었던 것과 같다. '소피스트적 논박'이 논리적 일탈을 보여줌으로써 올바른 토론술을 찾아 나가는 방편이듯이, 아리스토텔레스의 참주론은《정치학》의 목적을 선명히 드러내려고 끌어들인 방편적 사례일 뿐이다.《정치학》의 궁극 목적은 훌륭한 정치체제를 찾아내고 그 정치체제에 걸맞은 모범적인 정치가의 상을 주조하는 데 있다. 아리스토텔레스는 역사적으로 존재했던 모든 정치체제를 검토한 뒤 '폴리테이아'(politeia)를 현실에서 구현할 수 있는 가장 좋은 정치체제로 제시한다. 폴리테이아는 흔히 '혼합정'으로 불린다.

정치체제를 나눌 때 아리스토텔레스가 제시하는 첫 번째 기준은 그 정치체제가 '공익'을 추구하느냐 '사익'을 추구하느냐는 것이다. 좋은 정치체제는 공동의 이익, 전체의 이익을 실현하는 데 복무하며, 나쁜 정치체제는 사적인 이익, 파당의 이익을 도모하는 데 골몰한다. 아리스토텔레스가 제시하는 두 번째 기준은 지배자가 다수냐 소수냐다. 아리스토텔레스의 혼합정은 다수정과 소수정의 혼합이다. '시민 모두가 지배받는 자이자 지배하는 자'라는 시민의 자기 통치 이념을 구현한 것이 다수정이라면, 소수정은 덕망 있는 탁월한 사람들이 통치하는 체제다. 혼합정은 시민의 자기 통치 이념을 기반으로 삼아, 선거를 통해 주요한 공직자를 선출함으로써 덕성과 역량이 뛰어난 자들이 통치를 대행하는 체제다. 아리스토텔레스가 말하는 혼합정은 오늘날의 민주공화정과 아주 가깝다. 민주공화정은 나라 전체의 공동 이익을 최우선에 두되 주권자인 국민이 적임자를 대리인으로 뽑아 통치를 맡기는 체제다.

그러므로 누구를 통치의 대리인으로 뽑을 것이냐 하는 문제가 혼합정의 최대 관심사가 된다. 여기서 아리스토텔레스는 대리인 곧 정치인이 반드시 갖추어야 할 덕목을 이야기한다. 먼저 필요한 것이 정치체제에 대한 애착과 헌신이다. 나라는 국민 전체의 것이라는 신념이 투철해야 하는 것이다. 둘째로 공직자로서 역량을 두루 갖추는 것이다. 나라를 바르게 운영하려면 신념과 애착만으로는 충분하지 않으며 일을 잘할 수 있는 실행 능력이 필요하다. 공직자에게는 프로네시스 곧 '실천적 지혜'가 있어야 한다. 동시에 아리스토텔레스는 나라의 주인인 시민에게도 시민으로서 갖추어야 할 덕목이 있음을 강조한다. 아리스토텔레스가 시민에게 요구하는 것은 '올바른 의견'이다. 공직을 맡을 사람이 헌신성이 있는지, 사익보다 공익을 앞세우는지, 공직자의 역량을 지녔는지를 알아볼 눈이 있어야 한다는 말이다.

시민이 '올바른 의견'을 키우지 못하면, 무능하고 타락한 정치인이 통치자로 뽑혀 나라를 망가뜨린다. 그래서 아리스토텔레스는《정치학》의 많은 분량을 어떻게 시민을 교육할 것이냐 하는 문제에 바친다. 시민이 시민으로서 바른 판단을 할 수 있도록 시민의 역량을 키우는 교육이야말로 올바른 정치체제를 만들고 지키는 데 관건이 된다. 좋은 시민을 기르는 가장 좋은 방법은 공적 교육을 강화하는 것이다. 오늘날의 학교 교육과 사회 교육이 바로 그런 일을 한다. 이것만이 아니다. 아리스토텔레스는 정치가에게도 시민을 교육하는 역할을 배정한다. 정치가가 절제와 용기와 정의의 덕행으로 모범을 보임으로서 시민을 기르는 시민이 돼야 한다는 것이다. 탁월한 정치가는 시민 정신을 일깨움으로써 국가라는 공동체의 토대를 다진다.

아리스토텔레스는 《니코마코스 윤리학》에서 그런 정치적 품성을 지닌 인간을 '메갈로프시코스'(megalopsychos)라고 부른다. 메갈로프시코스란 '혼이 큰 사람,' 곧 포부가 크고 뜻이 높은 사람이다. 메갈로프시코스는 큰 포부와 높은 뜻으로 시민을 이끄는 사람이다. 그런가 하면 정치 세계에는 메갈로프시코스의 대척점에 선 사람도 있다. 아리스토텔레스는 그런 사람을 '카우노스'(chaunos)라고 부른다. 카우노스란 속이 빈 사람, 허명을 좇는 사람이다. 카우노스는 내면이 비어 있기에 허세를 부린다. 허세로 포장된 그 빈 내면에서 커가는 것이 참주의 욕망이다. 카우노스가 발호하면 그 아래서 수많은 작은 카우노스들이 자라나고, 그 카우노스들과 함께 시민의 품성이 타락하고 영혼이 왜소해진다. 반대로 뜻이 높은 정치인은 나라의 공동체 정신을 키우고 시민의 정치적 덕성을 끌어올린다.

지난 수십 년의 우리 정치 경험은 카우노스적 정치인을 뽑느냐 아니면 카우노스의 등장을 막느냐 하는 싸움으로 점철했다. 이것이 우리 헌정사의 고통이었다. 이 싸움이 끝이 없는 반복이 되지 않으려면 국민이 카우노스를 알아보고 거부할 정치적 지혜와 역량을 키워야 한다. 이번 대통령 선거(2025년)는 우리에게 그런 분별력이 있음을 보여줌과 동시에 그런 분별력이 여전히 허약함도 함께 보여주었다. 국민은 스스로 자신을 계몽해야 한다. 국민 내부에서 높은 뜻이 자라야 한다. 새 대통령은 국민 안에서 그런 뜻이 자랄 수 있도록 모범이 되어야 한다. 다시 말해 국민에게 민주공화국의 비전을 보여줌으로써 국민의 자기 계몽을 선도하는 교육자가 돼야 한다. 인간의 삶이 있는 한, 계몽은 영원하다.

48
-
히드라의 머리를 없애려면
몸통을 해체해야 한다

17세기 프랑스 철학자 블레즈 파스칼(Blaise Pascal, 1623~1662)은 젊은 날 아버지가 물려준 재산으로 방탕한 삶을 살았다. 호화로운 집에서 하인들의 시중을 받았고, 외출할 때면 여섯 마리 말이 끄는 마차를 타고 다녔다. 수녀가 된 누이는 환락에 젖은 오빠를 걱정하며 기도했다. 서른한 살이 되던 1654년 11월 재앙이 닥쳤다. 파스칼이 탄 마차가 센강 다리를 이탈했다. 말들은 강에 떨어졌지만, 마차가 난간에 걸려 마차 주인은 가까스로 목숨을 건졌다. 충격을 받은 파스칼은 2주 동안 침묵 속으로 빠져들었다. 11월 23일 밤 영혼이 불같이 타오르는 신비 체험이 파스칼을 휩쓸었다. 파스칼은 환희의 눈물을 흘렸다.

어린 파스칼은 수학 신동이었다. 열두 살 때 혼자서 유클리드 기하학의 원리를 깨우쳐 삼각형 내각의 합이 180도임을 증명했다. 열아홉 살 때는 세무 감독관이던 아버지의 일을 도우려고 기계식 계산기를 만들었다. 컴퓨터의 원형이라고 할 만한 발명품이었다. 공기의 압력이 높이에 따라 다르다는 것을 입증하고 그 원리에 기초해 기압계를 만들었다. 그러나 '불의 밤'의 신비체험 이후 파스칼은 수학의 세계에서 멀어졌고, 독실한 신앙인으로서 신과 인간을 사유했다. 그 사유의 모음이 파스칼 사후에 《팡세》(1670)라는 이름으로 묶여 나왔다.

파스칼이 반복해서 생각한 것 가운데 하나는 인간의 비참함과 위대함이었다. 그 생각 속에서 파스칼의 저 유명한 문장이 솟아 나왔다.

"인간은 가장 연약한 갈대다. 하지만 그 갈대는 생각하는 갈대다. 갈대를 부러뜨리려고 온 우주가 무장할 필요는 없다. 한 방울의 수증기, 한 방울의 물만으로도 인간을 죽이기에는 충분하다. 그러나 우주가 인간을 부러뜨린다고 하더라도 인간은 우주보다 훨씬 더 고귀하다."

왜 더 고귀한가? 인간에게는 생각하는 힘이 있기 때문이다.

"우리의 모든 존엄성은 생각 가운데 있다."

파스칼은 그 '생각하는 인간 정신'을 '기하학적 정신'과 '섬세한 정신'으로 나누었다. 기하학적 정신은 원리에서부터 논리적으로 사유를 전개해 결론을 이끌어내는 정신이다. 모든 것을 단순한 것으로 환원해 분석하고 추론하는 과학과 수학의 정신이 파스칼이 말하는 기하학적 정신이다. 반면에 섬세한 정신은 추상적 사고로는 잡히지 않는 것을 볼 줄 아는 정신이다. 가슴에서 우러나오는 느낌은 수학의 논리로는 설명할 수 없다. 그러나 그런 느낌들이 모여 삶을 이룬다. 직관을 통해 한눈에 마음을 통찰하는 정신이 섬세한 정신이다.

파스칼은 한 사람 안에 두 정신이 함께 깃들 수 있음을 인정한다.

"관찰력이 좋은 기하학자는 누구나 섬세한 정신의 소유자가 될 수 있고, 섬세한 정신의 소유자는 낯선 원리들로 관심을 돌릴 수만 있다면 누구나 기하학자가 될 수 있다."

프랑스 철학자 블레즈 파스칼.

그러나 한 사람이 두 정신을 다 갖추기는 쉬운 일이 아니다. 기하학 문제는 답이 정해져 있어 추론이 잘못됐을 경우 그 오류를 정확히 찾아낼 수 있지만, 삶의 문제는 단순하지 않아서 설령 답을 찾아냈더라도 그 답이 정답이라는 보장이 없다. 바로 그런 이유로 기하학적 정신은 섬세한 정신을 불신한다. 반대로 섬세한 정신은 기하학적 정신을 낮추어 본다. 기하학적 정신은 삶의 풍부함과 복잡함을 감당하지 못한다.《팡세》를 써가던 때의 파스칼, 기하학의 시절을 지나 신비의 밤을 겪은 파스칼은 섬세한 정신의 편에 서 있다. 삶은 수학 머리로 푸는 방정식이 아니다.

파스칼이 말하는 두 정신은 세상을 보는 두 가지 태도라고도 할 수 있다. 기하학적 정신의 눈에 보이는 세상은 섬세한 정신이 보는 세상과 다를 수밖에 없다. 세상을 보는 눈은 세상을 인식하는 눈이다.

파스칼식 이분법은 다른 사람에게서도 찾아볼 수 있다. 비극과 역사를 나란히 놓고 사유한 아리스토텔레스가 그런 사람이라고 할 만하다. 아리스토텔레스는《시학》에서 '시인의 작업'과 '역사가의 작업'을 대비한다.

"역사가와 시인의 차이는 운율에 맞춰 쓰느냐 운율 없이 쓰느냐에 있지 않다. 오히려 그 차이는 역사가는 '일어난 일'을 말하고 시인은 '일어날 것 같은 일'을 말한다는 데 있다. 따라서 시는 역사 서술보다 더 철학적이며 더 위대하다. 시는 보편적인 것을 말하고 역사 서술은 개별적인 것을 말한다."

아리스토텔레스의 태도는 분명하다. 시 곧 비극은 역사보다 위대하다. 왜 비극이 역사보다 위대한가? 비극은 '일어날 것 같은 일' 곧 개연성 있는 허구를 통해 보편적인 것을 말하기 때문이다. 반면에 역사는 '일어난 일' 곧 개별적이고 일회적인 사건을 서술할 뿐이다. 아리스토텔레스가 주목하는 것은 비극이 인간 삶을 해석하는 논리적 구조를 지녔다는 사실이다. 비극에는 삶의 법칙이 들어 있다. 그러므로 그것을 구현한 비극 작품은 개별적이고 일회적인 사건을 나열하는 역사 서술보다 위대하다.

아리스토텔레스는 여기서 이론주의자의 태도로 말하고 있다. 같은 정신의 작업이라고 하더라도, 이론화할 수 있는 작업이 이론화할 수 없는 작업보다 우월하다는 이야기다. 아리스토텔레스의 이론주의 정신은 파스칼이 말하는 기하학적 정신에 가깝다. 비극은 인간 삶의 논리적 구조를 드러내기에, 일어난 일의 서술에 그치는 역사보다 위대하다. 그러나 역사를 낮추어 보는 아리스토텔레스의 이런 견해를 역사가는 받아들이지 않을 것이다. 아리스토텔레스보다 조금 먼저 살았던 투키디데스의 발언에서 아리스토텔레스의 주장에 대한 정면 반박을 발견할 수 있다. 투키디데스는 아테네와 스파르타의 27년 전쟁을 그린 《펠로폰네소스 전쟁사》 서문에 자신의 역사 기록 작업에 대해 간명한 평가를 밝혀놓았다.

"내가 기술한 역사에는 이야기가 없어서 듣기에 재미가 없을 것이다. 그러나 과거사에 관해, 그리고 인간의 본성에 따라 언젠가는 비슷한 형태로 반복될 미래사에 관해 명확한 진실을 알고 싶어 하는 사람은 내 역사 기술이 유용하다고 여길 것이며 나는 그것으로 만족한다."

그러면서 투키디데스는 자신의 저작이 '대중의 취미에 영합해 일회용 읽을거리로 쓴 것이 아니라 영구히 보관해두고 읽어야 할 장서용으로 쓴 것'이라고 사뭇 자랑스럽게 말한다.

여기서 투키디데스는 역사 서술이 비극 창작보다 덜 위대하다는 아리스토텔레스의 주장을 마치 미리 읽어본 것처럼 논박하고 있다. 투키디데스가 보기에 역사는 한 번으로 끝나지 않고 유사한 방식으로 되풀이된다. 과거는 과거로 끝나지 않는다. 과거사는 미래사다. 그러기에 이미 일어난 일을 잘 이해하면 앞으로 일어날 일을 이해하는 데 큰 도움을 받을 수 있다. 역사를 공부해야 할 이유가 여기에 있다. 투키디데스는 자신의 책이 그런 역할을 하리라고 자부한다. 비극 작품이 인물들의 행위를 통해 개별적 삶의 보편성을 그리듯이, 역사 서술은 개별적인 역사적 사건을 통해 집단적 삶의 보편성을 그린다.

투키디데스가 주목한 것은 반복되는 역사의 패턴이다. 하지만 역사 서술의 기능이 이런 패턴을 드러내는 데만 있는 것은 아니다. 역사가 알려주는 가장 분명한 사실은 선행의 집단적 경험이 후행의 집단적 행위를 규정하는 힘으로 작용한다는 것이다. 인간은 과거의 경험을 간단히 건너뛸 수 없다. 인간의 집단적 경험이 만든 집단적 의식은 일종의 구조로 굳어져 있어서 그것을 뜯어고치는 데는 그 구조가 들어서는 데 투입된 힘만큼의 힘이 필요하다. 역사가 형성한 집단적 의식은 개별 인간의 의식을 지배한다. 집단적 의식 구조가 버티는 한, 개별 인간의 사고방식도 무너지지 않고 버틴다. 사고에도 관성이 있어서 웬만한 힘이 아니고서는 관성을 이겨낼 수 없다. 역사의 진전은 그 관성과 싸워나가는 일이다.

투키디데스는 《펠로폰네소스 전쟁사》의 한 대목에서 지나가듯 말한다.

"인간은 누구나 싫은 것은 냉정한 논리로 거부하지만, 바라는 것은 막연한 희망으로 포장한다."

막연한 희망만으로는 역사를 올바르게 만들어갈 수 없음을 지난 40

년의 우리 현대사가 보여준다. 이른바 '보수 세력'의 집권은 부패와 무능으로 번번이 비참하게 끝났다. 집권자가 감옥에 가거나 환란을 불러오거나 탄핵당했다. 그런데도 그 세력은 히드라의 머리처럼 잘리고 나서도 또다시 머리를 내밀었다. 히드라의 머리를 만들어내는 몸통이 해체되지 않는다면, 앞으로도 히드라 머리는 계속 나올 것이다. 몸통 해체의 시작은 검찰 개혁이다. 기득권을 지키려는 썩은 검찰·사법이 히드라의 심장이다. 심장이 피를 대주는 한, 머리는 다시 자라고 역사의 고통은 반복될 수밖에 없다.

49

언어가 타락하면
공동체가 타락한다

플라톤은 신화를 끌어들여 이야기하기를 좋아했는데, 대개는 플라톤 자신이 지어낸 것이었다. 대화편 《파이드로스》에도 문자의 탄생에 얽힌 신화 한 편이 등장한다. 테우트(Theuth)라는 신이 문자를 발명해 이집트 왕 타무스에게 가져갔다. 테우트는 문자가 기억력을 높여주어 이집트인을 더 지혜로운 사람들로 만들어줄 것이라고 말했다. 문자는 "기억의 약이자 지혜의 약"이다. 타무스는 테우트의 선물에 감사하기는커녕 이렇게 되받았다.

"문자는 인간의 기억하는 힘을 빼앗고, 사람들에게 지혜를 얻었다는 환상만 심어준다."

글로 쓰여 있으므로 굳이 기억 속에 심으려 하지 않을 것이며, 글을 읽는 것만으로 진리를 알았다고 착각하는 사람들이 늘어날 것이라는 얘기다.

이 신화를 실마리로 삼아 플라톤은 문자, 곧 '글로 쓰인 말'에 대한 생각을 풀어놓기 시작한다. 글은 그림을 닮았다. 그림 속 사람은 살아

이집트 신 테우트. 플라톤은 테우트가 문자를 처음 만들었다고 말한다.

있는 듯 서 있지만 다가가서 말을 걸면 응답이 없다. 글도 마찬가지다. 글을 읽다가 궁금한 것이 생겨서 물음을 던지면 글은 아무런 대답도 해주지 않는다. 글은 표정도 자세도 바꾸지 않고 처음 쓰인 그대로 그 자리에 머물러 있다.

그뿐이 아니다. 일단 글로 쓰고 나면 글은 내용을 이해하는 사람이든 이해하지 못하는 사람이든 가리지 않고 아무에게나 굴러다닌다. 누구에게 약이 되고 누구에게 독이 되는지도 알지 못한다. 글은 잘못 이해되고 욕을 먹더라도 자신을 방어하지 못한다. 글을 쓴 사람이 나서서 해명하지 않는 한, 오해를 막을 길이 없다.

"글이 일단 주인을 떠나면 어떤 대접을 받든 주인은 속수무책이 되고 만다."

플라톤은 말을 글에 맞세운다. '말 곧 음성언어'는 '글 곧 문자언어'와 달리 고정돼 있지 않다. 음성언어는 살아 있는 언어이고 혼이 깃든 언어다. 음성언어는 대화할 상대를 고를 수 있고, 그 상대의 혼에 참된 앎을 새겨 넣을 수 있다. 반대로 자질 없는 사람을 만나면 침묵을 지킴으로써 말이 헛되이 흩어지지 않게 할 수 있다. 문자언어에는 이런 능력이 없다. 문자언어는 음성언어의 그림자일 뿐이다.

플라톤이 말하는 음성언어는 '목소리로 주고받는 대화'를 뜻한다. 이때의 대화는 우선은 '가르치는 사람과 배우는 사람 사이의 대화'다. 플라톤은 말한다.

"가르치는 사람이 좋은 혼을 지닌 사람을 택한 다음, 대화의 기술을 이용해 그 혼에 앎을 심고 그 씨를 뿌린다면 머잖아 열매를 거둘 것이다. 열매는 또 다른 씨앗을 품고 있으니 씨앗이 씨앗을 낳음으로써 말은 영원히 살아 있게 될 것이다."

음성언어는 그렇게 영생한다. 반면에 문자언어는 좋은 혼을 만나기 어렵고 씨를 뿌려도 싹을 틔우지 못하고 죽어버리기 쉽다.

플라톤은 문자언어를 거부하고 음성언어만 언어다운 언어로 받아들인다. 그러나 플라톤의 삶은 기이한 자기 배반으로 이어져 있다. 《파이드로스》가 글로 쓴 책이라는 것부터가 모순적이다. 플라톤은 《파이드로스》를 쓰고 난 뒤에도 《소피스테스》, 《정치가》, 《티마이오스》, 《법률》 같은 중요한 저작을 계속 썼다. 갈대 펜에 검은 잉크를 찍어 파피루스에 글을 적었다. 여든 살로 세상을 떠나는 순간까지 펜을 놓지 않은 사람이 플라톤이었다. 플라톤은 왜 쉬지 않고 글을 썼을까?

플라톤이 쓴 글은 거의 전부가 대화편이다. 소크라테스가 주인공으로 나와 배움에 열의가 있는 젊은이를 앞에 놓고 대화를 통해 앎으로 이끌어간다. 책 속의 대화는 현실의 대화처럼 걸핏하면 딴 길로 새고, 엉뚱한 말이 끼어들어 흐름을 방해하고, 본론으로 돌아와서도 말끔히 결론이 나지 않는 때가 많다. 어쩌면 플라톤은 글의 허약성을 절감하면서도 글을 최대한 말에 가깝게 씀으로써 목소리의 공간적·시간적 한계를 넘으려 했던 것인지도 모른다. 많은 사람을 직접 가르칠 수 없으니 우선 대화로 된 글을 써서 그 아쉬움을 달래자는 것이었을 수도 있다. 플라톤에게 글은 말을 대리하고 보충하는 두 번째 언어였으리라.

플라톤이 문자언어를 음성언어보다 저급한 언어로 생각했음은 분명하다. 말과 글에 대한 플라톤의 이 태도를 공적 논쟁의 장으로 올려놓은 사람이 프랑스 철학자 자크 데리다다. 데리다는 대표작 《그라마톨로지》(1967)에서 글보다 말을 높이는 플라톤의 태도를 '음성언어 중심주의'라고 규정하고, 음성언어 중심주의가 서양 형이상학의 2500년 역사를 지배했다고 말한다. 음성언어야말로 진리가 드러나는 장이며 문자언어는 기껏해야 진리의 흐릿한 자국을 보여줄 뿐이라는 것이 서양 철학의 주된 관념이었다는 것이다.

데리다는 음성언어 중심주의가 20세기 현상학의 창시자인 에드문트 후설(Edmund Husserl, 1859~1938)과 구조주의 운동을 이끈 인류학자 레비스트로스(Claude Lévi-Strauss, 1908~2009)에게까지 이어진다고 말한다. 데리다의 주장은 여기서 그치지 않는다. 데리다는 문자언어가 음성언어보다 더 근원적이라는 파격적인 주장으로까지 나아간다. 음성언어 이전에 '근원 문자'가 있었다는 것이다. 데리다는 그런 주장을 뒷받침하는 증거로 생명체의 유전자 본체(DNA)를 이루는 염기 구조를 거론한다. 아데닌(A), 구아닌(G), 티민(T), 시토신(C)으로 이루어진 염기 구조야말로 문자 이전의 문자, 근원 문자가 생명 세계를 지배하고 있음을 보여준다. 이 근원 문자가 언어의 토대가 됐다. 그러므로 말이 글보다 우월하다는 플라톤의 주장은 성립할 수 없다.

데리다의 가설은 도발적이어서 흥미를 자극한다. 하지만 플라톤의 주장이 신화적 상상력에 입각해 있듯이, 데리다의 생각도 자기 나름의 상상력에 기대고 있다는 비판에 직면할 수 있다. 문자언어든 음성언어든 생각을 전달하는 도구라는 점에서는 다르지 않다. 음성언어가 더 생생하게 생각을 전할지는 몰라도 그 쓰임에 한계가 있음은 분명하다. 문자언어는 널리 전파될 수 있고 오래 보전할 수 있다. 문자로 기록된 책이 없었다면 인류의 문화가 이토록 고도화하고 풍요로워질 수는 없었을 것이다. 문자언어도 음성언어도 각자의 기능과 구실이 있다. 핵심은 인간의 정신과 문화가 '언어'로 이루어져 있다는 사실이다. 문자언어가 됐든 음성언어가 됐든 언어가 없었다면 인류의 삶도 없었을 것이다.

데리다는 《그라마톨로지》의 절반을 할애해 계몽주의 시대 사상가 장-자크 루소의 언어 이론을 독해한다. 그 텍스트가 《언어의 기원에 관한 시론》이다. 이 시론에서 루소는 언어의 기원을 남방과 북방으로 나누어 살핀다. 애초에 언어가 생겨난 곳은 따뜻하고 살기 좋은 남방이었다. 이 지역에 살던 원시 인류가 만들어낸 언어는 '정감의 언어'였다고 루소는 말한다. 연민이나 격정을 느낄 때 그 마음을 표현하는 소리가 말이 됐다는 것이다. 루소가 특히 중요하게 여기는 것은 사랑이라는 감정이다. 사람과 사람 사이 사랑이 피어나는 곳에서 언어가 자라났다.

그러다 인구가 늘어 북방으로 이주한 뒤에 사태가 달라졌다. 북방의 황량한 땅은 원시 인류를 추위와 기아로 내몰았는데 여기서 북방의 언어가 생겨났다. 삶의 결핍을 해결하려는 욕구 속에서 거칠고 공격적인 언어, 가슴보다 머리를 쓰는 언어가 발달했다. 남방의 언어는 정감의 언어, 사랑의 언어이고, 북방의 언어는 결핍의 언어, 이성의 언어다. 루소는 이 남방의 언어가 정치 공동체를 세우는 데 기초가 돼야 한다고 주장한다. 그러나 사랑의 언어만으로 정치 공동체를 만들 수는 없다. 루소도 그런 사실을 인정한다. 나라를 세우고 이끄는 데는 이성의 언어가 없으면 안 된다.

모든 공동체는 언어 공동체다. 언어가 공동체의 토대이고 혈관이다. 그 언어가 어떤 수준의 언어냐에 따라서 공동체의 질이 결정된다. 연민에 바탕을 둔 이성의 언어는 공동체를 높이지만, 탐욕을 동력으로 삼은 기만의 언어는 공동체를 갉아먹는다. 더 무서운 것은 정치 언어의 타락이다. 정치 언어는 압도적인 위력을 지녔기에 그 언어의 타락은 나라 전체의 타락을 불러온다. 민주주의와 민주 헌정을 파괴하는 내란 행위를 '자유대한민국'을 구하고 '자유민주주의'를 지키는 구국의 결단인 양 묘사하는 정치 언어는 언어의 몰락이고 죽음이다. 그런 언어를 실어 나르는 미디어는 자멸을 선동하는 미디어다.

우리는 언어로 생각하고 언어로 생각을 표현한다. 그 언어가 일그러지면 우리의 생각도 일그러진다. 언어는 눈이고 창이다. 언어가 이기심에 갇혀 있으면 우리는 넓게 볼 수 없고 높게 볼 수 없다. 우리 공동체가 사람 사는 공동체가 되려면 언어가 맑아져야 한다. 좋은 정치는 언어를 정련함으로써 공동체를 일으켜 세운다. 우리의 공동체 언어는 탐욕의 언어, 짐승의 울부짖음을 넘어 더 멀리 날아야 한다.

50
—
역사는 '미래와 과거의 싸움'이다

철학자 프리드리히 니체는 1882년 1월 첫날 자신이 살아 있음에 감사하며 새해 결심을 밝히는 글을 쓴다.

"오늘날에는 누구나 자신의 소망과 가장 소중한 생각을 감히 말한다. 그래서 나도 지금 내가 나에게 이야기하고 싶은 것, 올해 처음으로 내 마음을 스쳐 가는 생각, 다가올 삶에서 내게 근거와 보증과 달콤함이 될 생각을 말하려 한다."

이어 니체는 쓴다.

"네 운명을 사랑하라. 이것이 지금부터 나의 사랑이 될 것이다!"

니체의 고유한 사상 가운데 하나라 할 '운명애'(아모르 파티, amor fati)가 처음 공표되는 장면이다. 니체에게 운명애란 '네 운명을 사랑하라'라는 명령문이다. 그렇다면 운명을 사랑한다는 것은 무슨 뜻인가? 니체는 새해 첫날의 그 글에서 '필연적인 것을 아름답게 보는 것, 그리하여 사물을 아름답게 만드는 것'이라고 이야기한다. 피해 갈 수 없는 것, 겪지 않으면 안 되는 것이라면 거부하지 않고 기꺼이 받아들여 아름다운 것으로 느끼는 것이 운명을 사랑하는 법이라는 얘기다.

운명애란 필연을 긍정하는 것이다. 그런데 필연이란 대개 이미 벌어진 일을 가리키는 말이다. 그 필연을 긍정한다는 것이 무슨 뜻인지를 니체는 그 무렵 쓴 '오류'에 관한 글에서 이렇게 설명한다.

"한때 진리로서 그대가 사랑했던 것이 이제 오류로 나타나면 그대는 그것을 배척하고는 그대의 이성이 승리를 거두었다는 망상에 사로잡힌다. 하지만 그 시절에 저 오류는 지금 그대가 생각하는 참된 것들과 마찬가지로 그대에게 꼭 필요했을 것이다."

젊은 날 니체는 쇼펜하우어 철학과 바그너 음악을 진리의 복음으로 받아들였다. 그러나 세월이 흘러 그 철학과 음악이 오류임을 알게 됐다. 그렇다고 해서 쇼펜하우어와 바그너를 사랑했던 젊은 날의 기억을 모두 버려야 하는가. 한때 진리로 받들었던 것들이 젊은 날을 통과하는 데 꼭 필요한 경험이었다면 그 필연을 아름다운 것으로 받아들이는 것이 바른 태도 아닌가. 잘못된 것도 한때는 진리의 힘으로 삶에 도움을 주었으므로 그 오류를 부정만 할 것이 아니라 좋은 경험으로 간직하는 것, 이것이 운명을 사랑하는 법이다.

이 운명애를 이야기하기 다섯 달 전에 니체는 알프스 고산마을 실스마리아에서 '동일한 것의 영원회귀'라는 일생일대의 체험을 했다. 마치 모래시계가 거꾸로 세워져 다시 떨어지듯이 이 우주 전체의 삶이 한 알의 빠짐도 없이 그대로 되풀이된다는 생각이 계시처럼 들이닥쳤다. 그런 영원회귀 속에서 니체 자신의 삶도 한 치의 오차 없이 무한한 시간에 걸쳐 영원히 되풀이되리라는 영감이었다.

"너는 현재 살고 있고 지금까지 살아왔던 삶을 다시 한번, 나아가 수없이 몇 번이고 되살아야 한다. 거기에는 어느 것 하나 새로운 것이

젊은 날의 니체.

없을 것이다. 일체의 고통과 기쁨, 일체의 사념과 탄식, 네 삶의 크고 작은 모든 일이 되풀이돼야 한다. 존재의 영원한 모래시계는 언제가 지나 다시 회전하며, 작은 모래알에 불과한 너 자신도 똑같이 회전할 것이다."

이 계시 체험은 니체에게 세계의 비밀을 알았다는 희열을 줌과 동시에 말로 설명할 길 없는 공포를 안겼다. 왜 니체는 공포를 느꼈는가? 자신의 삶이 되풀이된다면 자신에게 슬픔과 괴로움을 주었던 모든 것들을 다시 그대로 겪을 수밖에 없기 때문이다. 니체는 영원회귀 계시 앞에서 이렇게 물을 수밖에 없었다.

'모든 것이 똑같이 되풀이된다면 나는 어떻게 살아야 하는가?'

니체는 스스로 이렇게 답했다.

'영원한 반복이 공포와 혐오의 대상이 아니라 긍정과 의욕의 대상이 되려면, 내가 사는 이 삶을 가장 창조적인 삶으로 가꾸어야 한다. 이제껏 살아온 삶의 오류를 극복해 더 좋은 삶, 더 창조적인 삶으로 만들 때 삶은 긍정과 의욕의 대상이 된다.'

니체는 영원회귀 체험을 운명애의 명령으로 바꾸었다. 운명을 사랑한다는 것은 과거를 무작정 수용하기만 하는 것이 아니라 과거를 발판으로 삼아 삶을 더 높이 끌어올리는 것이다. 그러면 그 삶 전체가 다시 돌아오더라도 우리는 그 삶을 기쁘게 맞이할 수 있을 것이다.

개인의 삶에 타당한 것은 대개 집단의 삶에도 타당하다. 운명애도 마찬가지다. 집단의 운명을 부르는 말이 역사다. 에드워드 핼릿 카(Edward Hallett Carr, 1892~1982)는 역사를 두고 "과거와 현재의 대화"라고 했지만, 더 찬찬히 생각하면 역사는 '과거와 미래의 대화'다. 역사란 '미래를 앞에 두고 과거를 읽음으로써 현재를 여는 일'이다. 어떤 미래를 불러올 것인가 하는 목표가 분명하지 않으면 과거를 바르게 읽을 수 없고 현재를 제대로 밝힐 수 없다. 과거를 바르게 읽는다는 것은 과거의 유산 가운데 지켜야 할 것과 버려야 할 것, 자산으로 삼아야 할 것과 싸워서 이겨내야 할 것을 명확히 가른다는 뜻이다. 그 가름의 척도를 주는 것이 우리의 미래, 우리가 실현해야 할 꿈이다. 그러므로 역사란 '미래와 과거의 싸움'이다. 미래를 가슴에 품고 과거가 남긴 폐해를 극복하는 것이 역사다.

20세기 사상가 함석헌은 일제강점기 한복판에서 눈물을 쏟아가며 통한의 한국 역사를 쓰다 말고 탄식했다.

"있는 것은 압박이요 부끄러움이요 찢어지고 갈라짐이요, 잃고 떨어짐의 역사뿐이다. 그것은 참으로 견딜 수 없는 슬픔이다. 세계의 각 민족이 다 하나님 앞에 가져갈 선물이 있는데 우리는 있는 게 가난과 고난밖에 없구나, 할 때 천지가 아득하였다. 이집트와 바빌론은 문명의 시작이라는 명예를 가졌고, 중국은 도덕을, 그리스는 그 예술을, 로마는 그 정치를 가지고 가겠지만 한국은 무엇을 가지고 갈 터인가?"

그 통탄 속에서 떠오른 것이 '고난의 역사'였다. 슬픔과 비참뿐인 고난의 역사가 우리의 역사다. 우리가 가져갈 것은 고난밖에 없다. 그러나 함석헌이 고난을 이야기한 것은 고난에 주저앉자는 것이 아니었다. 고난은 극복하라고 있는 것이지 체념하라고 있는 것이 아니다. 돌아보면 인류의 역사가 고난의 역사 아닌 것이 없다. 한반도 민중은 그 고난을 더 지독하게 더 처절하게 겪었을 뿐이다. 그러므로 이 고난을 극복하는 것은 '역사의 뜻'을 드러내는 길이 될 수 있다.

그리하여 함석헌은 쓴다. "세계역사 전체가, 인류가 가는 길 그 근본이 본래 고난"이기에 우리의 고난은 가시 면류관을 쓴 고난이고, 그

고난을 극복하는 것은 세계사가 우리에게 준 사명이다.

"고난은 인생을 깊게 만든다. 고난은 인생을 위대하게 만든다. 개인에게서나 민족에게서나 위대한 성격은 고난의 선물이다."

함석헌이 말하는 '위대한 성격'을 다른 말로 하면 '위대한 정신'이 될 것이다. 고난이 위대한 정신을 만든다.

박정희의 '유신 쿠데타'가 일어난 1972년 겨울 국외에서 반독재 투쟁을 하던 김대중은 '망명 일기'에 이렇게 쓴다.

"우리는 세계에서 가장 강한 나라가 될 수는 없다. 그러나 세계에서 가장 훌륭한 나라는 만들 수 있다."

민주주의가 마지막 불씨마저 꺼져버린 그 암흑의 시기에 김대중은 일기장에 민주주의를 되살려내겠다는 각오를 다지고 또 다진다. 김대중이 일기장에 피로 쓴 '가장 훌륭한 나라'는 어떤 나라일까? 함석헌이 말한 나라, 고난을 이겨냈을 때 형성되는 위대한 성격, 위대한 정신을 품은 나라일 것이다. 그 나라는 자유롭고 평등하고 창조적인 나라, 세계 모든 나라에 민주주의의 척도이자 모범이 되는 나라일 것이다.

그런 나라를 이루려면 한반도 남쪽과 북쪽이 함께해야 한다. 또 남과 북이 함께하려면 우리가 겪어온 고난의 상징과도 같은 분단체제를 넘어서야 한다. 분단은 외세가 강요한 것이기도 하지만 우리의 주체적 역량 부족이 자초한 일이기도 하다. 분단은 여전히 욱신거리는 한반도의 상처다. 내란 세력이 그 기괴한 쿠데타를 저지를 수 있었던 것도 남북의 군사적 대치라는 분단 상황이 있었기 때문이다. 분단을 극복하려면 남은 남대로 북은 북대로 변해야 한다. 철조망을 두고 총부리 겨누기를 계속하는 것은 고난에 주저앉자는 것이다.

억지로 나뉜 것은 다시 하나가 돼야 하고 하나가 돼야만 아름다운 여럿을 꽃피울 수 있다. 조선민주주의인민공화국의 '인민공화국'이나 대한민국 헌법 제1조의 '민주공화국'은 그 본질에서 보면 둘이 아니다. 인민공화국은 인민이 주인 되는 나라이고 민주공화국은 국민이 주인 되는 나라다. 국민—인민이 주인으로서 평등하고 자유로운 나라를 만든다는 그 근원적 목표가 일치하기에 남과 북은 다시 만날 수 있다. 이 분단을 이겨내고 더 큰 하나를 이룰 때 우리는 '위대한 성격'을 갖춘 나라로서 위대한 정신을 세계에 나누어줄 수 있을 것이다.

플라톤, 아리스토텔레스, 강증산의 여성관

1.

그리스 비극 작가 에우리피데스는 인간 심리 묘사의 대가였다. 기원전 431년에 초연된 《메데이아》도 심리 묘사의 걸작으로 꼽힌다. 이 비극에서 남편 이아손은 아내 메데이아와 격하게 다투다 말고 소리지른다.

"사람들이 다른 방법으로 자식들을 낳고, 여자 같은 것은 없어져버렸으면 좋으련만! 그러면 인간들에게도 불행이라는 것이 없을 텐데!"

이아손은 메데이아와 함께 코린토스로 망명해 그 나라 왕의 후원을 받으며 두 아들을 낳고 행복한 세월을 보낸다. 그러던 어느 날 이아손이 아내를 두고 코린토스 공주와 혼인하겠다고 하자 메데이아의 분노가 폭발한다. 흑해 연안 콜키스의 공주였던 메데이아는 이아손이 황금 양털을 구하러 왔을 때 아버지 몰래 이아손을 도와 황금 양털을 얻게 해주었다. 이아손에게 메데이아는 은인과도 같은 존재다. 그런 아내를 버리고 코린토스 공주에게 새장가를 들겠다고 하니 메데이아의

소크라테스에게 물을 붓는 크산티페(레이어 반 블롬멘다엘, 1660년 작).

모욕감이 견딜 수 없는 지경에 이른다. 비극 초반부에 메데이아는 여자들의 처지를 이렇게 이야기한다.

"생명과 분별력이 있는 만물 중에서 우리 여자들이 가장 비참한 존재예요. 첫째, 우리는 거금을 주고 남편을 사서 우리 자신의 상전으로 모셔야 해요. 다음, 가장 중요한 문제는 우리가 얻는 남자가 좋으냐 나쁘냐 하는 거예요. 헤어진다는 건 여자들에게 불명예스럽고, 남편을 거절하기도 불가능하니까요. …… 그리고 남자는 집 안 생활에 싫증이 나면 밖에 나가 친구나 또래와 어울려 울적한 마음을 풀곤 하지요. 하지만 우리는 한 사람만 쳐다보고 살아야 해요. 남자들은 말하지요. 우리는 집에서 안전하게 살지만, 자기들은 창을 들고 싸운다고. 바보 같으니라고! 나는 아이를 한 번 낳느니 차라리 세 번 싸움터로 뛰어들겠어요."

메데이아의 탄식은 에우리피데스 당대의 아테네 여성들의 평균적인 생각을 대변하는 것이라고 해도 좋을 것이다. 기원전 5세기 말의 아테네는 민주주의가 만개한 나라였지만, 그 민주주의의 열매는 모두 아테네 성인 남자들의 몫이었다. 아테네 성인 여성은 자유인이기는 했지만 정치적 권리가 전혀 없어 나랏일에 참여할 수 없었다. 여자들은 집 안에 갇혀 살림하고 아이를 낳아 키우는 데 만족해야 했다. 여자는 남편의 부속물 같은 존재였다.

에우리피데스 시절 아테네 여인들의 삶을 보여주는 사례로 소크라테스의 아내 크산티페를 떠올려봄 직도 하다. 소크라테스의 명성 덕에 크산티페는 '악처'의 대명사로 역사에 남았다. 기원후 3세기 그리스 작가 디오게네스 라에르티오스가 쓴 《유명한 철학자들의 생애와 사상》에는 크산티페와 소크라테스의 일화 한 토막이 나온다. 어느 날 남편에게 화가 난 크산티페가 욕설을 퍼붓는 것으로도 양이 차지 않아 소크라테스의 머리에 물을 쏟아부었다. 그러자 소크라테스가 말했다.

"이렇게 큰 천둥이 치는데 비가 쏟아지리라고 내가 예상 못 했겠는가?"

소크라테스의 제자 플라톤의 대화편도 크산티페의 모습을 슬쩍 보여준다. 소크라테스 재판을 다룬《소크라테스의 변론》에는 소크라테스가 늦게 결혼해 세 아들을 두었음을 알려주는 대목이 있다. 큰아들 람프로클레스는 다 컸지만 둘째와 셋째는 아직 어린아이였다. 크산티페 처지에서 보면, 소크라테스는 자식을 셋이나 둔 가장인데도 집안은 돌보지 않고 밖으로 돌며 사람들과 논쟁하는 걸로 세월을 보내는 사람이었다. 소크라테스의 죽음을 그린 플라톤의 다른 대화편《파이돈》에는 크산티페가 어린 막내아들을 안고 감옥으로 찾아와 울부짖는 장면이 나온다. 집안을 팽개치다시피 하던 남편이 이제 그 어린것을 두고 세상을 마저 등지려 하니 설움이 북받치는 것이다. '악처' 크산티페는 시대의 한계에 갇혀 몸부림친 평범한 여성이었을 수도 있다.

2.

고전기 그리스의 여성관을 철학적으로 이론화한 사람으로는 단연 아리스토텔레스가 꼽힌다. 아리스토텔레스는 논리학에서 형이상학까지 거의 모든 학문 분야에서 놀라운 성취를 보였지만, 생물학 분야에서도 지울 수 없는 업적을 남겼다. 그러나 아리스토텔레스 생물학 가운데 일부는 그대로 받아들이기 어렵다. 아리스토텔레스는《동물발생론》에서 남자와 여자는 본성상 다를 수밖에 없다고 주장했다. 아리스토텔레스 '자연학'은 세상 만물을 '질료'와 '형상'의 결합으로 이해한다. 돌이라는 질료에 조각가가 형상을 부여해 조각품이 나오듯이, 세상 모든 것은 질료에 형상이 더해져 현실태로 존재한다.

아리스토텔레스는 이 질료—형상의 구도를 인간의 발생에도 적용했다. 여성의 경혈이 질료를 제공한다면 거기에 형상을 주는 것이 남성의 정액(sperma, 씨앗)이다. 정액이라는 씨앗이 경혈이라는 질료에 형상을 줌으로써 태아가 형성되는 것이다. 그 시대에는 여성의 난자가 아직 발견되지 않아 아리스토텔레스는 여성의 경혈과 남성의 정액이 만난다고 보았다. 그러면 태아는 언제 여자가 되고 언제 남자가 되는가. 아리스토텔레스는 《동물발생론》에서 남성의 정액이 주도권을 얻으면 태아를 남자로 만들고, 반대로 주도권을 뺏기면 태아가 여자가 된다고 말한다.

아리스토텔레스 생물학은 남녀의 성차를 뜨거움과 차가움으로도 설명한다. 남성이 여성보다 몸이 더 뜨겁기에 남성의 혈액은 정액이 되고 여성의 혈액은 그대로 경혈로 남는다. 또 더 많은 열 덕에 남성 태아는 여성 태아보다 더 높은 완전성에 이른다. 반대로 여성 태아는 남성 태아보다 더 낮은 상태에 머무른다. 아리스토텔레스의 주장을 더 간명하게 말하면, 남성은 정상이고 여성은 정상에 미치지 못하는 비정상 곧 '기형'이다. 그렇다면 여성의 기형성을 어디서 볼 수 있는가? 아리스토텔레스는 여성에게 '외부 생식기'가 없다는 데서 여성의 기형성, 다시 말해 '완전성의 결여'를 보았다. 남성 태아가 지닌 더 많은 열이 생식기를 외부로 완전하게 발달시켜주는 데 반해, 여성에게는 충분한 열이 없어 생식기가 발달하지 못한다는 것이다.

아리스토텔레스는 태아가 발생하는 과정에서 여성이 하는 역할도 부차적인 것으로 보았다. 여성의 경혈이 태아의 발생에 필수적인 것은 분명하다. 그러나 결정적인 힘은 남성의 정액에서 나온다. 정액이야말로 "생명을 주는 영으로 가득한 영적인 실체"다. 이 정액의 영적인 힘이 제대로 발휘되면 남자가 되고 그 힘이 덜 발휘되면 여자가 된다. 여성은 신체적인 차원에서만 불완전한 것이 아니라 정신적인 차원에서도 남자의 완전성에 미치지 못하는 것이다. 이런 생물학 이론을 토대로 삼아 아리스토텔레스는 《정치학》에서 남녀의 발생적 차이를 현실적 차이로 끌어올렸다. 이를테면 남자의 용기와 여자의 용기는 동질적인 것이 아니다.

"하나는 지배자의 용기고, 다른 하나는 하인의 용기다."

남자는 지배자로 타고나고 여자는 그 지배자에게 종속된 존재로 타고난다는 것이다. 아리스토텔레스에게는 남자만이 인간다운 인간이고 여자는 인간으로서 결함이 있는 존재다.

아리스토텔레스의 여성관은 앞 시대 비극 작가 아이스킬로스가 《오레스테이아》 3부작에서 밝힌 여성관을 생물학적으로 정당화한 것이라고도 할 수 있다. 《오레스테이아》 3부작은 트로이 전쟁의 영웅 아가멤논이 부인 클리타임네스트라에게 살해당하자 아들 오레스테스가 어머니 클리타임네스트라를 죽여 아버지의 원수를 갚는다는 이야기다. 이 3부작의 마지막 작품(《자비로운 여신들》)에서 '복수의 여신들'에게 쫓기던 오레스테스는 아테나 여신이 마련한 법정에서 무죄를 선고받는다. 이때 선고의 이유를 대는 이가 아폴론이다. 아폴론은 말한다.

"이른바 어머니는 제 자식의 생산자가 아니라, 새로 뿌려진 태아의 양육자에 불과하오. 수태시킨 자가 진정한 생산자이고, 어머니는 마치 주인이 손님에게 하듯 그 씨를 지켜주는 것이오."

그러면서 아폴론은 자기 주장의 증거로 옆에 있던 아테나 여신을 지목한다. 그리스 신화에서 아테나는 어머니의 자궁에서 태어나지 않고 아버지 제우스의 머리통에서 무장한 모습으로 튀어나왔다. 아버지의 씨가 자식을 만들어내는 것이다. 그런 이유를 들어 아폴론은 오레스테스가 어머니를 죽인 것은 존속살해에 해당하지 않는다는 결론을 내린다. 이런 당대의 통념을 뒷받침해준 것이 아리스토텔레스의 생물학이었다.

3.

아리스토텔레스의 스승 플라톤의 생각은 제자와는 사뭇 달랐다. 플라톤이 남자의 정액을 씨앗으로 보고 여성의 자궁을 밭으로 본 것은 아리스토텔레스와 유사하다. 플라톤의 후기 대화편 《테아이테토스》는 태아 발생 과정을 이렇게 묘사한다.

"남자와 여자가 자궁이라는 밭에다, 너무 작아 눈에 보이지 않는 생명체를 씨로 뿌리면 이 생명체는 분화하기 시작하고, 자궁이 영양분을 공급하면 생명체로서 성장해 햇빛 속으로 나오지요."

플라톤이 아리스토텔레스와 닮은 점은 여기까지다. 여성에 대한 플라톤의 생각은 당대의 기준으로 보면 급진적이라고 할 정도로 반시대적이다. 플라톤의 여성관이 자세히 기술된 곳이 중기 대화편 《국가》다. 《국가》는 플라톤이 생각하는 '이상적인 국가'의 모습을 제시하고 그 이상 국가를 만드는 데 필요한 것들을 이야기하는 책이다. 이 대화편 제5권에서 플라톤은 그 나라의 '수호자' 곧 전사가 될 사람들을 뽑아 어릴 때부터 그 목적에 맞게 키워야 한다고 말한다. 그러면서 소크라테스의 입을 빌려 '여자들을 남자들과 함께 교육해야 하는지'를 묻는다.

"감시견(수호자)의 암컷들은 수컷들이 지키는 것을 똑같이 지키고 사냥도 함께 하며 그 밖의 것들을 공동으로 해야 하는가, 아니면 암컷들은 강아지를 낳고 기르는 탓에 그런 일들을 할 수 없고 집 안에만 머물러야 하는가?"

이 비유적 물음을 통해 플라톤은 남녀가 모든 것을 함께 해야 한다는 결론을 끌어낸다. 물론 여성의 힘이 상대적으로 약하고 남성의 힘이 더 센 것은 사실이다. 그러나 그런 육체의 차이는 본질적인 것이 아니라고 플라톤은 강조한다. 여성과 남성은 동등한 용기와 기개를 지녔기에 동등한 교육을 받아야 한다. 이를테면 남녀는 김나시온(gymnasion, 체육관)에서 똑같은 모습으로 체력 단련을 해야 한다. 당시 아테네 남자들은 김나시온에 모여 옷을 모두 벗고 운동했다. 그러므로 여자들도 옷을 다 벗고 남자들과 함께 운동해야 한다. 그런 모습이 우스꽝스러워 보일지 모르지만, 남자들이 벌거벗고 운동을 한 것도 그리 오래된 일이 아니고, 아테네에 처음 그런 운동 관습이 들어왔을 때는 다들 웃었지만 금세 익숙해졌다고 플라톤은 말한다.

《국가》는 플라톤의 이런 주장에 반론이 적지 않음을 보여준다.

"남자와 여자는 본성이 다르지 않은가?"

플라톤은 '대머리인 사람과 대머리가 아닌 사람'을 들어 반론에 답한다. 머리숱이 많은 사람은 제화공이 될 수 있지만 머리숱이 없는 사람은 제화공이 될 수 없다는 것은 말이 되지 않는다. 마찬가지로 '여성은 아이를 낳고 남성은 아이를 생기게 한다는 점에서 본성상 다르다'고 주장하는 것도 옳지 않다. 그런 외적인 차이는 여성과 남성이 근본적으로 다르다는 주장을 뒷받침하는 증거가 될 수 없다. 남녀가 육체적 조건에 차이가 있다고 해서 남자만 수호자가 돼야 한다는 논리는 성립하지 않는다. 플라톤은 나라를 지키고 다스리는 일에서 남자와 여자는 본질적인 차이가 없다고 거듭 강조한다.

"나라를 경영하는 일에 여자의 것, 남자의 것이 따로 없네. 오히려 여러 성향이 두 성에 비슷하게 흩어져 있어서, 모든 일에 여자도 성향에 따라 관여하게 되고 남자도 마찬가지로 관여하게 되는 걸세."

요컨대 여성과 남성 사이를 갈라 한쪽에만 나라를 경영하는 일을 맡기는 것은 잘못됐으며, 오히려 수호자가 될 자질이 있는 사람을 남녀를 묻지 않고 양쪽에서 고루 선발해 교육해야 한다는 것이 플라톤의 주장이다. 여성이 전쟁과 정치에서 철저히 배제돼 있던 당대 상황에 비추어보면 플라톤의 여성관은 혁명적이라고 불러도 부족함이 없다.

4.

역사 전체를 통틀어 볼 때 플라톤의 엄격한 남녀평등 사상이 현실에 구현된 적은 없다. 서양 역사를 지배한 것은 아리스토텔레스의 완고한 차별 사상이었다. 그 사상에 금이 간 것은 아리스토텔레스가 죽고 2000년도 더 지나 1789년 프랑스혁명이 일어난 뒤의 일이다. 프랑스혁명을 이끈 이들은 〈인간과 시민의 권리 선언〉을 발표해 모든 인간의 자유와 평등이 천부의 권리임을 선언했다. 그 직후 영국 작가 메리 울스턴크래프트(Mary Wollstonecraft, 1759~1797)가 '왜 그 인간에 여성은 포함되지 않느냐'고 항의하며 《여성의 권리 옹호》(1792)를 쓰고 나서야 아리스토텔레스 세계관을 뚫고 남녀평등 사상이 솟아오르기 시작했다. 울스턴크래프트는 앞 시대 계몽사상가들의 남성중심주의에 맞서 '여성이 복종해야 할 대상은 남성이 아니라 인간의 고유한 이성'이라고 선포했다.

서양이 아리스토텔레스의 장벽을 넘어 플라톤의 여성관 수준에 도달하려고 분투하던 그 시기에 동아시아의 한반도에서도 남녀평등관이 싹트기 시작했다. 19세기 후반에 후천개벽 사상을 정립한 김일부(金一夫, 1826~1898)가 새로운 여성관의 주창자 가운데 한 사람이었다. 김일부가 특별히 주목받는 이유는 독자적인 철학적 체계를 세우고 그 위에서 여성관의 변혁을 이야기했다는 사실에 있다. 김일부는 고래의 《주역》을 뜯어고쳐 만든 《정역》에서 동아시아 음양오행 사상을 재해석해 우주의 시간을 선천과 후천으로 나누었다. 선천 5만 년은 음이 억눌리고 양이 지배하는 '억음존양'의 시대다. 남성은 높고 여성은 낮은 남존여비의 시대이자 양의 힘들이 충돌해 불화와 갈등이 그치지 않는 상극 시대다. 이 선천 시대의 음양오행 구조가 근본적으로 바뀌는 사건이 후천개벽이다. 이 우주적 개벽을 통해 열리는 후천 시대는 억눌렸던 음이 올라와 양과 동등해지는 조양율음(調陽律陰)의 시대, 음양이 조화를 이루어 싸움과 죽임이 끝나는 상생의 시대다. 김일부의 《정역》은 말한다.

"음을 누르고 양을 높임은 선천 심법의 학이요, 양을 고르고 음을 맞춤은 후천 성리의 도다."

김일부의 이 '정역 사상'을 이어받아 종교 운동으로 전환한 사람이 증산 강일순(姜一淳, 1871~1909)이다. 젊은 날 동학농민전쟁의 참혹한 패배를 목격한 강증산은 스물일곱 살 때 충청도 연산의 김일부를 만나

《정역》을 배웠다. 4년 뒤 깨달음을 얻고 후천개벽 운동에 나설 때 강증산이 시대를 통찰하는 심안의 틀로 삼은 것이 《정역》의 변혁 사상이었다. 선천 5만 년은 양이 음 위에 서서 음을 짓밟는 시대였지만 후천 5만 년은 음과 양이 바르게 자리를 잡아 서로 균형을 맞추는 정음정양(正陰正陽)의 시대가 될 것이라고 강증산은 내다보았다.

"선천은 억음존양의 세상이다. 여자의 원한이 천지에 가득 차서 천지운로를 가로막고 그 화액이 장차 터져 나와 마침내 인간 세상을 멸망하게 하느니라. 그러므로 이 원한을 풀어주지 않으면 비록 성신과 문무의 덕을 함께 갖춘 위인이 나오더라도 세상을 구할 수 없느니라."

이런 시대 인식에 따라 강증산은 우주의 질서를 바꾸는 '천지공사'(天地公事)를 벌였다. 이때 증산이 맨 처음 한 것이 여성의 원과 한을 풀어주는 '해원공사'였다. 증산은 억눌림에서 풀려난 여성이 남성과 동등해지는 수준을 넘어 남성을 제압하려 할 것이라는 예견도 했다.

"여자가 천하의 일을 하려고 염주를 딱딱거리는 소리가 구천에 사무쳤나니 이는 장차 여자의 천지를 만들려 함이로다."

그러나 그렇게 음양이 뒤집히는 지경까지는 가지 않고 "남녀 동권의 시대"가 되리라는 것이 증산이 내다본 후천의 미래였다.

"사람을 쓸 때는 남녀 구별 없이 쓰리라. (다가올) 세상에서는 남녀가 모두 대장부(大丈夫)요 대장부(大丈婦)니라. 자고로 여자를 높이 받들고 추앙하는 일이 적었으나 이 뒤로는 여자도 각기 닦은 바를 따라 공덕이 서고 금패와 금상으로 존신(尊信)의 표를 세우게 되리라."

강증산은 "내 세상에는 여자의 치마폭에서 도통이 나올 것"이라는 말도 했는데, 하늘로 돌아가기 얼마 전에 청상과부 고판례를 부인으로 맞아들여 후계자로 삼았다. 이때가 조선이 일제에 국권을 상실하기 직전인 1909년, 가부장적 지배가 극에 이른 때였다. 김일부의 정역과 강증산의 교리는 그 극렬한 여성 억압의 시대를 뚫고 터져 나온 여성 해방의 사상이자 음이 자유로워짐으로써 양이 함께 온전해지는 보편적 인간 해방의 사상이었다.

5.

서양이든 동양이든 여성관의 뿌리에는 형이상학적인 믿음이 깔려 있다. 아리스토텔레스는 질료와 형상이라는 형이상학적 가설에 입각해 남녀의 질적인 차이를 주장했다. 플라톤은 인간의 '혼'이 이성과 기개와 욕구로 이루어져 있다는 형이상학적인 삼분설을 바탕에 두고, 이 혼의 질서에 남녀의 차이가 없다는 평등관을 세웠다. 김일부와 강증산도 우주가 음과 양으로 이루어져 있다는 동아시아의 전통 음양 사상을 빌려 자신들의 생각을 펼쳤다.

그러나 이런 형이상학은 믿음의 체계지 우주의 존재 자체라고는 할 수 없다. 여성의 혈액을 질료로 보고 남성의 정액을 형상으로 보는 것이 억지스러운 것이듯이, 여성을 음에 배치하고 남성을 양에 배치하는 것에도 자의성이 깃들어 있을 수 있다. 플라톤도 인정했듯이 여성과 남성의 육체에 생물학적 차이가 있음은 분명하다. 그러나 남성성이 '양적인 것'으로서 거칠고 투쟁적이고 호전적인 데 반해, 여성성은 '음적인 것'으로서 부드럽고 포용적이고 평화적이라는 생각이 꼭 옳다고 할 수는 없다. 그런 성향의 차이도 오랜 세월 남성과 여성이 다른 가치관에 따라 다르게 키워진 데서 나온 사회적·문화적 에토스라고 보아야 한다.

그렇다면 '여성성'과 '남성성'을 나누기에 앞서 남녀를 포함해 모든 인간을 아우르는 '인간성'을 생각해보는 것도 필요할 것 같다. 이때 나올 수 있는 물음 가운데 하나가 '무엇이 남성성과 여성성을 넘어 가장 참다운 인간성인가?' 하는 물음이다. 종래의 인간성, 곧 데카르트 이래 서양 근대를 지배한 인간중심주의적 인간성은 이 물음의 답이 되기에는 너무 낡았다. 인간이 동물과 식물과 사물 위에 홀로 존귀하며 인간 아닌 모든 것을 지배하고 소유한다는 그런 의미를 품은 인간성은 우리 시대의 보편적 인간성이 될 수 없다. 이 시대에 우리가 만나야 할 인간성은 인간 내부의 성차를 넘어설 뿐만 아니라 인간과 비인간의 차이를 넘어선 인간성, 지구와 우주의 만물을 모시고 보살피는 인간성이다. 그 인간성이 세상을 이끌 때 플라톤이 꿈꾼 '아름다운 나라'(kallipolis), 더 나아가 강증산이 예견한 '정음정양의 후천 세계'가 우리의 미래로 열릴 수 있을 것이다.

참고문헌

가라타니 고진,《문학론집》, 고은미 옮김, 도서출판 b, 2021.

가라타니 고진,《윤리21》, 윤인로·조영일 옮김, 도서출판 b, 2018.

가라타니 고진,《철학의 기원》, 조영일 옮김, 도서출판 b, 2015.

강대진,《비극의 비밀》, 문학동네, 2013.

강대진 외,《플라톤의 그리스 문화 읽기》, 아카넷, 2020.

강성용,《인생의 괴로움과 깨달음》, 불광출판사, 2024.

게이, 피터,《프로이트 1, 2》, 정영목 옮김, 교양인, 2011.

고명섭,《광기와 천재》, 교양인, 2024.

고명섭,《니체 극장: 영원회귀와 권력의지의 드라마》, 김영사, 2012.

고명섭,《하이데거 극장: 존재의 비밀과 진리의 심연 1, 2》, 한길사, 2022.

곽준혁,《정치철학 1, 2》, 민음사, 2016.

괴테, 요한 볼프강 폰,《파우스트 1, 2》, 김재혁 옮김, 펭귄클래식코리아, 2012.

괴테, 요한 볼프강 폰,《파우스트 1, 2》, 이인웅 옮김, 문학동네, 2009.

굴드, 스티븐 제이,《다윈 이후》, 홍욱희·홍동선 옮김, 사이언스북스, 2009.

김금화,《비단꽃 넘세》, 생각의나무, 2007.

김대중,《김대중 망명일기》, 연세대학교 김대중도서관 기획, 한길사, 2025.

김덕영,《막스 베버, 이 사람을 보라》, 인물과사상사, 2008.

김덕영,《프로이트, 영혼의 해방을 위하여》, 인물과사상사, 2009.

김삼웅,《해월 최시형 평전》, 미디어샘, 2023.

김상봉,《아리스토텔레스의 신학 1, 2》, 도서출판 길, 2025.

김상봉,《영성 없는 진보》, 온뜰, 2024.

김선욱,《정치와 진리》, 책세상, 2001.

김선욱,《한나 아렌트 정치판단이론》, 푸른숲, 2002.

김성민,《신의 황혼의 시대와 새로운 신의 추구: 영지주의와 분석심리학》, 달을긷는우물, 2022.

김용옥, 《난세일기》, 통나무, 2023.

김용옥, 《노자가 옳았다》, 통나무, 2020.

김용옥, 《동경대전 1, 2》, 통나무, 2021.

김용해 외, 《동학의 재해석과 신문명의 모색》, 모시는사람들, 2021.

김응종, 《프랑스혁명사는 논쟁 중》, 푸른역사, 2022.

김정범, 《무속과 무당》, 백암, 2013.

김태곤, 《한국의 무속》, 대원사, 1991.

김현, 《시칠리아의 암소: 미셸 푸코 연구》, 문학과지성사, 1994.

김현일 외, 《이 땅에 온 상제 강증산》, 상생출판, 2020.

남동신, 《원효의 발견》, 사회평론아카데미, 2022.

네루, 자와할랄, 《세계사 편력 1, 2, 3》, 남궁원·곽복희 옮김, 일빛, 2004.

뉴먼, 윌리엄, 《프로메테우스의 야망》, 박요한 옮김, 도서출판 길, 2023.

니시다 기타로, 《선의 연구》, 윤인로 옮김, 도서출판 b, 2019.

니체, 프리드리히, 《바그너의 경우·우상의 황혼·안티크리스트·이 사람을
    보라·디오니소스 송가·니체 대 바그너(1888~1889)》, 백승영 옮김, 책세상,
    2002.

니체, 프리드리히, 《비극의 탄생》, 박찬국 옮김, 아카넷, 2007.

니체, 프리드리히, 《즐거운 학문, 메시나에서의 전원시, 유고(1881년 봄~1882년
    여름)》, 안성찬·홍사현 옮김, 책세상, 2005.

니체, 프리드리히, 《차라투스트라는 이렇게 말했다》, 정동호 옮김, 책세상,
    2015.

다윈, 찰스 로버트, 《나의 삶은 서서히 진화해왔다: 찰스 다윈 자서전》, 이한
    중 옮김, 갈라파고스, 2018.

다윈, 찰스 로버트, 《인간의 유래 1, 2》, 김관선 옮김, 한길사, 2006.

다윈, 찰스 로버트, 《종의 기원》, 장대익 옮김, 사이언스북스, 2019.

댄, 조지프, 《유대교 신비주의 카발라》, 이종인 옮김, 안티쿠스, 2010.

데리다, 자크, 《그라마톨로지》, 김성도 옮김, 민음사, 2010.

데리다, 자크, 《글쓰기와 차이》, 남수인 옮김, 동문선, 2001.

데카르트, 르네, 《성찰》, 양진호 옮김, 책세상, 2011.

도즈, 에릭 R., 《그리스인들과 비이성적인 것》, 주은영·양호영 옮김, 까치,
    2002.

디오게네스 라에르티오스,《유명한 철학자들의 생애와 사상 1, 2》, 김주일·김인곤·김재홍·이정호 옮김, 나남출판, 2021.

라너, 카를·임호프, 파울,《로욜라의 성 이나시오》, 김태관 옮김, 바오로딸, 1992.

라이언, 앨런,《정치사상사》, 남경태·이광일 옮김, 문학동네, 2017.

라플랑슈, 장·퐁탈리스, 장 베르트랑,《정신분석 사전》, 임진수 옮김, 열린책들, 2005.

로베스피에르, 막시밀리앙,《로베스피에르: 덕치와 공포정치》, 슬라보예 지젝 엮음, 배기현 옮김, 프레시안북, 2009.

로벨리, 카를로,《화이트홀》, 김정훈 옮김, 쌤앤파커스, 2024.

로스, 윌리엄 데이비드,《아리스토텔레스》, 김진성 옮김, 세창출판사, 2016.

로티, 리처드,《우연성, 아이러니, 연대》, 김동식·이유선 옮김, 사월의책, 2020.

롬바흐, H.,《아폴론적 세계와 헤르메스적 세계》, 전동진 옮김, 서광사, 2001.

루빈스타인, 리처드,《아리스토텔레스의 아이들》, 유원기 옮김, 민음사, 2004.

루소, 장-자크,《고독한 산책자의 몽상, 말제르브에게 보내는 편지 외》, 진인혜 옮김, 책세상, 2013.

루소, 장-자크,《사회계약론》, 이환 옮김, 서울대학교출판문화원, 2016.

루소, 장-자크,《언어의 기원에 관한 시론》, 주경복·고봉만 옮김, 책세상, 2002.

루소, 장-자크,《인간 불평등 기원론》, 주경복 옮김, 책세상, 2003.

루엘랑, 자크 G.,《성전, 문명충돌의 역사》, 김연실 옮김, 한길사, 2003.

루카치, 죄르지,《소설의 이론》, 김경식 옮김, 문예출판사, 2007.

루카치, 죄르지,《역사와 계급의식》, 박정호·조만영 옮김, 거름, 1999.

리긴스, 샐리 하비,《현장법사》, 신소연·김민구 옮김, 민음사, 2010.

리쩌허우,《중국 철학은 어떻게 등장할 것인가?》, 류쉬위안 엮음, 이유진 옮김, 글항아리, 2015.

리프먼, 월터,《여론》, 이충훈 옮김, 까치, 2012.

마생, 장,《로베스피에르, 혁명의 탄생》, 양희영 옮김, 교양인, 2005.

마쓰모토 다쿠야,《창조와 광기의 역사》, 임창석·헤르메스 옮김, 이학사, 2022.

마키아벨리, 니콜로,《군주론》, 강정인·김경희 옮김, 까치, 2015.

마키아벨리, 니콜로, 《로마사 논고》, 강정인·김경희 옮김, 한길사, 2018.

마티니치, 엘로이시어스, 《홉스: 리바이어던의 탄생》, 진석용 옮김, 교양인, 2020.

마틴, 토머스, 《고대 그리스의 역사》, 이종인 옮김, 가람기획, 2003.

무페, 샹탈, 《민주주의의 역설》, 이행 옮김, 인간사랑, 2006.

민성길, 《헤르만 헤세의 진실: 우울증, 경건주의, 그리고 정신분석》, 인간사랑, 2020.

밀, 존 스튜어트, 《존 스튜어트 밀 자서전》, 박홍규 옮김, 문예출판사, 2019.

바르트, 롤랑, 《사랑의 단상》, 김희영 옮김, 동문선, 2004.

바전, 자크, 《새벽에서 황혼까지 1500~2000: 서양 문화사 500년 1, 2》, 이희재 옮김, 민음사, 2006.

박승찬, 《신 앞에 선 인간》, 21세기북스, 2023.

박종현, 《헬라스 사상의 심층》, 서광사, 2001.

백낙청, 《서양의 개벽사상가 D. H. 로런스》, 창비, 2020.

베르낭, 장 피에르, 《그리스 사유의 기원》, 김재홍 옮김, 도서출판 길, 2006.

베버, 마리안네, 《막스 베버》, 조기준 옮김, 소이연, 2010.

베버, 막스, 《직업으로서의 과학/직업으로서의 정치》, 김덕영 옮김, 도서출판 길, 2024.

베버, 막스, 《직업으로서의 정치》, 이상률 옮김, 문예출판사, 2017.

베어, 디어드리, 《융: 분석심리학의 창시자》, 정영목 옮김, 열린책들, 2008.

벤틀리, 제리, 《고대 세계의 만남: 교류사로 읽는 문명 이야기》, 김병화 옮김, 학고재, 2006.

보에티우스, 《철학의 위안》, 이세운 옮김, 필로소픽, 2014.

부버, 마르틴, 《나와 너》, 표재명 옮김, 문예출판사, 2001.

브라운, 피터, 《아우구스티누스》, 정기문 옮김, 새물결, 2012.

브라이도티, 로지, 《포스트휴먼 페미니즘》, 윤조원·이현재·박미선 옮김, 아카넷, 2024.

블루멘베르크, 한스, 《벌거벗은 진리》, 임홍배 옮김, 도서출판 길, 2023.

비코, 잠바티스타, 《새로운 학문》, 조한욱 옮김, 아카넷, 2019.

서비스, 로버트, 《스탈린》, 윤길순 옮김, 교양인, 2010.

성해영, 《수운 최제우의 종교 체험과 신비주의》, 서울대학교출판문화원,

2017.

세네카, 루키우스 안나이우스, 《세네카 인생철학이야기》, 김현창 옮김, 동서
　문화사, 2017.

세이빈, 조지, 《정치사상사 1, 2》, 성유보·차남희 옮김, 한길사, 1997.

셰익스피어, 윌리엄, 《맥베스》, 이원주 옮김, 시공사, 2012.

소포클레스, 《소포클레스 비극 전집》, 천병희 옮김, 숲, 2008.

수자, 필립 드·헤켈, 발데마르·루엘린-존스, 로이드, 《그리스 전쟁》, 오태경
　옮김, 플래닛미디어, 2009.

슈미트, 카를, 《정치적인 것의 개념》, 김효전·정태호 옮김, 살림, 2012.

슐레겔, 프리드리히, 《그리스문학 연구》, 이병창 옮김, 먼빛으로, 2015.

슐레겔, 프리드리히, 《미학 철학 종교 단편》, 이병창 옮김, 먼빛으로, 2020.

스넬, 브루노, 《정신의 발견: 희랍에서 서구 사유의 탄생》, 김재홍·김남우 옮
　김, 그린비, 2020.

스미스, 제임스 K. A., 《자크 데리다》, 윤동민 옮김, 책세상, 2024.

아도르노, 테오도어 W.·호르크하이머, 막스, 《계몽의 변증법》, 김유동 옮김,
　문학과지성사, 2001.

아렌트, 한나, 《공화국의 위기》, 김선욱 옮김, 한길사, 2011.

아렌트, 한나, 《난간 없이 사유하기》, 신충식 옮김, 문예출판사, 2023.

아렌트, 한나, 《예루살렘의 아이히만》, 김선욱 옮김, 한길사, 2006.

아렌트, 한나, 《인간의 조건》, 이진우 옮김, 한길사, 2019.

아렌트, 한나, 《정신의 삶: 사유와 의지》, 홍원표 옮김, 푸른숲, 2019.

아리스토텔레스, 《니코마코스 윤리학》, 강상진·김재홍··이창우 옮김, 도서출
　판 길, 2011.

아리스토텔레스, 《동물발생론》, 조대호 옮김, 아카넷, 2025.

아리스토텔레스, 《소피스트적 논박에 대하여》, 김재홍 옮김, 아카넷, 2020.

아리스토텔레스, 《시학》, 이상인 옮김, 도서출판 길, 2023.

아리스토텔레스, 《아리스토텔레스 선집》, 조대호 외 옮김, 도서출판 길, 2023.

아리스토텔레스, 《영혼에 관하여》, 오지은 옮김, 아카넷, 2018.

아리스토텔레스, 《영혼에 관하여》, 유원기 옮김, 궁리, 2001.

아리스토텔레스, 《정치학》, 김재홍 옮김, 도서출판 길, 2017.

아리스토텔레스, 《형이상학》, 조대호 옮김, 도서출판 길, 2017.

아베로에스,《결정적 논고》, 이재경 옮김, 책세상, 2005.

아우구스티누스,《고백록》, 김희보·강경애 옮김, 동서문화사, 2008.

아우렐리우스, 마르쿠스,《명상록》, 천병희 옮김, 숲, 2005.

아이스퀼로스,《아이스퀼로스 비극 전집》, 천병희 옮김, 숲, 2024.

알랭 바디우,《철학을 위한 두 번째 선언》, 박성훈 옮김, 도서출판 길, 2022.

암스트롱, 카렌,《마음의 진보》, 이희재 옮김, 교양인, 2025.

암스트롱, 카렌,《마호메트 평전》, 유혜경 옮김, 미다스북스, 2002.

암스트롱, 카렌,《성스러운 자연》, 정영목 옮김, 교양인, 2023.

암스트롱, 카렌,《신의 역사: 신의 탄생과 정신의 모험》, 배국원·유지황 옮김, 교양인, 2023.

암스트롱, 카렌,《신의 전쟁: 성스러운 폭력의 역사》, 정영목 옮김, 교양인, 2021.

양재학,《김일부의 생애와 사상》, 상생출판, 2014.

양재학,《正易과 만나다: 김일부, 시간의 문을 두드리다》, 상생출판, 2022.

에리봉, 디디에,《미셸 푸코, 1926~1984》, 박정자 옮김, 그린비, 2012.

에우리피데스,《에우리피데스 비극 전집 1, 2》, 천병희 옮김, 숲, 2009.

에픽테토스,《왕보다 더 자유로운 삶》, 김재홍 옮김, 서광사, 2013.

엔도 슈사쿠,《침묵》, 공문혜 옮김, 홍성사, 2003.

엘리아데, 미르치아,《샤마니즘: 고대의 접신술》, 이윤기 옮김, 까치, 1992.

엘리아데, 미르치아,《성과 속》, 이은봉 옮김, 한길사, 1998.

엘리아데, 미르치아,《세계종교사상사 2》, 최종성·김재현 옮김, 이학사, 2005.

오구라 기조,《조선사상사》, 이신철 옮김, 도서출판 길, 2022.

오버리, 리처드,《독재자들》, 조행복 옮김, 교양인, 2008.

오토, 루돌프,《성스러움의 의미》, 길희성 옮김, 분도출판사, 1987.

옹프레, 미셸,《아리스토텔레스의 악어》, 변광배·김중현 옮김, 서광사, 2022.

옹프레, 미셸,《예술의 이유》, 변광배 옮김, 서광사, 2023.

월린, 셸던,《정치와 비전 2》, 강정인·이지윤 옮김, 후마니타스, 2009.

윌리엄스, 레이먼드,《문화와 사회를 읽는 키워드》, 짐 맥기건 엮음, 임영호 옮김, 컬처룩, 2023.

유동식 교수 상수 기념문집 편집위원회,《풍류신학 백년: 유동식 교수 상수 기념문집》, 동연, 2022.

융, 카를 구스타프, 《C. G. Jung의 회상, 꿈, 그리고 사상》, 아니엘라 야페 엮음, 이부영 옮김, 집문당, 2012.

융, 카를 구스타프, 《심리학과 종교》, 정명진 옮김, 부글북스, 2023.

융, 카를 구스타프, 《카를 융, 기억 꿈 사상》, 조성기 옮김, 김영사, 2007.

이경용, 《칼빈과 이냐시오의 영성》, 대한기독교서회, 2010.

이소크라테스 외, 《그리스의 위대한 연설》, 김헌·장시은·김기훈 옮김, 민음사, 2015.

이창재, 《신화와 정신분석》, 아를, 2023.

이토 구니타케 외, 《세계철학사 2》, 이신철 옮김, 도서출판 b, 2023.

이황·기대승, 《퇴계와 고봉, 편지를 쓰다》, 김영두 옮김, 소나무, 2003.

전경옥 외, 《서양 고대·중세 정치사상사》, 책세상, 2011.

조대호, 《영원한 현재의 철학》, EBS BOOKS, 2023.

조성환, 《한국의 철학자들》, 모시는사람들, 2023.

지라르, 르네·샹트르, 브누아, 《클라우제비츠 전쟁론 완성하기》, 김진식 옮김. 한길사, 2024.

천병희, 《그리스 비극의 이해》, 문예출판사, 2002.

최시형, 《해월신사법설》, 라명재 옮김, 모시는사람들, 2021.

최제우·최시형·강일순, 《최제우 최시형 강일순: 개벽 세상을 꿈꾸다》, 박맹수 편역, 창비, 2024.

카푸토, 존, 《포스트모던 해석학》, 이윤일 옮김, 도서출판 b, 2020.

칸트, 이마누엘, 《도덕형이상학 정초, 실천이성비판》, 김석수·김종국 옮김, 한길사, 2019.

칸트, 이마누엘, 《실천이성비판》, 백종현 옮김, 아카넷, 2019.

칼뱅, 장, 《기독교 강요 상, 중, 하》, 원광연 옮김, 크리스천다이제스트, 2015.

캐틀러스, 브라이언, 《스페인의 역사: 8세기부터 17세기까지 신앙의 왕국들》, 김원중 옮김, 도서출판 길, 2022.

캠벨, 조지프, 《신의 가면 1: 원시신화》, 이진구 옮김, 까치, 2003.

캠벨, 조지프·모이어스, 빌, 《신화의 힘》, 이윤기 옮김, 이끌리오, 2002.

케이건, 도널드, 《투퀴디데스, 역사를 다시 쓰다》, 박재욱 옮김, 휴머니스트, 2013.

코플스턴, 프레드릭, 《중세철학사》, 박영도 옮김, 서광사, 1989.

콘퍼드, F. M.,《종교에서 철학으로》, 남경희 옮김, 이화여자대학교출판문화
　　원, 1995.

쾀멘, 데이비드,《신중한 다윈씨》, 이한음 옮김, 승산, 2008.

크세노폰,《소크라테스 회상록》, 천병희 옮김, 숲, 2018.

크세노폰,《페르시아 원정기》, 천병희 옮김, 숲, 2011.

클라우제비츠, 카를 폰,《전쟁론》, 김만수 옮김, 갈무리, 2016.

키케로, 마르쿠스 툴리우스,《국가론》, 김창성 옮김, 한길사, 2021.

키케로, 마르쿠스 툴리우스,《법률론》, 성염 옮김, 한길사, 2021.

키케로, 마르쿠스 툴리우스,《의무론》, 김남우 옮김, 열린책들, 2024.

키케로, 마르쿠스 툴리우스,《의무론》, 임성진 옮김, 아카넷, 2024.

키케로, 마르쿠스 툴리우스,《키케로의 의무론》, 허승일 옮김, 서광사, 2006.

키토, H. D. F.,《고대 그리스, 그리스인들》, 박재욱 옮김, 갈라파고스, 2008.

타르디외, 미셸,《마니교》, 이수민 편역, 분도출판사, 2005.

투키디데스,《펠로폰네소스 전쟁사》, 천병희 옮김, 숲, 2011.

파스칼, 블레즈,《팡세》, 김형길 옮김, 서울대학교출판문화원, 2010.

팔머, 리처드,《해석학이란 무엇인가》, 이한우 옮김, 문예출판사, 1990.

페인, 토머스,《상식, 인권》, 박홍규 옮김, 필맥, 2004.

푸코, 미셸,《광기의 역사》, 이규현 옮김, 나남출판, 2020.

프란츠 카프카,《카프카의 편지: 약혼녀 펠리체 바우어에게》, 변난수·권세훈
　　옮김, 솔, 2002.

프로이트, 지크문트,《꿈의 해석》, 김인순 옮김, 열린책들, 2020.

프로이트, 지크문트,《종교의 기원》, 이윤기 옮김, 열린책들, 2020.

플라톤,《국가》, 천병희 옮김, 숲, 2013.

플라톤,《테아이테토스》, 정준영 옮김, 이제이북스, 2013.

플라톤,《파이드로스》, 김주일 옮김, 아카넷, 2020.

플라톤,《편지들》, 강철웅·김주일·이정호 옮김, 이제이북스, 2009.

플라톤,《플라톤 소피스테스/정치가》, 박종현 옮김, 서광사, 2021.

플라톤,《플라톤의 국가·정체(政體)》, 박종현 옮김, 서광사, 2005.

플라톤,《플라톤의 네 대화 편: 에우티프론, 소크라테스의 변론, 크리톤, 파이
　　돈》, 박종현 옮김, 서광사, 2003.

플라톤,《플라톤의 법률》, 박종현 옮김, 서광사, 2009.

플라톤,《플라톤의 소피스테스/정치가》, 박종현 옮김, 서광사, 2021.

플라톤,《플라톤의 프로타고라스/라케스/메논》, 박종현 옮김, 서광사, 2010.

플라톤,《플라톤의 향연/파이드로스/리시스》, 박종현 옮김, 서광사, 2016.

플라톤,《플라톤전집 2: 파이드로스/메논/뤼시스/라케스/카르미데스/에우튀프론/에우튀데모스/메넥세노스》, 천병희 옮김, 숲, 2019.

플라톤,《플라톤전집 5: 테아이테토스/필레보스/티마이오스/크리티아스/파르메니데스》, 천병희 옮김, 숲, 2016.

플라톤,《향연》, 강철웅 옮김, 아카넷, 2020.

플라톤,《향연》, 천병희 옮김, 숲, 2016.

플루타르코스,《두 정치연설가의 생애》, 김헌 옮김, 한길사, 2013.

핀리, M. I.,《그리스의 역사가들》, 이용찬 옮김, 대원사, 1991.

하라리, 유발,《호모 데우스》, 김명주 옮김, 김영사, 2017.

하위징아, 요한,《호모 루덴스》, 이종인 옮김, 연암서가, 2010.

하이데거, 마르틴,《강연과 논문》, 이기상·신상희·박찬국 옮김, 이학사, 2008.

하이데거, 마르틴,《동일성과 차이》, 신상희 옮김, 민음사, 2000.

하이데거, 마르틴,《숲길》, 신상희 옮김, 나남출판, 2008.

하이데거, 마르틴,《철학의 근본 물음》, 한충수 옮김, 이학사, 2018.

하이데거, 마르틴,《형이상학 입문》, 박휘근 옮김, 그린비, 2019.

하이데거, 마르틴,《횔덜린 시의 해명》, 신상희 옮김, 아카넷, 2009.

하이데거, 마르틴,《횔덜린의 송가 '이스터'》, 최상욱 옮김, 동문선, 2005.

한국수사학회,《위대한 수사학 고전들》, 을유문화사, 2024.

한비,《한비자》, 김원중 옮김, 휴머니스트, 2016.

한정숙,《여성은 이렇게 말했다: 서양 고전과 역사 속의 여성 주체들》, 도서출판 길, 2008.

한형조,《성학십도, 자기 구원의 가이드맵》, 한국학중앙연구원출판부, 2018.

함석헌,《뜻으로 본 한국역사》, 한길사, 2003.

해크, 로이 케네스,《그리스 철학과 신》, 이신철 옮김, 도서출판 b, 2011.

헤겔, 게오르크 빌헬름 프리드리히,《정신현상학 1, 2》, 임석진 옮김, 한길사, 2005.

헤로도토스,《역사》, 김봉철 옮김, 도서출판 길, 2016.

헤로도토스,《역사》, 천병희 옮김, 숲, 2009.

헤세, 헤르만,《데미안》, 안인희 옮김, 문학동네, 2013.

헤시오도스,《신들의 계보》, 천병희 옮김, 숲, 2009.

호메로스,《오뒷세이아》, 천병희 옮김, 숲, 2015.

홉스, 토머스,《리바이어던 1, 2》, 진석용 옮김, 나남출판, 2008.

휠러, 스티븐,《이것이 영지주의다: 기독교가 숨긴 얼굴, 영지주의의 세계와 역사》, 이재길 옮김, 샨티, 2006.

후나야마 도루,《번역으로서의 동아시아: 한자문화권에서의 불교의 탄생》, 이향철 옮김, 푸른역사, 2018.

찾아보기 (인명, 책명)

카이로스 극장

2025년 11월 24일 1판 1쇄

지은이
고명섭

편집	표지 디자인	본문 디자인
이진, 이창연, 장윤호	지완	김명선

제작	마케팅	홍보
박흥기	김수진, 이태린, 이예지	조민희

인쇄	제책	
천일문화사	J&D바인텍	

펴낸이	펴낸곳	등록
강맑실	㈜사계절출판사	제406-2003-034호

주소		전화
⊕ 10881 경기도 파주시 회동길 252		031)955-8588, 8558

전송
마케팅부 031)955-8595, 편집부 031)955-8596

홈페이지	전자우편	
www.sakyejul.net	skj@sakyejul.com	

블로그	페이스북	트위터
blog.naver.com/skjmail	facebook.com/sakyejul	twitter.com/sakyejul

ⓒ 고명섭 2025

값은 뒤표지에 적혀 있습니다. 잘못 만든 책은 서점에서 바꾸어드립니다.
사계절출판사는 성장의 의미를 생각합니다.
사계절출판사는 독자 여러분의 의견에 늘 귀 기울이고 있습니다.
이 책은 저작권법에 따라 보호받는 저작물이므로 무단 전재와 무단 복제를 금합니다.

ISBN 979-11-6981-404-1 03100